消防部队与抢险救援法治化研究

赵桂民 / 著

XIAOFANG BUDUI YU QIANGXIAN JIUYUAN
FAZHIHUA YANJIU

中国检察出版社

图书在版编目（CIP）数据

消防部队与抢险救援法治化研究/赵桂民著. —北京：
中国检察出版社，2014.7
ISBN 978 - 7 - 5102 - 1186 - 7

Ⅰ.①消… Ⅱ.①赵… Ⅲ.①消防法 - 研究 - 中国
Ⅳ.①D922.14

中国版本图书馆 CIP 数据核字（2014）第 080822 号

消防部队与抢险救援法治化研究

赵桂民　著

出版发行：	中国检察出版社	
社　　址：	北京市石景山区香山南路 111 号（100144）	
网　　址：	中国检察出版社（www.zgjccbs.com）	
电　　话：	(010)68650028(编辑)　68650015(发行)　68636518(门市)	
经　　销：	新华书店	
印　　刷：	保定市中画美凯印刷有限公司	
开　　本：	A5	
印　　张：	11.25 印张	
字　　数：	308 千字	
版　　次：	2014 年 7 月第一版　　2014 年 7 月第一次印刷	
书　　号：	ISBN 978 - 7 - 5102 - 1186 - 7	
定　　价：	38.00 元	

序

当今世界，自然灾害、事故灾难、公共卫生和社会安全等公共突发事件频繁发生，呈现出突发性、连锁性、持久性等特点，极易造成重大人员伤亡、财产损失和生态环境破坏，对经济发展和社会稳定造成严重危害。单一部门或系统难以独立处置各种危机事件，亟须建立指挥统一、协调有序、运转高效的公共危机应急救援体系。世界各国对此高度重视，一些发达国家已逐步建立了较为健全的公共危机应急救援体系，在应对公共危机中发挥了重要作用。

当前，我国公共危机处置能力不断增强，危机管理已覆盖自然灾害、重大疫情、生产事故和社会危机等方面，逐步形成了政府主导、部门参与、社会联动的危机管理体制，构建了"一案三制"（预案、体制、机制和法制）的应急管理体系。特别是《突发事件应对法》的颁布，为处置突发事件提供了法律依据。我国公共危机应急救援力量的管理体制和运行机制对我国社会稳定和经济发展发挥了重要的保障功能。一旦发生自然灾害、事故灾难、社会公共危机事件，消防、公安、卫生医疗、交通、防汛、地震、军队等各种社会防灾救灾队伍迅速行动、相互配合，保护了人民群众的生命和财产安全，维护了社会稳定。

但是，与国外相比，我国应急救援力量主体不明确，救援力量分散，管理各自为政，应急保障乏力，信息不能共享，法制建设滞后。尤其是在力量配备方面，明显不能满足实际需要。"分而治之、画地为牢"的管理机制，"分地区、分部门、分灾种"的危机应对模式，无法满足日渐增多的应急救援任务的需要。从国外公共危机管理经验来看，以消防部队为骨干，发挥"一队多用、一专多能"的重要作用,承担各类救援任务,是世界上绝大多数国家应急救援力量建设的共有模式。欧美等国的消防队伍普遍承担了灭火、救护、防化、坍塌、爆炸、交通事故以及空难等抢险救援任务。美国、日本、英国、德国等国的消防队员、职业消防员、消防志愿者,在应急救援中发挥了骨干作用。政府的重视与资金支持,现代化应急救援器材的配备和应用,无处不在的消防志愿者等,巩固了国外消防在应急救援队伍中的骨干地位。在我国,消防部队作为应急救援队伍的骨干力量,在政治思想建设、组织指挥体系、快速反应、救援装备与经验、信息化建设、智力支持等方面具有其他救援组织所无可比拟的独特优势,这也是现实的必然选择。这支"有技术、有装备、高素质、好作风"的消防铁军在汶川大地震、西藏"3·14"事件处置和新疆"7·5"事件处置等重大应急救援工作中发挥了重要作用,受到胡锦涛总书记、温家宝总理的高度赞誉。

自 2003 年"非典"、2008 年南方雨雪冰冻灾害、2008 年拉萨"3·14"打砸抢烧事件、2008 年"5·12"四川汶川大地震、2009 年新疆乌鲁木齐"7·5"打砸抢烧严重暴力犯罪事件、2009 年毒奶粉事件、2010 年青海玉树地震、2010 年甘肃舟曲特大泥石流灾害、2010 年黑龙江伊春飞机失事、2010 年上海静安区高层住宅大火、2011 年温州动车事故、2011 年和 2013 年受台风影响的南方洪涝灾害等公共危机事件发生以来的应急救援行动表明,我国现有的社会公共危机应急救援力量体制和机制仍然存在许多问题,救援队伍法律地位不明确、管理体制不合理、运行机制不顺畅等矛盾十分突出,亟须引起高度重视。基于学术理论研究和社会实践经验,着眼于未来社会应急救援体系的实际需求,本书旨在对我国消防部队作为公共危机应急救援的法治化和依托消防部队构建公共危机应急救援力量的法律问题进行探讨。

本书的作者赵桂民副教授在武警学院从教八年,一直从事公共危机事件应对机制的教学与研究,积累了大量的资料和丰富的经验,这些资料和经验为他写作本书奠定了扎实的基础。2012 年,赵桂民副教授以优异的成绩考取中国人民大学法学院刑法专业的博士研究生，他深深感到学习机会的来之不易，抓紧一切时间阅读中外的专业书籍，并且笔耕不辍，写了多篇很有见地的专业论文。作为他的导师，我非常幸运能带这么一位优秀的博士研究生。他写的这部专著内容是我几乎从未涉足过的领域，阅读这部书稿，使我学到了很多新的知识，正所谓"师不必强于弟子，弟子不必不如师"，此即明证。

公共危机事件应对机制还有很多课题应当作进一步的探讨，热切期待赵桂民副教授继续进行这方面的研究并有新的成果问世，为不断完善我国的公共危机事件应对机制理论研究作出自己的贡献。

谨为序。

韩玉胜
2013 年 11 月于中国人民大学明德法学楼

目　　录

第一章　国内外公共危机应急管理和救援法律体系建设概述

第一节　国外公共危机应急管理和救援法律体系建设的现状及借鉴

　　法治是现代文明社会的一个主要标志和保障，公共危机管理也必须依法进行。政府在危机管理和救援中需要运用行政紧急权力，必须采取各种有效的紧急措施，而政府权力具有极大的优先性、紧急性、强制性和权威性，由于权力具有天然扩张的自然属性，如果不进行有效的控制，就会形成灾祸，因此，必须对其加以有效的监督和约束，将政府行使危机管理和救援的各项权力仅限制在宪法规定的范围之内，这是现代法治的基本要求。也就是说，要实现政府危机管理和救援的法治化。如此，应急法律法规便应运而生。所谓应急法律法规，是指在突发事件引起的公共危机情况下，处理国家权力之间、国家权力与公民权利之间、公民权利之间的各种社会关系的法律规范和原则的总和。应急法律法规是有效化解危机的重要保证，有利于政府部门依法配置、协调紧急权力；并且，应急法律法规也是保障公民权利的基础，政府不能随意行使应急管理权力，必须符合保护公民基本权利的基本宗旨。

　　应急法律法规相较于其他法律法规有诸多不同。其主要特点有：（1）权力优先性。是指在非常规状态下，与立法、司法等其他国家权力相比，与法定的公民权利相比，行政紧急权力具有某种优先性和更大的权威性，例如可以限制或暂停某些宪定或法定公民权利的行使。（2）紧急处置性。是指在非常规状态下，即便没有

1

针对某种特殊情况的具体法律规定，行政机关也可进行紧急处置，以防止公共利益和公民权利受到更大损失。（3）程序特殊性。这是指在非常规状态下，行政紧急权力的行使过程中遵循一些特殊的行为程序，例如可通过简易程序紧急出台某些政令和措施，或者对某些政令和措施的出台设置更高的事中或事后审查门槛。（4）社会配合性。这是指在非常规状态下，有关组织和个人有义务配合行政紧急权力的行使，并提供各种必要的帮助。（5）救济有限性。这是指在非常规状态下依法行使行政紧急权力造成行政相对人合法权益的损害后，如果损害是普遍而巨大的，政府可只提供有限的救济，比如相应补偿、适当补偿等。

一、国际公共危机应急管理和救援法律体系建设的概况①

按照国际惯例，公共危机应急法制的核心是宪法中的紧急条款和统一的危机状态法、突发公共事件应急法。为了严格地规范危机状态下政府行使紧急权力，大多数国家有两种做法：一是在宪法中规定了危机状态制度，给政府行使紧急权力划定明确的法律界限，如印度、德国联邦基本法；二是制定统一的危机状态法来详细规范在危机状态时期政府与公民之间的关系，以保障政府在危机状态下充分、有效地行使紧急权力，同时也很好地限制政府的行政紧急权力，保护公民的一些基本的宪法权利不因危机状态的发生而遭到侵害，如美国的《全国紧急状态法》、《国际经济紧急权力法》，法国的《紧急状态法》。

（一）公共危机应急管理和救援的国际法律

关于政府危机管理和救援，在有关的国际人权公约中有规定，这些规定主要是从保护基本人权的角度出发的。如1966年12月联合国大会通过的《公民权利和政治权利国际公约》第4条的规定，

---

① 本节内容主要参考丁文喜著：《突发事件应对与公共危机管理》，光明日报出版社2009年版，第176—179页。

这条规定通过"不得克减的权利"来限制缔约国政府行使紧急管理权力的行为。1976 年，国际法协会组织小组委员会专门研究在危机状态下如何维护国家生存和保护公民权利的关系。经过 6 年的研究，起草了《国际法协会紧急状态下人权准则巴黎最低标准》。经过该协会人权执行委员会两年的研究和修改后，国际法协会于1984 年通过并公布了这一文件。该文件为各国制定调整紧急状态和行使紧急权力的基本条件和应遵循的基本原则以及各种监督措施，防止政府滥用紧急权力，最低限度保障公民的权利等提供了依据。

（二）公共危机应急管理和救援的国际法制化的类型

综观国外有关政府危机管理和救援的法律制度的基本特征，其突出的特点就是政府危机管理和救援机制首先通过一系列相互配套的法律、法规加以规定。其中，宪法中明确规定管理制度，尤其是规定政府行使危机管理权力的法律依据，得到了大多数国家立法者的重视。

1. 通过宪法确立政府公共危机应急管理和救援制度。许多国家在宪法中设立了专章来规定政府危机管理和救援制度，而绝大多数国家宪法中都对政府应急管理和救援制度作了专条规定。这些国家的宪法条款有如 1979 年《孟加拉人民共和国宪法》第九章（甲）"紧急状态条款"，1949 年《印度宪法》第十八篇"紧急状态"，1949 年《德意志联邦共和国基本法》第十章（甲）"防御状态"，1973 年《巴基斯坦伊斯兰共和国宪法》第十编"紧急状态条款"。也有国家在宪法中对危机状态作专条规定的，如 1962 年《尼泊尔王国宪法》第 81 条"紧急权力"，1982 年《土耳其共和国宪法》第 119 条至第 122 条规定的"危机状态下的管理程序"。

2. 制定专门的危机状态法，系统规定政府危机管理和救援的制度。一些国家依据宪法的规定，通过议会制定了危机状态法。如1990 年 4 月通过的《苏维埃社会主义共和国联盟关于紧急状态法律制度的法律》，1955 年 4 月通过的《法国紧急状态法》。

3. 与政府危机管理和救援相关的专门法律。如日本虽然没有专门的危机状态法，但是，其分别制定了对付各种危机状态的一般性法律，如《警察法》、《灾害对策基本法》等。英国也制定了一系列有关政府危机管理和救援的专门法律，如1920年的《紧急状态权力法》、1964年的《国内防御法》等。

4. 具体实施宪法和法律有关政府危机管理制度的政府法令或者实施条例等。如1990年8月2日布什总统发布的12722号行政命令，宣布全国危机状态令，以对付伊拉克政府对美国的威胁。

5. 有关政府危机管理和救援的地方性法规。如在20世纪70年代至80年代，美国许多地方政府发生了重大违约事件。对此类违约事件，俄亥俄州建立了"地方财政监控计划"体系，1979年通过、1985年修正的俄亥俄州"地方财政紧急状态法"详尽规定了这个监控体系的操作程序。

（三）公共危机应急管理和救援的国际法律模式

政府公共危机管理和救援是相对于日常管理而言的，因此，在公共危机紧急状态时期，政府依据宪法和法律行使危机管理权力，必然会涉及紧急权力与宪法和法律上所规定的其他权力之间的关系，也涉及宪法条文在公共危机状态时期的生效问题。从世界各国宪法的规定来看，各国有关政府危机管理和救援的权力的效力并不一样，究其与宪法的关系来看，主要有三种模式。

1. 对宪法规范的全部否定。如1976年的《阿尔及利亚宪法》第123条规定：在战争状态期间，宪法暂停生效，国家元首行使一切权力。

2. 对宪法条文的基本否定。作如此规定的国家在宪法中不仅规定了政府管理权，而且还明示除政府危机管理权力条款在公共危机状态时期继续生效之外，其余宪法条文全部失效。如1990年《尼泊尔王国宪法》第81条的规定。

3. 对宪法条文的部分否定。如1957年通过、1984年修改的《马来西亚联邦宪法》第150条的规定。

二、国外公共危机应急管理和救援法律体系建设的现状

在世界上，美国、日本、澳大利亚等国家对应急管理和救援的研究起步比较早，各国针对自身的突发公共事件和危机情况，及时总结了经验，并借鉴他国的有益做法建章立制，制定了相关的法律法规规章制度。自从 2001 年美国遭受"9·11"恐怖袭击事件之后，应急管理和救援的研究得到各国的高度重视。目前，世界各国十分重视公共危机管理机制和应急救援建设，一些发达国家已逐步形成了一套较为完备的危机应对措施，并建立了相应的危机管理和救援工作机制。

拥有较为完善的反危机法律支持体系，是危机最大限度得到预防的前提之一，也是危机发生后使其迅速得到救治的基础和保证。西方国家普遍重视危机管理和救援的法制化建设，建立了完善的法律支持系统。世界各国为了保护公众的生命和财产，减少各种突发事件的发生，提高政府的应急管理能力，在应急法的立法实践中，随着社会的发展都制定了自身的一套的应急法律体系，建立了各自相应的法律制度。这些法律文件大都以突发事件应急管理的形式出现，既包括了地震等自然灾害，也包括了技术性灾害和恐怖事件等。目前，世界上一些发达国家，如美国、日本、俄罗斯等国的应急管理和应急救援的法律基础比较健全，其范围涉及自然和人为突发公共事件，如水灾、地震、火山喷发、重大交通突发公共事件、安全生产事故、放射性或有毒物质泄漏及其他危害公共安全的事件和公共卫生事件。以美国、日本、英国、德国、法国、俄罗斯等为代表的国家都进行了立法，制定了相关法律和制度，下面逐一进行简介和论述。

（一）欧美主要国家法律体系比较完善，以基本法律为核心，作用明显

1. 北美

（1）美国

美国应对公共危机的水平目前是世界上最高的。美国现有的突

发公共事件应急体系始建于 20 世纪 70 年代，主要标志是"总统灾难宣布机制"的确立和联邦紧急事务管理署（FEMA）的成立。20世纪 90 年代，随着《联邦紧急反应计划》的正式推出，美国现有应急体系的框架真正成型。经过几十年的运作和完善，美国已形成了一套健全且快速有效的国家灾害应急体制，充分体现了制度化、规范法、法律化、社会化的特点。①

美国的应急管理体制发展深受美国法治社会制度的影响，从形成时就具有坚实的法治基础，因此，美国的应急管理法治基础也比较完备，目前建有较完善的应急管理和救援的法律法规体系。美国重视通过立法来界定政府机构在紧急情况下的职责和权限，先后制定了上百部专门针对突发事件的法律法规，建立了以《国家安全法》、《全国紧急状态法》和《灾难和紧急事件援助法案》为核心的危机应对法律体系。美国涉及突发公共事件应急处理的法律数量相当可观，内容十分详尽，主要包括灾害应急处理、紧急状态和反恐三个方面，为应急责任机构职责的履行、人员及资源的调配以及信息的发布和共享提供了有力保障。在重大事故应急方面，已经形成了以联邦法、联邦条例、行政命令、规程和标准为主体的法律体系。一般来说，联邦法规定任务的运作原则、行政命令定义和授权任务范围，联邦条例提供行政上的实施细则。美国制定的联邦法包括《国土安全法》、《斯坦福灾难救济与紧急援助法》、《公共卫生安全与生物恐怖主义应急准备法》和《综合环境应急、赔偿和责任法案》等。制定的行政命令包括 12148、12656、12580 号行政命令，国土安全第 5 号总统令和国土安全第 8 号总统令。不仅如此，美国已制定《国家突发事件管理系统》，要求所有联邦部门与机构采用，并依此开展事故管理和应急预防、准备、响应与恢复计划及活动。同时，联邦政府也依此对各州、地方和部门的各项应急管理

①　唐岚：《美国应急救援机制是如何运作的》，载《中国民族报》2008年 5 月 23 日，第 6 版。

活动进行支持。① 此外，各地方政府也颁布了相关的法规。这样通过议会立法、总统行政命令以及地方性法规，形成了比较健全的应急管理法律体系。

从美国防灾减灾的历史发展来看，美国先后制定了许多适用于危机管理的法律、法规和法案。1947 年 7 月，美国国会通过《国家安全法》，8 月，美国国会又通过《国家安全法（修正案）》。这两部法案奠定了美国国家安全体制的法律基础。② 1950 年，美国国会通过的《灾难救济法》是美国应急管理的制度性立法，授权总统可以宣布灾难状态。③ 1950 年制定的《灾害救助和紧急救援法》（也称《罗伯特·斯坦福法》）是美国第一个与应对突发事件有关的法律，适用于除地震以外的其他突发性自然灾害，该法不仅规定了重大自然灾害突发时的救济和救助原则，还规定了联邦政府在灾害发生时对州政府和地方政府的支持。④ 1952 年美国国会制定的《移民与归化法》为反对恐怖主义提供了法律依据。为解决灾害救济问题以及灾后的重建问题，1959 年美国出台了《灾害救济法》，该法确立了联邦政府的救援范围及减灾、预防、应急管理和恢复重建的相关问题，成为美国应急管理基本法。⑤ 20 世纪 60 年代，美国自然灾害接连不断，1968 年，美国国会通过了《全国洪水保险法》（或称《国家洪灾保险法》），据此创立了全国洪水保险计划，将保险引进救灾领域。20 世纪 70 年代初，美国政府组织有关部

---

①　中国安全生产科学研究院赴美考察团：《美国的应急管理体系》（下），载《劳动保护》2006 年第 6 期，第 89 页。

②　余潇枫著：《非传统安全与公共危机治理》，浙江大学出版社 2007 年版，第 193 页。

③　邓仕仑：《美国应急管理体系及其启示》，载《国家行政学院学报》2008 年第 3 期，第 102 页。

④　郝永梅、孙斌、章昌顺、黄勇著：《公共安全应急管理指南》，气象出版社 2010 年版，第 80 页。

⑤　陈成文、蒋勇、黄娟：《应急管理：国外模式及其启示》，载《甘肃社会科学》2010 年第 5 期，第 202 页。

门、救援专家和专业人士开展了应急救援的立法工作。1970 年美国实施《灾害救济法》（或称《灾害救助法》），制定并实施《职业安全与健康法》。1972 年美国通过了新的《洪水保险法》。1974 年美国通过了新的《灾害救济法》（《灾害援助法》），该法是关于灾害救济和援助的法律，规定负责援助除地震以外的任何紧急事件，但所有救济和恢复的条件都适用于地震及其他危机事件，该法建立了总统宣布灾害制度。1976 年，美国国会通过《全国紧急状态法》，它是影响最大的应对突发公共事件的法律，它对危机状态的宣布程序、实施过程、终止方式、危机状态期限以及危机状态期限的权力都作出了详细的规定，该法规定，当出现联邦法规定的可宣布紧急状态的情况，总统有权宣布全国进入紧急状态，其间，总统可以为行使特别权力颁布一些法规。一旦危机状态终止，这些法规将随之失效。此外，各州也均制定了州紧急状态法，州长或市长有权根据法律和危机事态宣布该州或市进入紧急状态，包括遭遇暴风雪、飓风等恶劣天气，社会暴乱等各种突发公共事件。1977 年 10 月，美国颁布了《地震灾害减轻法》（公共法 95 - 124），目的在于"通过制定和实施一项有效的地震灾害减轻计划，减少地震造成的生命和财产危险"，其要求制定地震灾害减轻计划，并指定美国地质调查局及国家科学基金会实施该计划并规定相应经费。为了有效应对恐怖袭击，在 1984 年制定了《反对国际恐怖主义法》，其后还制定了《法律实施通讯援助法》、《有效反恐法》和《化学品安全信息、场所安全和燃料管理救济法》等。[1] 1986 年美国国会通过了 SUPERFUND 法的修正案，该法案是突发公共事件应急救援的最高法律依据，规定了联邦、州和地方政府以及企业在危险材料紧急突发公共事件应急计划编制和社区知情权方面的要求。美国在化学突发公共事件应急反应方面，根据行政管辖区和地理区域划分为 10 个应急区域，各区域的各州根据 SUPERFUND 法第 3 条，

---

① 丁文喜著：《突发事件应对与公共危机管理》，光明日报出版社 2009 年版，第 69 页。

都可以制定本州的突发公共事件应急管理法规，如新泽西州就制定了《有毒性社会性突发公共事件的预防法》。① 1987 年联邦政府通过了《联邦政府灾害性地震的反应计划》，环保署、联邦应急管理署发布了《应急技术指南》。1988 年颁布了《地震灾害减轻和火灾预防监督计划》（公共法 96－72），修订了 1977 年的《地震法》。1988 年，美国国会通过了《斯坦福灾难救济与紧急援助法》，规定了紧急事态宣布程序，明确了公共部门救助责任，强调了减灾和准备职责的重要性，概述了各级政府间的救援程序。② 随着地震灾害减轻计划的进一步实施，出现了一些新的问题，美国参众两院研究了进一步完善地震灾害减轻计划及相应的立法内容，在此基础上，美国国会于 1990 年 11 月发布了《重新审定的国家地震突发公共事件灾害减轻计划法》（公共法 101－614），对减灾机构的职责、计划的目标和目的作了详尽规定，对国家地震灾害减轻计划作了重大修改，规定联邦紧急事务管理署（FEMA）为应对地震灾害的主要责任部门。由联邦紧急事务局制定的《美国联邦政府对地震灾害的反应计划》是对《国家地震灾害减轻法》的具体实施，其框架大体上模仿联邦应急计划。1990 年美国总统布什颁布了《联邦所属和联邦政府资助或管理的新建筑物的地震安全令》。美国 1992 年出台了《美国联邦应急救援法案》，这是一部具有美国应急救援特色的权威法律，包括了自然突发公共事件、技术性突发公共事件和恐怖事件的应急救援方面的规定。这部法律规定了美国各种突发公共事件应急救援的基本原则、救援的范围和形式，政府各部门、军队、社会组织、美国公民等在突发公共事件中的职责和义务，明确了美国政府与州、郡政府的应急救援权限，同时对应急救援资金和

---

① 孙斌著：《公共安全应急管理》，气象出版社 2007 年版，第 110 页。

② 邓仕仑：《美国应急管理体系及其启示》，载《国家行政学院学报》2008 年第 3 期，第 102 页。

物质保障作出了明确规定。① 1992 年，美联邦紧急事务管理署、商务部、国防部等 27 个部门和美国红十字会共同签署了《联邦紧急反应计划》（《联邦应急计划》），综合了各联邦机构预防、应对突发紧急事件的措施，为各州和地方政府应对恐怖袭击、灾难事故和其他突发公共事件提供指导。1997 年通过了《志愿者保护法》。1999 年 4 月修订了《联邦紧急反应计划》，它是对罗伯特·斯坦福减灾和危机处理法（简称《斯坦福法》）的具体执行。② 2000 年，美国修改了《灾害援助法》，它是灾害援助的基本法律依据。2001年 "9·11" 恐怖事件发生后，防范和处理恐怖事件成为美国应对突发公共事件的重中之重，为此，美国制定了大量法律加强反恐工作。2001 年 9 月 18 日制定了《2001 年紧急补充拨款法》和《使用军事力量授权法》，以后又制定了《空中运输安全和体系动员法》、《航空运输安全法》、《提高边境安全和完善入境签证法》、《公共卫生安全和生物恐怖威胁防止和应急法》、《恐怖主义风险保险法》等。③ 2001 年 10 月 25 日，美国国会修订了 1996 年制定的《反恐怖主义法案》，通过了《反恐怖主义法案》修正案，同时生效的还有《2001 年抑制恐怖分子炸弹攻击公约执行法案》、《2001年抑制资助恐怖主义公约执行法案》等。④ 2002 年 11 月 25 日美国颁布了《国土安全法》，该法规定设立国土安全部，并重构和加强联邦政府有关行政部门，以更有成效地对付恐怖主义威胁，至此，美国将应对各类恐怖事件纳入国家危机管理的体系之中，赋予相关

---

① 时训先、蒋仲安、邓云峰、杨力：《重大事故应急救援法律法规体系建设》，载《中国安全科学学报》2004 年第 12 期，第 46 页。孙斌著：《公共安全应急管理》，气象出版社 2007 年版，第 31 页。

② 周晓丽著：《灾害性公共危机治理》，社会科学文献出版社 2008 年版，第 165 页。

③ 丁文喜著：《突发事件应对与公共危机管理》，光明日报出版社 2009年版，第 69 页。

④ 余潇枫著：《非传统安全与公共危机治理》，浙江大学出版社 2007 年版，第 194 页。

部门更大的权力，加大对恐怖活动的打击和惩处力度。2002 年美国还制定了《国家建筑物安全协作法》。2003 年美国制定了《天花应急处理人员防护法》。根据"9·11"恐怖事件的教训，美国制定并推行《国家突发事件管理系统》。2004 年 6 月，美国联邦政府国土安全部发布了《国家紧急响应计划》。2004 年 12 月，《国家应急计划》（NRP）出台，作为国家层面的重大突发公共事件应急行动计划，其目的是要通过一系列的活动建立一个综合性的、全国的、针对所有灾害的方案，包括预防、准备、应急和灾后恢复；它涵盖了复杂的和不断变化的对恐怖主义的威胁和行动、主要灾害以及其他突发公共事件进行预测或响应所要求的全部范围，也为开展长期的社会复苏和缓解活动提供了基础；它强调在重大突发公共事件发生的事前、事初、事中和事后，要全方位调集和整合联邦政府资源、知识和能力，实现联邦、州、地方各级政府、非政府组织、私营部门和公民力量的整合和行动的协调统一，以保证最大限度地向美国面临的各种威胁宣战。① 2005 年 1 月，美国制定了新的《国家应急反应计划》，设立一个永久性的国土安全行动中心，作为最主要的国家级多机构行动协调中心，利用国家紧急事件管理系统，为不同部门间的协作建立起标准化的培训、组织和通信程序，通过立法明确了政府机构和公职人员在紧急情况下的职责和权限。2006年 5 月 25 日更新《国家紧急响应计划》，它是目前美国国家公共安全危机管理的指导性文件之一。2006 年修订《灾害救助和紧急救援法》，规定联邦所属的国家军队可以用于救灾；总统在不经州长同意下可以调动国民警卫队；在大的灾害发生后，联邦总统认为地方的应急计划不妥时，可以接管对地方（灾区）的管理。② 2005

---

① 唐岚：《美国应急救援机制是如何运作的》，载《中国民族报》2008年 5 月 23 日，第 6 版。

② 苗崇刚、黄宏生、谢霄峰、范增节、沈繁銮：《美国应急管理体系的近期发展》，载《防灾博览》2009 年第 4 期，第 25 页。

年 12 月 16 日美国国会颁布了新的《灾害救济法》。① 2006 年通过了《"卡特里娜"飓风后应急管理改革法》，该法案对美国政府（包括联邦、州、县和城市）乃至社区及各种机构组织的应急组织架构、资源体系、预案、指挥等各个环节的变革，带来重大影响，特别是加强协调军队资源对应急事件响应的支持。2008 年 1 月，出台《国家应急框架》，其相当于一个国家层面实施应急支援时的联邦应急预案框架，强调突发灾害事件的应对是各级政府、私人机构和非政府组织、社会公民共同的职责。2008 年，根据"卡特里娜"飓风的经验和教训，修改了《国家突发事件管理系统》，它是一个综合性的全国范围内针对突发事件管理的系统方法，是一整套能保证突发事件管理高效、有序、协同的规定、理念、原则、术语和组织过程的集合。②

为做好突发灾害事件的应急准备工作，联邦政府通过发布《美国国家应急准备指南》，对从联邦、地方政府到企业、公民等在应急准备各个阶段应具备的能力及承担的职责等作了明确规定。美国减灾法律和法案、计划等还有《联邦火灾预防控制法》、《洪水防治法》、《国家保险业发展法》、《消费者安全法》、《洪水控制法》、《联邦民防法》、《全国石油和危险物资意外计划》、《联邦放射性突发公共事件反应计划》、《全国紧急状态动员行动计划》等。③ 与事故应急救援的相关法律还有《清洁空气法》、《综合性环境应急响应、赔偿和责任法》、《资源保护与恢复法》、《油液污染法》等。④ 另外，《公共卫生服务法》、《紧急公共卫生权限法律范本》、《统一应急志愿者卫生执业法》、《好撒玛利亚人法》、《工

---

① 陈丹妮：《政府灾害应急管理体系的国际比较研究》，载《防灾科技学院学报》2009 年第 1 期，第 82 页。

② 苗崇刚、黄宏生、谢霄峰、范增节、沈繁銮：《美国应急管理体系的近期发展》，载《防灾博览》2009 年第 4 期，第 24 页。

③ 孙斌著：《公共安全应急管理》，气象出版社 2007 年版，第 110 页。

④ 张廷竹：《国内外事故应急救援预案管理概况》，载《浙江化工》2006 年第 7 期，第 9 页。

人赔偿法令》、《安全爆炸物法》、《海洋运输安全法》也都有公共危机应急管理和救援的内容。

除了立法工作外，美国在应急响应中十分重视执法工作，司法部门的负责人就属于现场应急指挥的核心人员，与有关部门的负责人员一起参加现场应急指挥的决策。同时，应急执法队是灾害应急现场一支重要的应急队伍，负责公共安全以及有关法律事务。[①]

总之，在突发公共事件应急方面，美国是一个法规很完备的国家，在其法规体系中，有各种便于实施的规定和十分详细的计划，而且明确规定了各减灾管理机构和突发公共事件管理部门的职能、责任和合作事项，而且注意及时修正有关的法规，使其逐步走向完善。另外，美国各州也都有各自的突发公共事件应急计划，使得美国一旦发生公共事件，便可以依据其法律迅速作出有效反应。[②]

（2）加拿大

加拿大有完善的紧急事件管理（应急救援）法律体系。1985年制定的《危机准备法》和《加拿大危机法》，对相应的危机类型进行了区分。另外，加拿大还制定了《加拿大应急管理法》、《检疫法》等法律。在联邦范围内，《联邦政府紧急事件法案》和《联邦政府紧急救援手册》对应急管理事务作出了明确规定；各级政府还根据实际情况，制定了各自的减灾管理法规。通过立法的形式，建立专门机构，健全各类法规，培训救援队伍，划拨必要经费，以此来保证应急减灾工作的正常展开。[③]

2. 欧洲

1974年6月英国弗利克斯巴勒爆炸突发公共事件后，英国卫

---

① 苗崇刚、黄宏生、谢霄峰、范增节、沈繁銮：《美国应急管理体系的近期发展》，载《防灾博览》2009年第4期，第29页。

② 孙斌著：《公共安全应急管理》，气象出版社2007年版，第111页。

③ 张维平：《美国、加拿大、意大利应急管理现状和对中国的启示》，载《中国公共安全（综合版）》2006年第11期，第145页。

生与安全委员会成立了重大危险咨询委员会（ACMH），其首次提出应该制定应急预案。在重大危险咨询委员会和其他机构推动下，欧共体于 1982 年颁布了《工业活动中突发公共卫生事件危险法令》（即《塞韦索法令》），法令中包含了应急计划制定、演练和实施等一系列的详细规定，同时对应急救援的基本原则和应急管理的方式方法作了明确规定。①

（1）英国

英国的应急法制体系比较完善。习惯法中一直存在戒严和应急状态两种法律制度，有关这方面的法律有 30 多部。② 1920 年英国颁布有赋予政府在发生工业危机时宣布"紧急状态"权力的法律《紧急权力法》（《紧急状态权力法》），这是英国最早的有关应急管理的法律。1948 年英国议会发布的《民防法》是初步体现英格兰和威尔士应急机制法律框架的一部法律，是真正作为英国应急管理基础的法律，目前在民防方面有着一定数量的议会法案和政府法规约束着地方政府，英国整个应急管理的立法框架都源于这个法案，50 年来通过采取一系列特定的措施而逐步得到发展。该法案所指的民防是指抵御外国势力任何形式的攻击来保护平民，民防的职责在于地方政府，但该法案允许内政部制定法规以发挥地方政府的作用和能力。该法案规定中央政府给地方政府提供财政支持。③1964 年英国制定了《国内防御法》。1972 年颁布《地方政府法》，授权地方政府可动用财力避免、减轻或彻底清除灾难所造成的后果。1974 年英国颁布了《职业安全卫生法》。1984 年颁布了《重大事故预防控制规程》。20 世纪 80 年代英国的灾害频繁，由此产生了 1986 年的《和平时期民防法案》，该法案允许地方政府动用

---

① 孙斌著：《公共安全应急管理》，气象出版社 2007 年版，第 101 页。

② 郝永梅、孙斌、章昌顺、黄勇著：《公共安全应急管理指南》，气象出版社 2010 年版，第 81 页。

③ 丁文喜著：《突发事件应对与公共危机管理》，光明日报出版社 2009 年版，第 71 页。

民防资源对和平时期的紧急情况作出反应。① 1986 年通过《国内和平时期警戒法》，进一步授权地方政府可动用民防资源来应对和平时期的紧急事件与各类危机。1987 年的《民防（拨款）条例》（《民防法规》）提高了预算水平，以支付雇佣地方应急管理人员的工资和相关费用。随后，还颁布了《地方政府一般民防职责条例》（1993 年）、《重大工业事故控制法案》（1999 年）、《非军事应急法》（2004 年）等以及其他防止工业危机与核危机的一系列法律。② "9·11"恐怖袭击事件发生之后，英国制定了《资源条例》这一在中央政府层次全面提升了危机管理的战略与职责的法律。2004 年 1 月 7 日，英国下议院通过了《国内应急状态法案》，该法律的出台使得英国有了一部统一的应急状态法律，根据该法案，英国又修改和重新制定了一批有关应急的法律规范，使得各种应急法律规范相互协调、自成一体。2004 年 11 月 18 日，由英国国会通过的《英国突发事件法》生效。另外，英国还通过了《传染病法案》、《公共卫生法案》、《应急权力法案》等法案。

　　然而，英国现行的危机管理法律体系不能满足时代的需要，21 世纪初在英国发生的洪灾、燃料危机、口蹄疫危机等社会管理危机现实，迫切需要有完整有力度的法律来提升英国的危机管理机制水平。2005 年实施的《国内应急法》取代了以前关于紧急状态方面的大部分法律，第一次规定地方政府承担制定和平时期应急规划的法律义务。③

　　（2）法国

　　法国宪法中规定了紧急状态制度，对政府的行政紧急权力作了

---

　　①　丁文喜著：《突发事件应对与公共危机管理》，光明日报出版社 2009 年版，第 71 页。

　　②　余潇枫著：《非传统安全与公共危机治理》，浙江大学出版社 2007 年版，第 202 页。

　　③　余潇枫著：《非传统安全与公共危机治理》，浙江大学出版社 2007 年版，第 202 页。

明确的界定，详细规定了在紧急状态时政府与民众的关系，以保障政府在紧急状态下充分、有效地行使紧急权力，同时又保障公民的基本权利。① 法国 1995 年 4 月 3 日颁布了《紧急状态法》（或《应急状态法》），对紧急状态的宣布作了规范，法国的紧急状态法除了适用于武装冲突的紧急情况外，更侧重于针对公共秩序遭到严重破坏的恐怖事件以及水灾、地震、爆炸等重大自然灾害和灾害性事件。② 另外，法国还制定了《公共健康法典》。

（3）德国

《德意志联邦共和国基本法》将紧急状态划分为四个层次，分别为战争状态、战争状态前的临战状态、内部紧急状态（内部叛乱、动乱等）、民事紧急状态（包括自然灾难和特别重大的不幸事故）。根据《德意志联邦共和国基本法》第 73 条第 1 款，联邦政府主要负责战争状态下的民事保护，而和平时期各种灾难救助都属于州政府的职责。

在联邦政府层面，德国没有一部单行的紧急状态法律。为保障联邦政府在战争期间对公民的民事保护，德国联邦议会出台了一系列的单行法律。主要包括《联邦保障法》、《食品预防法》（《食品保障法》）、《电信保障法》、《能源保障法》、《交通保障法》、《铁路保障法》、《灾难救助法》等。通过这些单行法律，联邦政府在交通、食品、邮政、通信以及其他经济领域的关键基础设施负有保障供给的义务。而且这些单行法律限于战争时期使用，仅以保障国防为目的。但在和平时期或在应对跨州灾难时，联邦政府可以在预防过程中对各州的灾难救援提供间接支持。两德统一后，原来针对战争状态下的民事保护，其法律体系重点慢慢发生变化，转向协助非战争状态下的灾难救援。1997 年修订颁布了《民事保护法》。

---

① 丁文喜著：《突发事件应对与公共危机管理》，光明日报出版社 2009 年版，第 71 页。

② 周晓丽著：《灾害性公共危机治理》，社会科学文献出版社 2008 年版，第 337 页。

2002 年 12 月，各州政府内政部长和参议员常设会议通过了《公民保护新策略》（《公民保护新策略》），要求联邦政府与各州政府在应对危机时更好地进行协调，该法规也为联邦政府在发生重大灾害的情况下积极介入各州的应急救援提供法律依据。2009 年 4 月，联邦议会对《联邦民事保护和灾难救援法》进行修订，其中，第 16 条新增了联邦对州的灾难救援进行防调与支持等内容。另外，针对和平时期应对各种日常危险和灾难的相关法律法规，主要由州议会进行立法。各州都有完备的关于民事保护和灾难救援的法律法规，如《黑森州救护法》、《黑森州公共秩序和安全法》、《黑森州消防法》、《巴伐利亚州灾难防护法》等。根据灾情的严重程度和波及的范围，州的相关法律在两个层面上得到执行，如《火灾保护法》、《救援法》、《警察法》、《危险防疫法》等部分应急管理法规，都在县、市和乡镇地区层面实施。如果灾情升级，超出了县、非县辖市、乡镇的应急救援能力时，则应遵守各联邦州的有关法律，如按照《灾难保护法》，当灾害超出了县政府的救援能力时，则州政府会自动接管救灾工作，在全州范围内调动救援力量。联邦政府根据州政府的请求，按照《德意志联邦共和国基本法》，可动用联邦技术救援署和联邦军队对州政府进行灾难援助。[①] 另外，德国还制定了《传染病防治法》。

　　德国现行的紧急状态制度的依据是 1968 年 6 月颁布的《紧急状态宪法》（即《基本法第 17 次修改法》），并据此先后制定了一系列单行法。其中，有关报告制度、公开透明度、公民知情权和接受舆论监督、接受联邦议员、州议员的质询建议等规定，为紧急状态下公民各项权益的保护提供了有力保障。如《公民保护法》是德国政府应对各类突发事件的一部重要法律，指导国家各部门在出现对公民生命财产造成威胁的公共危机事件时采取各类相关措施，为公民提供各种保护和保障。

---

①　凌学武：《联邦制下的德国应急管理体系特点》，载《福州党校学报》2009 年第 5 期，第 42—43 页。

（二） 亚洲主要国家法律体系逐渐形成，不断及时更新

1. 日本

日本是世界上较早制定有关灾害应急救援管理法律法规的国家。日本的突发公共事件应急体制是在通过建立与防灾减灾相关法律制度的基础上逐渐形成的。由于防灾制度体系的建立需要政策的持续性和财政预算的保障，与此同时，政府又通过对防灾对策的实施过程中出现的新问题进行重新认识，在不断总结经验和教训的基础上，对原有法律制度中不能有效实施防灾减灾的法律条文和内容进行必要的修改，及时地制定新的法律和法规，以确保防灾减灾事业的进行。① 按照法律的内容和性质，可以将日本的突发公共事件对策相关法律划分为基本法类、突发公共事件预防和防灾规划相关法类、突发公共事件紧急应对相关法类、灾后重建和恢复法类、突发公共事件管理组织法类五种类型。其中，在突发公共事件基本法方面，主要颁布了突发公共事件基本法、大规模地震特别措施法、原子能突发公共事件对策特别措施法、石油基地等突发公共事件防止法、海洋污染及海上突发公共事件防止的相关法律、建筑标准法等。突发公共事件预防和救灾方面的法律法规包括了河流法、海岸法、防沙法、滑坡等防止法、陡壁坍塌等突发公共事件防止等相关法、森林法、活火山对策特别措施法、气象业务法等。突发公共事件应急方面的法律有消防法、防洪法、突发公共事件救援法、传染病预防法、水难救护法、道路法、航空法、电波法、广播电视法、国际紧急援助队派遣相关法等法规。灾后重建和恢复方面主要颁布了如下法律法规：特大突发公共事件的特别财政援助等相关法律、公营住宅法、铁路轨道建设法、机场建设法、灾区城镇复兴特别措施法、灾民生活重建支援法、地震保险相关法等。突发公共事件管理机构和组织方面涉及的法律有以下六种：消防组织法、警察法、海上保安厅法、自卫队法、水害预防组织法、日本红十字会法等。

---

① 孙斌著：《公共安全应急管理》，气象出版社 2007 年版，第 123 页。

这给建立一个良好的突发公共事件管理组织和机构提供了法律保障和依据。①

在预防和应对灾害方面，日本坚持"立法先行"，在危机管理过程中逐步形成了较为健全的、完善的应急管理法律法规体系。日本没有专门的紧急状态法，应急管理的立法是与政府应急管理相关的专门法律。日本现有应对公共危机的法律都是以宪法和内阁法等为基础的，目前有关危机管理的法律法规共有 227 部，其目的就是使日本国家设法确保灾害对策的综合性、计划性和对策的制度化、法制化、规范化，使减灾行动更有效。② 为配合相关法律法规的实施，日本要求各级政府建立各类防灾计划，内容包括灾害预防、灾害处置以及灾后恢复重建等不同阶段防灾救灾措施。颁布于 1880 年的《备荒储备法》是日本最早的防灾法，该法主要是为了确保在遇到灾害或饥荒的时候有足够的粮食和物资供给，而通过立法来进行粮食和物资的储备。1946 年南海地震后，日本于 1947 年 10 月颁布了《灾害救助法》和《灾害救助法实施令》、《灾害救助法实施细则》。《灾害救助法》主要规定各级政府在灾害发生后进行应急救援的任务和权限；规定各级政府在平时做好突发性灾难的救助计划，建立应急救助组织和做好危机应对的劳务、物资、设备、资金的预备工作，以及政府在紧急状态时，对救助物资的征用权限等；规定救助费用的来源、使用、管理以及违反本法的法律后果等。③ 这些法律规定了各级政府制订突发性灾难的救助计划，建立救助组织以及做好危机应对的劳务、物资、设备、资金的预备工作，强化灾害救助、农林水产设施灾后修复等方面的规制。1947 年，日本颁布施行了《消防组织法》，对消防工作的组织和管理作

---

① 孙斌著：《公共安全应急管理》，气象出版社 2007 年版，第 125 页。

② 金磊：《日本的灾害应急管理体系》，载《中国建设报》2002 年 1 月 25 日第 3 版。

③ 孙铭心、张俊、刘善华、李立：《我国地震应急救援法制建设的分析与构想》，载《中国应急救援》2007 年第 11 期，第 15 页。

了明确规定，并将消防从警察制度中分离独立出来。《消防组织法》对消防部队的人员编制、工作任务、器材配备、协调联动、救助活动、开展训练、消防教育等提出了明确要求，为统一指挥、统一调度、统一保障奠定了基础。1950 年 5 月 24 日，日本制定了《建筑基准法》。1950 年日本还制定了《国土综合开发法》。1959 年伊势湾台风灾害后，日本政府于 1960 年颁布了《治山治水紧急措施法》。20 世纪 50 年代前后，还制定了关于防洪、防火、防震等单项灾种的法律和规划。1961 年 11 月，日本议会又颁布了日本灾害方面的根本大法、防灾应急管理的母法——《灾害对策基本法》，此法被称为"防灾宪法"、"抗灾宪法"，在当今日本应急管理体系中仍然起着基础性作用，该法明确了政府和各部门的职责，建构起了"预防、应急和恢复重建"为一体的综合防灾体制；明确规定了各级政府、中央及地方公共机构、企业和居民的基本责任和相互之间的合作关系；该法把"一方有难，八方支援"的人道主义行为纳入法律义务范围，并规定：常态下，各部门按照防灾计划进行防灾训练，筹备防灾物资，建设防灾设施；灾害发生前后，中央政府、都道府县和市町村组成灾害对策总部积极应对；必要时，设立紧急灾害对策总部，由首相担任部长；该法还明确规定日本广播协会属于国家指定的防灾公共机构，从法律上确立了公共电视台在国家防灾体制中的地位。之后，《灾害对策基本法》又经过两次大的修改，在应急实践中不断完善的《灾害对策基本法》为日本各级政府科学、有效地应对各种突发公共事件提供了强有力的法律保障，对提高日本整体应急管理的能力和水平有着不可低估的作用。① 各都、道、府、县（省级）都制定了《防灾对策基本条例》等地方性法规。② 1962 年日本内阁根据《灾害对策基本法》

---

① 姚国章：《日本突发公共事件应急管理体系解析》，载《电子政务》2007 年第 7 期，第 59 页。

② 顾桂兰：《日本应急管理法律体系的六大特点》，载《中国个体防护装备》2010 年第 1 期，第 53 页。

制定了《灾害对策基本法实施令》，同年内阁总理还通过了《灾害对策基本法实施细则》。1962 年日本还制定了《豪雪地带对策特别措施法》和《关于地震保险的法律》（或称《地震保险法》）。1963年日本制定了《灾害时实施应急措施人员的损害补偿条例》及其实施细则。1969 年日本制定了《关于防止滑坡灾害的法律》。1970年日本制定了《关于防止海洋污染和海上火灾的法律》。1971 年日本制定了《关于防止海洋污染和海上火灾的法律实施令》和《关于防止海洋污染和海上火灾的法律实施细则》。1973 年日本制定了《急救业务等的条例》和《急救业务等的条例实施细则》，还制定了《关于完善活火山周边地区避难设施等的法律》。1975 年日本制定了《原子能救援法的条例》及其实施细则，还制定了《石油联合企业等灾害防止法》。1978 年日本制定了《大地震对策特别措施法》和《大地震对策特别措施法实施令》。1979 年日本制定了《大地震对策特别措施法实施细则》。1980 年日本制定了《地震防灾对策强化地区有关地震对策紧急整备事业国家财政特别措施的法律》。1990 年日本制定了《水难救助法处理手续》。1992 年日本制定了《南关东地区直下型地震对策大纲》。1995 年阪神大地震后，日本修改了《地震特别财政法》，颁布了《地震防灾对策特别措施法》，并修改了《灾害对策基本法》中的部分内容，还修改了《大规模地震对策特别措施法》，修改了《防灾基本计划》，对防震抗灾提出了更高的要求，强化了灾害应对体制。阪神大地震发生后，经过总结，又陆续制定了《受灾者生活再建支持法》、《受灾市街地复兴特别措置法》等法令。① 1995 年日本还制定了《原子能辐射救援法的实施细则》。1999 年日本制定了《原子能灾害对策特别措施法》，2000 年日本又制定了《原子能灾害对策特别措施法实施令》和《原子能灾害对策特别措施法实施细则》。"9·11"恐怖事件后，日本于 2001 年在国会、内阁等机构通过《自卫队法修正

---

① 陈丹妮：《政府灾害应急管理体系的国际比较研究》，载《防灾科技学院学报》2009 年第 1 期，第 82 页。

案》、《海上保安厅法修正案》、《发生重大恐怖事件时政府初步反应措施》、《有发生大规模恐怖活动危险时政府的应对措施》、《国境周边航行的可疑船只处理方案》等一系列相关法案，以加强警察厅、海上保安厅、自卫队等相关机关的警戒与迅速反应能力。2002年11月2日日本制定了《恐怖活动对策特别措施法》（或称《恐怖事件对策特别措置法》），2003年10月16日，《恐怖活动对策特别措施法》重新修改。为了强化危机管理体制，日本参议院于2003年通过了《武力攻击事态对应法案》、《自卫队法修正案》、《安全保障会议设置法修正案》"有事三法案"，赋予了首相在特别情境下的特别指挥权。此外，《东京都震灾对策条例》更为具体地规定了市民的职责，要求市民采取措施，自觉地配合政府，在努力确保自己安全的同时，相互合作，以此确保全体市民的公共安全。《警察法》、《自卫队法》规定了处理政治性紧急状态的法律规范。1996年日本制定了《大规模灾害时消防及自卫队相互协助的协议》、《大规模灾害时警察以及自卫队相互协助的协议》。《关于传染病防治和对传染病患者治疗的法律》、《感染病预防及感染症患者医疗的法律》也是日本应对公共危机的应急法律。

日本在危机管理中重视国民的保护。日本通过了《国民保护法》，并在此基础上推出《市町村国民保护计划》，以凸显紧急状态下对人的权利的保护。《国民保护法》制定后，政府又制定了《关于国民保护的基本指针》，提出了居民避难和救援指南，作为都道府县制定具体计划的指标。①

可以说，日本虽然没有制定统一的紧急状态法，但以《灾害对策基本法》为核心，形成了一套有序的灾害性危机应对的法律体系。② 一系列法律法规的颁布实施，显著提高了日本依法应对各

---

① 余潇枫著：《非传统安全与公共危机治理》，浙江大学出版社2007年版，第210—212页。

② 周晓丽著：《灾害性公共危机治理》，社会科学文献出版社2008年版，第172页。

种灾害的水平。为了确保法律实施到位，日本要求各级政府制定具体的防灾计划（预案）、防灾基本计划、防灾业务计划和地域防灾计划，细化上下级政府、政府各部门、社会团体和公民的防灾职责、任务，明确相互之间的运行机制，并定期进行训练，不断修订完善，有效增强了应急计划的针对性和可操作性。① 日本灾害对策法制化建设，大大促进了日本防灾减灾事业的发展。

2. 韩国

韩国危机管理机制比较有效，也主要得益于完整的法律体系。韩国有关危机事态应急管理的法律分为战争灾害、自然灾害和人为灾害三个大类，其中包括《自然灾害对策法》、《农渔业灾害对策法》、《灾害救济法》以及《灾害对策法》、《森林法》、《高压气体安全控制法》、《生命救助法》等，为有效应对各种突发性灾难提供了权威的依据。1981 年韩国制定了《韩国戒严法》。韩国于1996 年根据《灾难管理法》将韩国公共电视台列为报道灾难的指定台。②

（三）俄罗斯法律体系基本确立，法律法规多元化，特殊法自成体系

苏联解体后，俄罗斯面临着频发的公共危机和不可回避的灾难。通过危机管理法律体系的确立来应对和完善公共危机处理是俄罗斯的重要选择。俄罗斯以宪法和紧急状态法为基础，制定了 100余部配套联邦法律、法规和大量总统令、政府令。③ 20 世纪 90 年代初，俄罗斯联邦颁布了一系列相关法律，不断完善公共安全应急管理的法律体系。1990 年，俄罗斯颁布了《紧急状态法律制度

---

① 顾桂兰：《日本应急管理法律体系的六大特点》，载《安全与健康》2010 年第 2 期（上），第 26 页。

② 王德迅：《国外公共危机管理机制纵横谈》，载《求是杂志》2005 年第 20 期，第 60 页。

③ 丛梅：《加强中国应急管理体系的法制建设》，载《理论与现代化》2009 年第 5 期，第 121 页。

法》。1992 年颁布的《国家安全法案》明确了国家应急管理的任务和目标，包括了"国家防御"、"安全"以及"国家防御和安全系统"。这个法案规定了在应急管理方面的国防和安全系统基本准则、构成和职能。《国家安全法案》第 12 章专门列出基本的应急救援力量和救援程序，以确保国家防御和安全政策的顺利实施。①俄罗斯联邦立法机关于 1994 年通过了《联邦共同体应急管理法案》，建立了俄罗斯联邦预防和消除紧急情况的统一国家体系（USEPE），以抵御联邦共同体领土范围内发生的自然突发公共事件和技术性突发公共事件，法案规定了应急的基本原则、主要任务和联邦、区域或地方政府的职责，以及当联邦和区域处于紧急状态下相关的救援程序。俄联邦 1994 年出台了《保护居民和领土免遭自然和人为灾害法》，之后又出台了《事故救援机构和救援人员地位法》。②1994 年的《联邦紧急救援服务和救援人员权利法》规定了对救援人员的培训。1998 年 2 月俄罗斯颁布《民防法》，确定民防是为准备保护和保护俄罗斯联邦境内的居民、物质与文化财产免遭军事行动或自然、人为突发公共事件所采取的综合措施。普京执政后，于 2001 年 5 月 30 日签署了《俄罗斯联邦紧急状态法》，该法规定了国家实施紧急状态的程序、方式和措施，并对紧急状态的定义、实施紧急状态的适用范围作了更为明确、具体的规定。③该法律属于宪法性法律，如果紧急状态地区法律与《紧急状态法》相抵触的时候，紧急状态地区法律可以被总统中止，这为紧急状态下行政权力和立法权力的超常使用提供了法律依据。④到 2001 年

---

① 迟娜娜、邓云峰：《俄罗斯国家应急救援管理政策及相关法律法规（一）》，载《中国职业安全卫生管理体系认证》2004 年第 5 期，第 10 页。

② 杨万仁：《我国公共危机应急机制建设初探》，载《辽宁警专学报》2005 年第 1 期，第 32 页。

③ 丁文喜著：《突发事件应对与公共危机管理》，光明日报出版社 2009 年版，第 87 页。

④ 魏捍东、刘建国：《构建我国社会应急救援力量体系的思考》，载《武警学院学报》2008 年第 2 期，第 19 页。

为止，俄罗斯联邦关于应急救援已经通过了大约 40 个联邦法律和大约 100 个联邦法规，俄罗斯联邦政治实体的立法机构也通过了约 1000 个行政区法案。其中《俄罗斯民防、紧急情况和消除自然灾害后果工作条例》和《俄政府关于建立国家预案和消除紧急情况的统一国家体系条例》就突发公共事件应急救援作出了详细规定。① 2002 年 1 月 30 日，普京又签署了《俄罗斯联邦战时状态法》，俄罗斯危机管理的法律体系基本确立。2006 年，俄罗斯通过了新的《俄罗斯联邦反恐怖活动法》（《反恐法》），进一步完善了俄罗斯的紧急状态法律制度。②

　　随着法律法规多元化的发展，应急处理和应急管理的整合行动，已成为俄罗斯制定法律法规的特别分支，且逐渐地变成政府立法的特性，而这些整合性法律法规明确指出俄罗斯政府与地方立法方向。另外，在国际法律法规和基本原则的基础上，俄罗斯应急管理行动也包含了此原则的一致性和统一性的特殊法律法规。突发公共事件处理政策在近十年间，已成为俄罗斯政府国家安全的首要政策。在立法机关方面，包括工业所带来的突发公共事件，例如有毒物质的产生，也导致相应法律法规的制定。且相关整合性立法系统所形成的系统法，也增加了特殊合并项目的法律法规和国家突发公共事件处理法。此外，紧急突发公共事件处理法和国家安全法法规十分受到重视；同时，一些对于突发公共事件处理方案现有的法规仍属于特殊法律法规。③ 在俄罗斯应急管理和减灾立法中，特殊法案又自成体系。这个体系可以再细分为两类：特殊突发事件或灾难方面的法律法规（主要是各种特殊的突发事件）；特殊应急职能和

---

① 孙斌著：《公共安全应急管理》，气象出版社 2007 年版，第 31—32 页。

② 陈成文、蒋勇、黄娟：《应急管理：国外模式及其启示》，载《甘肃社会科学》2010 年第 5 期，第 204 页。

③ 孙斌著：《公共安全应急管理》，气象出版社 2007 年版，第 116—118 页。

服务方面的法律法规（主要是应急管理职能或是服务）。在第一类法案里，重点涉及的是有害材料引发的危险事件。在第二类法案里，应该能区分特殊的应急管理职能和特殊服务性工作。特殊法案都包含有关应急救援准备的章节。各种法案分别规定了相关应急预案，救援人员的演练和教育（消防、民兵、救援人员、医务人员及其他人员），公共信息和培训，增加资金、资源储备和财政支持等具体问题。①

（四）澳大利亚法律体系逐步成熟，联邦与州立法分立，没有统一的应急基本法

澳大利亚是一个灾害丛生、公共危机事件多发的国家。同国外多数发达国家一样，澳大利亚也具有较为完善和健全的应急法制体系。在应对危机的过程中，澳大利亚逐步制定了相应的危机法律，并形成了自中央到地方各级专门的危机管理和应对机构。就立法而言，澳大利亚危机立法主要包括：1986 年《危机管理法》，主要适用于维多利亚州，2003 年为保障该法的实施又制定了《危机管理条例》。1998 年制定了《危机服务基金法》。1999 年又制定了新的《危机管理法》，主要适用于首都地区。1999 年通过的紧急事务管理法案，提供了澳大利亚首都区域内应急管理立法基础，这个法案确保了有效的管理机制，包含准备、应急与重建等，这个法案也提供了建立澳大利亚首都区域救护车服务与首都区域紧急事务的立法基础。② 澳大利亚《紧急救援法》、《民间国防法》、《澳大利亚危机管理法》、《紧急业务法》等危机管理法律，规定了政府机构处理突发事件的权力来源、内容、行使权力的程序、对公民权利的限

---

① 迟娜娜、邓云峰：《俄罗斯国家应急救援管理政策及相关法律法规（一）》，载《中国职业安全卫生管理体系认证》2004 年第 5 期，第 10 页。

② 孙斌著：《公共安全应急管理》，气象出版社 2007 年版，第 135 页。

制和救济、议会的监督权等。①

　　澳大利亚宪法规定，州与地区具有保护人民生命与财产安全的直接责任，州与地区必须维持一定的紧急事故处理能力以履行其责任。各州（市）也相应制定了独立的法规、条例等。由于每个州都有各自立法的权力，导致其法律法规的不同。如 1989 年新南威尔士州出台了《新南威尔士州紧急事件与援救管理法》；1975 年，昆士兰州通过《应急管理组织法》，规定了应急管理组织的设立、州的紧急服务以及其权力、管辖职权、功能；2003 年出台了《昆士兰州灾难管理条例》。正是在法律的规范引导下，每一个州和地区都具有其一套应对灾害性危机事件的计划、安排和组织，并且联邦政府能够及时协助州和地区加强他们的应对能力，而且如果需要的话可以提供额外的资源，以保证危机救治工作的顺利进行。澳大利亚从社区到政府，从中央到地方，从国内到国外，都形成了比较完备可行的危机防御法律体系。在中央有以澳大利亚危机管理中心为核心的危机管理体系，在各地区、各州分别有自己单独立法对各地区、各州保护公民人身、财产安全职责的规定。灾害应对和管理的所有工作都以法律和法规为依据，减少政府治理工作中的盲目性和随意性。这样，就可以确保发生重大灾害时救灾资源能够得到充分利用，及时反映第一线的要求，灵活地调度分派救灾资源，不至于因太多层级的官僚体系，而导致救治效率的低下。由于应急法律制度的确立，使政府应急管理行为及程序规范化、制度化、法制化，有效地保证了突发事件应对处理措施的正当性和合法性。

　　但是，澳大利亚公共危机治理也并非十全十美。各地区、各州都有自己的危机管理法律，但在宪法对联邦政府危机管理权疏漏的情况下，在联邦层次上并没有类似的统一性的法律文件，在中央层面上还没有制定统一的《紧急状态法》或《公共应急法》，导致联

---

　　① 陈成文、蒋勇、黄娟：《应急管理：国外模式及其启示》，载《甘肃社会科学》2010 年第 5 期，第 203 页。

邦政府在危机管理方面地位十分尴尬。在联邦层次上法律缺失的情况下，使得联邦政府的危机管理可能无法可依，难以实现灾害应对中的前瞻性和确定性。①

（五）其他国家法律体系逐步发展和完善

土耳其有《紧急灾害救援组织及其计划方针》、泰国有《1991年内务部民事灾害预防计划》、新西兰有《国家民防计划》。② 荷兰1985年出台了《救灾法》，它是荷兰的应急管理基本法。

三、国外公共危机应急管理和救援法律体系借鉴

（一）国外公共危机应急管理和救援法律体系的特点

虽然我国与其他国家特别是西方发达国家在地理位置、国家体制、运行机制和国情等方面存在诸多不同之处，但是，公共危机的出现是同样不可避免的，破坏性是相似的。由于各国的公共危机事件（或称突发公共事件、紧急状态、灾害事件）不同，有关应急管理和救援的组织机构及其模式不尽相同，制定的法律法规规定也相差较大，但相互之间存在一些共同的特点。从国外公共危机管理的实践来看，法律手段是公共危机管理的重要途径，是各国目前普遍采用而且行之有效的控制方式。

1. 绝大多数国家宪法中都对公共危机应急法作出了明确规定

例如，印度、德国、日本、法国等国家，给政府的行政紧急权力划定明确的宪法界限。世界上立法主要有两种模式：一是在宪法中专章规定紧急状态或紧急权力；二是在宪法中设定紧急状态条款。无论哪种模式，都是以宪政为依托，基于法治原则的要求而制

---

① 周晓丽著：《灾害性公共危机治理》，社会科学文献出版社2008年版，第178—179页。

② 王学栋：《我国政府对自然灾害应急管理的对策分析》，载《科技进步与对策》2004年第9期，第4页。

定的。由宪法规定的紧急状态制度确立了政府在紧急状态时期的基本法律权限，使得政府在紧急状态时期行使紧急权力的行为严格地限制在宪法所允许的范围之内，由此来维护以此为核心价值的法治原则。一方面，国家对公共危机治理的过程要求国家对公共危机的管理必须建立在宪政层面的法律依据之上，其全部的制度建构必须以国家的宪法为依托而展开；另一方面，如果缺乏法治原则的要求，不对危机时期国家机关如何行使应急权力加以规定，那么，就可能为国家机关滥用紧急权力留下法律和制度上的隐患。

2. 许多国家的立法机关制定了专门化、体系化的应急法律规范

紧急状态（或危机管理）法律通常规定宣布紧急状态权力的行使主体、程序、对公民权利的限制以及权利救济等内容。它是突发事件应急法制领域中的"基本法"，能够在由于复杂原因产生的紧急状态中有一个统一的指挥机制以及程序规范。紧急状态法对各种紧急状态下的政府行政紧急权力作统一规定，这种做法可以使政府在紧急状态时期有章可循，防止政出多门，特别是防止滥用行政职权或者是超越行政职权，破坏依法行政的法治理念。① 这种统一的紧急状态法或者危机管理法能够"避免因为法律的漏洞而使政府随意扩大紧急行政权力，从而使公民权利的保障有一个底线，不至于造成公民权利在紧急状态期间遭受公共权力的随意侵害，而无法获得有效的法律救济"。保障公民基本权利不受侵犯，公民的正当权利是任何紧急权力不可逾越的界限。② 各国以制定统一的紧急状态的方法来详细规范在紧急状态时期政府与公民之间的关系，以保障政府在紧急状态下充分、有

---

① 郭济著：《政府应急管理实务》，中共中央党校出版社 2004 年版，第 94 页。

② 韩大元、莫于川著：《应急法治论——突发事件应对机制的法律问题研究》，法律出版社 2005 年版，第 214—223 页。

效地行使行政紧急权力，同时也很好地限制政府的行政紧急权力，保护公民的一些基本的宪法权利不因紧急状态的发生而遭到侵害。① 另外，紧急状态时期的各种制度集中于同一法律中，便于社会公众遵守法律的规定，同时也可以对政府在紧急状态时期所采取的行政紧急措施进行必要的监督。如果关于政府行政紧急权力的法律规定分散在不同的法律形式中，那么，对大多数社会公众来说，很难弄清楚政府是否在依法行使行政紧急权力，自己的权利是否已经受到了不必要的限制。

3. 许多国家的行政机关制定了危机应急法律性质的行政法规

根据议会关于应急法律规范的立法，许多国家的行政机关制定了一系列实施应急法律的行政法规、地方性法规、政府法令或者实施细则等。在西方国家除了统一的紧急状态法之外，各国还针对各种法律规定的危机类型制定了各种单行法，或由行政机关制定紧急状态基本的实施细则。② 如日本内阁就根据议会制定的《灾害对策基本法》制定了《灾害对策基本法实施令》。

4. 许多国家通过立法与司法机关对政府紧急权力进行审查与监督

为了保障公民权利，各国宪法和法律一般都规定了代议机关对行政机关行使紧急权的监督权。立法机关对紧急权的监督主要体现在对宣布紧急状态的审查、对紧急状态下有关机关紧急立法的授权和审查、对紧急状态期限延长的授权和监督。司法作为保障公民权利的最后一道防线，即使在紧急状态下，其在宪法上的地位及宪法任务的履行也不应受到损害。③

---

① 陶建钟：《公共危机的依法管理及其法制完善——危机状态下权力与权利的平衡》，载《行政论坛》2007 年第 1 期，第 56 页。

② 周晓丽著：《灾害性公共危机治理》，社会科学文献出版社 2008 年版，第 336—338 页。

③ 陶建钟：《公共危机的依法管理及其法制完善——危机状态下权力与权利的平衡》，载《行政论坛》2007 年第 1 期，第 56 页。

5. 各国法律明确规定公民权利的救济和法律保障

公民权利受到侵害之后，如何寻求自身的权利救济应当是公民权利保障的重要内容。现代法治条件下，一般有行政救济和司法救济两种途径，各国对于行政紧急权力基本都以此作为公民权利保障，"没有无救济的权利"原则是现代行政和法制国家的基本原则。①

总的来说，发达国家大都具有完善的突发事件应急法制体系，这类法律体系一般都有一个基本法，据此对与应急有关的一些重大事项作出明确而具体的规定。

（二）国外公共危机应急管理和救援法律体系借鉴

学习和借鉴其他国家公共危机应对和处置的经验和教训，特别是公共危机应急管理和救援以及公共危机应急救援力量方面有益的立法经验，对我国公共危机治理和公共危机应急救援法律体系建设的开展和进行具有重要的参考价值和长远意义。

1. 实现公共危机应急管理和救援的法治化

一个国家公共危机应急管理和救援机构能否有效运行的基础是法律的制约和保障。法治是一种治国方略。就现代社会来说，法治就是"法律至上"和"限制权力"，是民主、自由、平等这些体现人类追求生命质量与生活质量的基本价值的根本保障。危机管理和处理的不确定性，危机处理和救援过程中行为的失范、失当现象及违法行为可能给公众和社会造成额外的或必要的损失。因此，应在危机管理和救援之前就为危机应急管理和救援设立规则，所以制定法律和制度，依法规范、依法应急、依法救援、法治化运行就成为必然。实践证明，将危机管理纳入法制化的轨道，有利于保证突发

---

① 陶建钟：《公共危机的依法管理及其法制完善——危机状态下权力与权利的平衡》，载《行政论坛》2007 年第 1 期，第 56 页。

事件应急措施的正当性和高效性。① 我国也应制定应急管理和救援的法律标准，从宏观和微观上进一步规范应急管理和救援，使应急管理和救援的标准有法可依，保障应急管理和救援依法进行和开展，使其走上法治化轨道。

2. 积极运用法律手段解决公共危机应急管理和救援

用法律手段处理与突发性突发公共事件有关的紧急事务是世界各国普遍采取的措施和对策。通过应对突发公共事件的法律法规，规定政府在危机管理中的职权和职责，确定依法对抗紧急事务的法治原则，不仅有利于增强政府处理危机事件的能力，也有利于最大限度地维护政府在公共紧急状态时期的合法性和权威性。

3. 高度重视应急管理和救援的立法

重视法律在危机管理中的作用是很多国家危机管理的典型经验。在法律的框架内治理各类公共危机，对于减少危机中人民生命和财产的损失，尽快恢复正常的社会秩序具有重要意义。从世界范围来看，在应对突发性公共危机的时候，国家立法起着很重要的作用，可以保障政府在紧急状态下充分、有效地行使行政紧急权力，同时也很好地限制政府的行政紧急权力，保护公民的一些基本权利不因紧急状态的发生而受到侵害。② 严格的立法保障了政府及各部门在非常时期行使紧急权力，并使紧急权有法可依。这是保障依法行政的重要环节，也是公民权利不受侵犯的制度保证。③

4. 建立健全公共危机应急管理和救援的法律体系与制度

完备的法律法规和计划安排是公共危机管理和救援的保障。从公共危机管理的实践来看，不少国家在构建危机管理机制的同时，

---

① 王德迅：《国外公共危机管理机制纵横谈》，载《求是杂志》2005年第20期，第59页。

② 秦丹：《新时期我国公共危机管理体系的构建和完善》，载《郑州航空工业管理学院学报（社会科学版）》2009年第5期，第176页。

③ 王德迅：《国外公共危机管理经验借鉴》，载《公关世界》2009年第5期，第16页。

先后建立了比较完备的法律法规体系，建立了应急管理和救援的各个层次的法律和制度，为应急管理提供全方位的制度保障。发达国家十分重视危机应急管理和救援法律法规建设，为了适应新型危机的诸多挑战，及时修改和完善应急管理和救援法律。各国不仅完善保障公共安全的法律体系，而且非常重视应对新型危机的诸多挑战，及时整合和修订法律，保证法律体系的完整和各法之间的衔接。这对基层来说，可以避开法律不统一或无法可依的问题。同时，通过法律形式使公民明白政府应急管理的有限责任原则，促进培养公民自救互救的责任心。在我国，还需要解决在基层出现的应急管理法律不健全和部门法律不衔接的问题。①

5. 法律明确规定应急管理和救援的相关机构、人员和职责

为确保相关法规的实施和突发公共事件应急救援过程中的各级政府职能部门、应急救援力量之间高效协同应对，各国都设有专门的、可发挥重要协调作用的核心协调决策机构。② 法律和法规明确规定应急管理和救援机构的组织与权限、职责与任务，坚持应急管理工作法治化、标准化和统一化，明确和厘清各级政府的具体责任和相互关系，规定公共危机应急管理和救援机构的法定负责人，绝大多数国家的宪法规定，行政首脑直接负责外交、情报和国防事务，对突发公共危机事件具有顶级处理权、重要人事任免权。公共危机应急管理和救援机构常务负责人以及下属机构主要负责人由行政首脑任命。

6. 依法实施标准化的应急管理和救援

除了建立健全公共危机应急管理和救援的法律体系与制度以外，发达国家同时还有可操作性的指南和手册。应急管理和救援的法律法规是依法应急管理和救援的基础，而指南和手册则指导具体的管理和救援工作的进行。发达国家应急管理的法律体系，保障了

---

① 顾林生：《国外基层灾害应急管理的机制评析》，载《中国减灾》2007 年第 6 期，第 35 页。

② 孙斌著：《公共安全应急管理》，气象出版社 2007 年版，第 34 页。

实施标准化应急管理的科学性和可行性,[1] 保障了各项应急管理工作依法、有序地在基层落实和开展。[2]

7. 明确公民或国民权利的法律保护

各国公共危机应急管理和救援的立法内容除了授予政府应急管理和救援的权力和责任外,也强调政府的行政紧急权要在一定范围内行使,恪守权力的边界,不得侵犯公共利益和公民的个人权利,并对被侵害的权利提供法律救济途径。

8. 健全公共危机的治理责任机制

与常态法制较为重视政府消极责任相区别,公共危机法制应当格外注重政府及时、主动应对危机的积极责任。构建公共危机管理体系的关键,在于建构以政府为核心的公共危机管理权责分配机制。这就需要设计一套行之有效的制度,明文规定权力高低归属,应急行动配合责任范围、资源调配与共享应急机制。[3] 对各职能部门的职责一定要明确,落实到危机救治的每一个细节,以避免出现职能不清、权责不明、互相推诿、扯皮的现象,使各职能部门能够积极主动、勇于负责。[4]

① 孙斌著:《公共安全应急管理》,气象出版社 2007 年版,第 108 页。

② 顾林生:《国外基层灾害应急管理的机制评析》,载《中国减灾》2007 年第 6 期,第 31 页。

③ 张立荣、冷向明:《协同学语境下的公共危机管理模式创新探讨》,载《中国行政管理》2007 年第 10 期,第 103 页。

④ 曹现强、赵宁:《危机管理中多元参与主体的权责机制分析》,载《中国行政管理》2007 年第 7 期,第 87 页。

第二节　我国公共危机应急管理和救援法律体系建设的现状、问题与对策

一、我国公共危机应急管理和救援法律体系建设的现状

我国的公共危机法律制度无论是在灾害法方面还是在紧急状态法方面都有悠久的历史。古人突出了一系列较为实际的抗灾政策和思想，历朝历代君主王朝和地方各级官府都制定了报灾、勘灾、救灾的相关条例和对救灾官员的奖惩制度。

在现代社会，与国外发达国家相比，我国应急管理和救援的理论与技术研究起步较晚，早期的研究主要针对单一的突发公共事件进行，其理论研究的深度都不够。1982 年宪法规定戒严制度后，国家在法律、行政法规中对由自然灾害引发的一般行政的公共危机都规定了相应的措施。自从 2003 年发生 SARS 疫情之后，应急管理和救援的研究逐步摆上议事日程，国务院 2003 年成立国务院办公厅应急预案工作小组，自此，全国上下全面展开公共事件应急预案的编制工作。国家有关部门也分别展开了对安全生产突发公共事件、矿山突发公共事件、危险化学品突发公共事件、核突发公共事件等应急管理和救援体系建设的研究，研究提出了突发公共事件应急救援应由组织体制、运作机制、法律基础和应急保障体系四个部分构成，法制基础包括紧急状态法、应急管理体例、政府令、标准等。

新中国成立以来，我国大陆已经颁布了一系列涉及应对突发公共事件的法律、行政法规和部门规章，应急管理法制逐步得到健全，公共危机应急管理和救援法律体系基本形成。我国从 1954 年首次规定戒严制度至今，已经颁布了一系列与处理突发事件有关的法律、法规，各地方根据这些法律、法规又颁布了适用于本行政区

域的地方立法，应急管理法制逐步得到健全，从而初步构建了一个从中央到地方的突发事件应急处理法律规范体系。

我国对公共安全应急法律体系建设做了大量的工作，特别是近些年来，国家高度重视公共安全事件应急法律建设，取得了显著的成绩。据统计，截至 2009 年，我国大陆已经制定涉及公共危机事件应对的法律 35 件、行政法规 37 件、部门规章 55 件、有关文件 111 件。这些法律、法规、规章和规范性文件所涉及的内容比较全面，既有综合管理和指导性规定，又有针对地方政府的硬性要求。这些法律法规主要包括：（1）战争状态法律规范。例如《国防交通条例》、《民用运力国防动员条例》、《兵役法》、《预备役军官法》和《人民防空法》。（2）一般的紧急情况法律规范。涉及某些单行的紧急状态法律规范，如《对外合作开采海洋石油资源条例》第 26 条、《公安机关人民警察内务条令》第 21 条、《戒严法》第 2 条、《专利法》第 52 条等。此外，在我国批准和签署的国际条约、协议中，涉及一般紧急状态法的多达 20 余个。（3）恐怖性突发事件法律规范。恐怖性突发事件在一般紧急情况中危险度最高，但我国至今尚无国内法意义上的专门的反恐怖法律出台。除了最高人民法院、最高人民检察院、公安部 2001 年联合发布的《关于依法严厉打击恐怖犯罪活动的通知》以外，反恐怖机制主要体现于我国参加或缔结的国际条约、协议。（4）骚乱性突发事件（群体性突发事件）法律规范。我国现阶段应对骚乱的主要法律是《戒严法》，还有《公安机关人民警察内务条令》第 13 条、《民兵战备工作规定》第 39 条等。（5）灾害性突发事件法律规范。目前，我国的灾害性突发事件法主要包括以下几个方面：①地震灾害法律；②洪灾法律；③环境灾害法律；④地质灾害法律。（6）事故性突发事件法律规范。我国关于事故防治的立法范围非常广泛，立法形式涉及法律、行政法规、地方性法规和规章。主要的事故防治法律包括：①交通事故法律；②核事故法律；③共卫生事故法律；④火灾事故法律；⑤生产安全事故法律；⑥公民权利救济法律规范。涉及公民、法人和其他组织的合法权益由于公共危机的行政应急措施受到损害之后的补救机制，包括行政复议、行政诉讼、国家赔偿和补偿方面的法律规范。上述情况表明，从总体上说我国已经在构建突发事件应急法律体系方面具有一定的基础，这主要表现在现行宪法、法律、法规中已有一些关于应急的法律规范。这为应对突发事件带来的社会危机，依法实施有效的危机管理，提供了一定的法律保障。①

为了适应我国自然灾害频发的特点，在灾害应急立法中，我国政府主要采取了针对不同种类灾害分别立法的模式。按照《国家突发公共事件总体应急预案》的分类标准，主要包括以下几个方面：

自然灾害方面，主要有：《破坏性地震应急条例》、《防震减灾法》、《防洪法》和《防汛条例》、《森林法》和《森林防火条例》、《消防法》、《气象法》、《环境保护法》、《海洋环境保护法》、《大气污染防治法》等。

事故灾难方面，主要有：《核电厂核事故应急管理条例和处理规定》、《对外合作开采海洋石油资源条例》、《安全法》、《民用航空法》、《安全生产法》、《铁路法》、《海上交通安全法》等。

公共卫生事件方面，主要有：《传染病防治法》、《传染病防治实施办法》、《突发公共卫生事件应急条例》、《动物防疫法》、《职业病防治法》等。

社会安全事件方面，主要有：《戒严法》、《国防法》、《兵役法》、《国防交通条例》、《民用运力国防动员条例》、《兵役法》、《预备役军官法》、《人民防空法》、《公安机关人民警察内务条令》、《关于依法严厉打击恐怖犯罪活动的通知》、《民兵战备工作规定》等。

2004年3月召开的十届全国人大二次会议通过的《宪法》修正案，对因重大自然灾害、事故灾难、公共卫生事件、社会安全事

---

① 莫于川：《公共危机管理与应急法制建设》，载《临沂师范学院学报》2005年第1期，第120页。

件等引起的紧急状态作了原则性规定，这为突发事件应急法制的建设奠定了宪法基础。例如，2004 年《宪法》修正案把"戒严"改为"紧急状态"的提法令人瞩目。紧急状态包括极端形式的紧急状态和普通形式的应急管理。"紧急状态"入宪，标志着我国应急管理进入对各种不确定因素所引起的危机事件实行全面法律治理阶段。

2007 年 8 月 30 日由全国人大常委会通过、2007 年 11 月 1 日起正式实施的《突发事件应对法》，是我国应急管理领域的一部基本法。可以说，《突发事件应对法》的制定和实施成为应急管理法治化的重要标志。以《突发事件应对法》的颁布实施为标志，目前，国家已有应对各种自然灾害、事故灾难、公共卫生事件和社会安全事件的专门和相关的法律、法规和部门规章 200 多部，国家还出台了一系列的工作意见和指导文件，这些都为应急管理工作的全面开展提供了政策根据和法律依据，为各类公共危机的应急处置和抢险救援提供了强有力的法律支持，为构建应急管理和救援体系提供了法治保障。

我国目前在一些法律和行政法规等规范中关于各类公共危机应急管理和救援的规定，为各类公共危机的应急处置和抢险救援提供了强有力的法律支持和保障。从法律效力和位阶角度来讲，可以分为以下几类：

1. 法律

法律包括基本法律和一般法律。这类法律如《宪法》、《人民警察法》、《职业病防治法》、《传染病防治法》、《气象法》、《防洪法》、《草原法》、《防震减灾法》、《环境保护法》、《海洋环境保护法》、《水污染防治法》、《大气污染防治法》、《矿山安全法》、《安全生产法》、《突发事件应对法》、《消防法》、《人民武装警察法》、《国防动员法》。

2. 国务院法规、部委行政规章

如《核电厂核事故应急报告制度》、《核事故辐射影响越境应急管理规定》、《核电厂核事故应急演习管理规定》、《核事故医学应急管理规定》、《核电厂核事故应急管理条例和处理规定》、《化学事故应急救援管理办法》、《铁路行车事故救援规则》、《民航运输机应急救援规则》、《水库大坝安全管理条例》、《水土保护工作条例》、《企事业单位内部治安保卫条例》、《黄河重大水污染应急调查处理规定》、《防汛条例》、《黄河水量调度突发事件应急处置规定》、《仓库防火安全管理规则》、《高层居民住宅防火管理规定》、《公告娱乐场所消防安全管理规定》、《森林防火条例》、《草原防火条例》、《传染病防治法实施办法》、《地震监测设施和地震观测环境保护条例》、《破坏性地震应急条例》、《地质灾害防治管理办法》、《危险化学品安全管理条例》、《特种设备安全监察条例》。2003 年春，面对突如其来的非典型性肺炎（SARS）疫情，2003 年 5 月 7 日，国务院会议原则紧急通过出台了《突发公共卫生事件应急条例》，并于 5 月 9 日正式公布实施。其他相关法规、规章还有《建设工程安全生产管理条例》、《关于预防煤矿生产安全事故的特别规定》、《矿山安全法实施条例》、《国务院关于特大安全生产事故行政责任追究的规定》、《特别重大事故调查程序暂行规定》、《生产安全特大事故和重大未遂伤亡事故信息处置办法（试行）》、《生产经营单位安全培训规定》、《军队参加抢险救灾条例》、《自然灾害救助条例》。

3. 地方性法规规章

地方性法规规章包括地方性法规、地方性规章、地方性规范文件。目前，我国各大中城市根据本地区实际情况，针对危机事件也制定了一些地方性法规。如各省《关于重大安全生产事故行政责任追究的规定》，2002 年 5 月 1 日广西南宁发布实施的《南宁市社会应急联动规定（试行）》，2003 年 9 月北京市公布的《防治传染性非典型肺炎应急预案》。

4. 军事法律法规规章

军事法律法规规章包括军事法律、军事法规、军事规章，如《国防法》、《国防动员法》、《人民武装警察法》等。军事法规本质上是非常法律的组成部分，但是却不属于社会主义法律体系的组成部分。① 而在一些法律中，军事法规的"法律"地位却又得到变相的认可：《国防法》第 13 条和《立法法》第 93 条规定了中央军委制定军事法规的立法职权，特别是《立法法》第 93 条明确规定了军事法规的制定权限、程序和效力范围，这实际上承认了军事法规属于我国的"法律"。对于战争的治理而言，军事法规是不可或缺的。在应急状态下，由于军队越来越频繁地参加各类突发事件的治理，如果否认调整军队参与抢险救灾行为的军事法规的"法律"性质，军队的行为将欠缺合法性。② 军事法事实上已形成了一个独立的法律部门，军事领域也是法律调整的基本领域之一。如果不承认军事法规的"法律"地位，我国的法律体系将出现一个很大的空白，军事法规也无法与法律体系相衔接。③ 因此，军事法规应该被纳入法律体系之中，以解决军队应对紧急事件的合法性问题。

5. 政策和预案

政策有国家政策、地方政策，如国务院办公厅于 2003 年 12 月成立了国务院办公厅应急预案工作小组，负责制定、修改国家突发公共事件应急预案。经过多方共同努力，应急预案编制工作于 2005 年基本完成，包括《国家突发公共事件总体应急预案》和 25 项专项预案、80 项部门预案，共计 106 项。2005 年 1 月 26 日，国务院第 79 次常务会议原则通过《国家突发公共事件总体应急预案》。重庆、浙江、海南、河南、广西、云南、新疆、湖南等省、自治区也先后颁布了地方性的"突发公共事件总体应急预案"，2005 年 2 月，全国应急预案框架体系已初步形成。2006 年 1 月 8

---

① 对此结论，学界有不同的看法，军内学者多认为军事法律法规是社会主义法律体系的组成部分。

② 孟涛著：《中国非常法律研究》，清华大学出版社 2012 年版，第 244 页。

③ 张建田：《关于军事法规体系的几个基本问题》，载《法学杂志》2010 年第 9 期。

日，国务院发布《国家突发公共事件总体应急预案》，国务院有关部门已编制了国家专项预案和部门预案；全国各省、自治区、直辖市的省级突发公共事件总体应急预案均已编制完成。目前，全国所有省、市、自治区和市、县都制定了自己的应急预案和规章制度。2006 年 5 月国务院发布《国务院关于进一步加强消防工作的意见》。2006 年 6 月 15 日国务院发布《国务院关于全面加强应急管理工作的意见》。2009 年，国务院办公厅发布《关于加强基层应急队伍建设的意见》（国办发〔2009〕59 号）。2010 年国务院发布《国务院关于进一步加强防震减灾工作的意见》。2005 年 2 月 6 日浙江发布实施《浙江省突发公共事件总体应急预案》。

上述法律法规政策都对危害公共安全的公共危机事件的应急管理和救援进行了相应的规定，作出了相应的部署，提出了相应的要求。上述法律规范总的来说，一般法律规定较少，行政法规规章数量较多；地方性法规规章不断完善，地方法律体系逐步形成；军事法数量不断增多，质量不断提高；相关政策指导性明显增强，政策体系逐步完善。

可以说，迄今为止，我国法律、法规、规章、政策对紧急状态下如何采取紧急措施，如何调整政府与公民之间的关系以及社会公众之间的关系，基本上建立了一套有效地应对紧急状态的法律制度，不论是自然灾害导致的紧急状态，还是人为原因导致的紧急状态，政府都能够依据相应的法律、法规、规章、政策来采取必要的措施，来应对各种公共危机问题，维护正常的社会秩序。①

但是，我国公共危机管理的法律制度仍比较分散，主要体现在不同种类的法律法规中，整个公共危机管理方面的法律体系主要有：战争状态法、一般紧急状态法、恐怖性事件法、群体性事件法、戒严法和事故灾害应急法。灾害性公共危机方面的法律体系主要由破坏性地震法律、公共卫生事件应急法律、核事故应急法律、

---

① 　郭济著：《政府应急管理实务》，中共中央党校出版社 2004 年版，第81 页。

环境灾害应急法律、防洪应急法律、火灾事故应急法律、安全事故应急法律、地质灾害应急法律和气象灾害应急法律构成。① 综观我国的危机立法现状，"制度准确不足，法治机制不全，反应速度慢，应变能力差，公共管理者无法可依，社会公众无规可循，社会上下左右难以协调一致"，是从法制角度观察危机管理现状得出的基本印象。② 法制建设是应急救援力量体系建设的基础和保障，也是开展各项应急救援活动的根本依据。据不完全统计，我国应对突发公共事件而制定的法律、行政法规和部门规章已超过 200 余件，涉及公安、消防、交通、防洪、安全生产、减灾、气象、森林、草原、传染病防治、公共卫生、保险等多个部门、行业，这些法律法规构成了我国应急救援工作的法制基础。但其中大多数是各部门根据各自行业内的应急和救援工作特点专门制定的，其法制化制度还不高，法律效力也偏低，相互之间缺乏衔接、甚至存在矛盾，不利于部门之间的协调与配合，难以有效规范、保障国家统一、综合的应急救援力量体系的科学运作。③

尽管已经制定了有关的法律法规，但随着经济的发展和社会的进步，新的公共安全危机种类的出现，社会安全需求的进一步增加，以及对应急处置和救援工作要求标准的不断提高，还需要不断修改、完善和制定有关的法律法规，以进一步提高应急管理和处置的质量，进一步增强应急救援的能力和效果，保障应急救援力量的建设，更好地维护社会的稳定，保障人民群众的生命和财产安全。

---

① 周晓丽著：《灾害性公共危机治理》，社会科学文献出版社 2008 年版，第 153 页。

② 田大余：《论公共危机管理法制体系的建构》，载《学术探索》2004 年第 9 期，第 58 页。

③ 冷俐：《论我国应急救援力量体系之构建》，载《中国应急救援》2008 年第 9 期，第 5 页。

二、我国公共危机应急管理和救援法律体系建设的特点

我国应急管理法制体系属条、块结合型，中央人民政府、省（自治区、直辖市）、市、县、镇（区）人民政府的纵向应急管理与国务院各部、委、地方管理局的横向管理结构构成了具有中国特色的应急管理法制体系。① 1949 年新中国成立至今，我国已经在社会预警和应急管理领域制定了大量的立法，这些数量众多的立法从形式上把握具有以下特点：②

第一，就立法位阶分布而言，已经建立各层级均有相应立法的社会预警和应急管理法律体系。关于社会预警和应急管理的立法分布在宪法、法律、行政法规、地方性法规、部门规章、地方政府规章各个层级法律文件中。

宪法条款主要涉及战争状态和紧急状态的决定和宣布，明确了国家机关行使紧急权力的宪法依据，确定了国家紧急权力必须依法行使的基本原则。2004 年宪法修正案通过后，涉及战争状态和紧急状态的条款有 3 条：第 67、80、89 条。第 67 条第（18）项和第（20）项分别规定了全国人大常委会决定进入战争状态和紧急状态的权限。第 80 条规定由国家主席宣布进入战争状态和紧急状态。第 89 条规定国务院依照法律规定决定省、自治区、直辖市范围内部分地区进入紧急状态。

法律层面制定了应对一般性突发事件的基本法——《突发事件应对法》。法律层面关于突发事件的立法中有一部分是专门立法，包括《防震减灾法》、《防沙治沙法》、《防洪法》、《传染病防治法》等；多数立法并非是关于突发事件预防和应对的专门立法，只是部分条款与突发事件的应对相关，内容因之相对简单，但由于

---

① 丁文喜著：《突发事件应对与公共危机管理》，光明日报出版社 2009 年版，第 107 页。

② 王万华：《略论我国社会预警和应急管理法律体系的现状及其完善》，载《行政法学研究》2009 年第 2 期，第 3—5 页。

规定在部门管理法中，又具有很强的针对性。如自然灾害类的《水法》、《森林法》，事故灾难类的《安全生产法》、《消防法》、《劳动法》、《煤炭法》，公共卫生事件类的《食品卫生法》、《国境卫生检疫法》、《动物防疫法》，社会安全事件类的《国家安全法》、《国防法》、《兵役法》、《人民防空法》等。

行政法规层面分布的专门性立法数量最多，包括《破坏性地震应急条例》、《突发公共卫生事件应急条例》、《重大动物疫情应急条例》、《森林防火条例》、《核电厂核事故应急管理条例》、《地质灾害防治条例》、《军队参加抢险救灾条例》以及针对 2008 年汶川大地震后面临的艰巨而又复杂的灾后重建工作所制定的区域性立法——《汶川地震灾后恢复重建条例》。

地方性法规数量最为庞大，规章的数量相对较少。地方性法规与规章的立法多数是实施性立法。

此外，从国务院到地方各级人民政府还以《意见》、《通知》等形式下发了大量内部文件，如《国务院办公厅关于加强基层应急管理工作的意见》、《国务院关于全面加强应急管理工作的意见》、《国家安全监督管理总局关于建设国家矿山危险化学品应急救援基地的通知》、《民政部关于加强突发灾害应急救助联动工作的通知》、《乌鲁木齐市人民政府办公厅关于印发乌鲁木齐市生活必需品应急预案的通知》等。

在立法之外，还建立了从中央到地方、从总体预案到专项预案和部门预案的突发事件应急预案体系，将立法规定具体化，但不少应急预案存在照抄照搬立法条款的现象，未真正实现应急预案的功能。

第二，我国的社会预警和应急管理法律体系由战争状态立法、紧急状态立法和一般性突发事件立法三部分构成。不同国家立法对突发事件的范围的界定并不一致，突发事件、紧急状态、危机管理等概念被在不同意义上使用。如英国的《突发事件应急法》作为英国危机管理的基本法，适用范围非常广泛。该法根据结果对危机下定义，与引发危机的原因没有关系。不管是自然灾害，还是公共卫生事件，抑或是战争或武装冲突，乃至恐怖主义，只要可能造成危机，就适用《突发事件应急法》。我国的社会预警和应急管理法律体系构建思路则是区分战争状态、紧急状态和一般突发事件分别立法，作为突发事件应对的龙头法的《突发事件应对法》，并不适用于紧急状态。

第三，紧急状态领域尚缺乏统一立法将之制度化。宪法中规定了紧急状态的决定机关和宣布机关，但对于紧急状态之下的相应制度没有规定。当然，这些具体制度不可能在宪法中具体规定，需要法律层面加以规范，将之制度化。根据《突发事件应对法》第69条的规定，其并不适用于紧急状态。而《戒严法》所规定的戒严是针对较为严重的骚乱事件所采取的一种极其严厉的应急措施，它的运用对社会和民众心理有着极强的影响，并不适合于所有的紧急状态情形。

第四，在一般性突发事件领域已经建立以《突发事件应对法》为应对基本法、大量应对特定种类突发事件的分散单行立法与之并存的社会预警和应急管理法律体系。既有规定基本原则和制度的龙头法，也有一事一规定的单项法，较好地实现了应急管理法治统一与具体领域特别应对的结合。

2007年8月30日公布的《突发事件应对法》结束了我国突发事件预防与应对无基本法的历史，是我国应急法律制度走向法制统一的标志。作为规范突发事件应对工作的国家层面法律，《突发事件应对法》加强了突发事件应对工作的统一性和规范性，首次系统地、全面地规范了突发事件应对工作的各个领域和各个环节，确立了应对工作应当遵循的基本原则，建构了一系列基本制度，为突发事件应对工作的全面法律化和制度化提供了最基本的法律依据。

在《突发事件应对法》之外，我国还存在大量单项立法。这些立法有的是关于突发事件应对的专门单行立法，如《防震减灾法》、《破坏性地震应急条例》、《突发公共卫生事件应急条例》等，多数则是部门管理的行政立法中部分条款涉及突发事件的应对工作。单项立法的优点是针对性强，或者结合某类突发事件的特点，或者结合某个阶段应对工作的特点，规定更具针对性的应对措施。

数量众多的单项立法已经覆盖了突发事件的各个领域。我国现行数量众多的单项立法可以说基本覆盖了人类目前认识到的已经发生的各类突发事件。当然，很多立法的规定非常不完善，但就其覆盖面而言，形式上已经覆盖了一般性突发事件领域中的各种类型的突发事件的应对。

第五，单行立法主义遵循一事一立法的立法思路，不重视阶段性立法。作为基本法的《突发事件应对法》只能是对各类突发事件应对共同的问题作出规定，在基本法之外不可避免存在大量分散的单行立法。我国的单行立法主义采取一事一立法的思路，单行立法基本是关于应对某类突发事件的规定。一事一立法具有应对措施更具针对性的优点，但存在立法重复，浪费立法资源，或者立法之间存在不应存在的矛盾等问题。此外，一事一立法不利于整合突发事件应对平台，造成应对资源的浪费。

三、我国公共危机应急管理和救援法律体系存在的主要问题

近些年来，国家高度重视公共安全事件应急法律建设，并取得了显著的成绩。但是，从整体上来看，法律法规体系尚不健全和完善。我国危机管理的法制建设显得相对滞后，使得在应对现代出现的高频率、多领域的紧急事件时，往往显得力不从心。政府处理危机的法律法规体系有待于进一步完善。①

（一）公共危机应急管理和救援法律体系有待完善

从以上的法律法规的分析看，我国的公共危机应急法制虽然没有明显的"急法"这一名称，但针对出现的各种类型的灾害性公

---

① 刘宇、汲君：《我国政府公共危机治理的困境及其化解》，载《行政管理》2010 年第 2 期，第 35 页。

共危机事件也制定了相应的法律规范。这些法律规范为应对各种公共危机事件提供了重要的保障，发挥了重要的作用，但总的来说，我国的危机管理和救援法律体系是不完备的，我国的危机应急法制建设还存在许多问题亟待解决，在保障公民权利方面还不完善，存在相当的制度短缺。概而言之，应急法制存在的问题可以用法律缺失、法律滞后、执行缺位等概括。一方面是公共危机治理龙头法的缺失，另一方面是具体的法律的缺失，如台风防治法、天然气灾害防治法等。很多法律本身在制定时就有很大的局限性，没有及时根据社会的发展进行修正和补充。虽然我国已经逐步出台了有关方面的公共应急法律和制度，但与实践的要求仍有一定的距离。① 我国公共危机应急管理和救援在立法、执法、法律监督和责任追究等方面存在以下问题和不足。

1. 现行宪法缺乏对紧急状态制度的明确规定，宪法依据不足、不充分

我国于 2004 年 3 月 14 日通过了宪法第四修正案，就紧急状态的决定和宣布机关作出了规定。但是，紧急状态的内涵却不清楚，究竟什么是紧急状态，人们认识不一。因此，紧急状态与公共危机如果不是同一个概念，显然公共危机立法的宪法依据是不充分的。② 宪法对紧急状态的规定过于抽象，对紧急状态下政府的紧急权力行使、公民权利的保护等问题均未涉及，仅就紧急状态的决定和宣布作了原则性的规定，可操作性不强。③ 现行宪法没有确立统一的紧急状态制度。中国现行宪法仅对戒严、动员和战争状态等几个问题分别作了原则规定，缺乏适用于各类突发事件引起的紧急状

---

① 周晓丽著：《灾害性公共危机治理》，社会科学文献出版社 2008 年版，第 158—159 页。

② 华学成：《公共危机管理法治化问题探究》，载《学海》2009 年第 6 期，第 107 页。

③ 李洁：《我国公共危机处置法治化略论》，载《法学杂志》2009 年第 3 期，第 64 页。

态的统一规定。①

2. 从立法角度看，存在立法缺失，缺乏公共危机管理和救援基本法律的统一规范，没有统一的"紧急状态法"

我国政府应急管理法制建设的最大问题是没有一部能够统一规定在所有紧急状态下政府行为的职责和权力的《紧急状态法》。②紧急状态法的核心是要解决给予政府特别授权和对公民权利予以适当保护与救济的界限问题。例如，由谁决定和宣布进入或者解除紧急状态？由哪一个机构负责综合协调工作？政府为应对危机享有哪些权力？对哪些公民权利可以限制？社会成员应当承担哪些责任与义务？因政府采取紧急措施对公民、法人和其他组织造成的则产损失应当如何补偿？对由各种紧急状态所带来的这些共性问题，美国、英国、法国、俄罗斯等一些国家都是通过制定紧急状态法解决的。③中国没有统一的紧急状态法，对由各种紧急状态所带来的共性问题缺乏统一规定。在出现紧急状态后，容易产生政府与社会成员、中央与地方的责任不清，行使权力与履行职责的程序不明，应急措施不到位等问题，影响及时有效地应对突发事件。④同时，我国也缺少专门的法律工作机构对应急救援和救援力量进行研究、立

---

① 曹康泰：《为确立紧急状态制度提供宪法依据》，载《中国人大》2004年第10期，第10页。张维平：《完善中国突发公共事件应急法律制度体系》，载《中共四川省委省级机关党校学报（新时代论坛）》2006年第2期，第35页。

② 万军：《中国政府应急管理的现实和未来》，载《中共南京市委党校南京市行政学院学报》2003年第5期，第45页。

③ 赵国清著：《外国环境法选编》，中国政法大学出版社2000年版，第90—397页。

④ 曹康泰：《为确立紧急状态制度提供宪法依据》，载《中国人大》2004年第10期，第11页。张维平：《完善中国突发公共事件应急法律制度体系》，载《中共四川省委省级机关党校学报（新时代论坛）》2006年第2期，第35页。

法、规划和监督。①

（1）缺乏一个全国统一的有较高权威的预防、调控和处置各类危机的基本法规范，法制缺乏统一性和权威性，也缺乏较强的适应性。② 由于没有突发事件应急处理的基本法律，从而导致了政府在处理不同危机事件时所根据的法律依据有所差异，政府所能采取的紧急应急措施也不尽一致，特别是这种以部门和专业危机处理模式为基础的危机管理机制不可能应付灾害并发的问题，如果同时发生一种以上的危机事件，政府就没有办法依法迅速建立统一的危机处理机构。③

（2）从整个法律体系来讲，我国迄今为止还缺少公共危机突发事件应急处理和救援的基本法律作为"龙头"，没有关于紧急状态的专门立法，不能为其他法律法规的制定和实施提供支持。现有的法律法规缺乏对公共危机共同规律的总结，不具有普遍的指导性。从法律体系的内部结构上说，我国的公共危机管理立法体系比较散乱，不够统一，可操作性不强。我国的国家应急法制是由基本法和单项法组成的有机体系，各种法律有其特定的功能。国家应急法制只有在基本法和单项法的基础上才能发挥作用，可操作性受到很大限制。④ 同时，我国仅仅针对不同类型的公共危机突发事件分别立法，难免造成立法冲突和矛盾较多，下位立法容易出现"恶法"现象，并且难免出现法律规范之间的冲突。

（3）现行的相关应急法律制度比较分散，并且我国的紧急状态处理多是单行立法，如《防洪法》、《传染病防治法》等。每一个单行法律只能适用于一种紧急状态，涉及对公民权利的限制与保

---

① 孙斌著：《公共安全应急管理》，气象出版社 2007 年版，第 77 页。

② 田大余：《论公共危机管理法制体系的建构》，载《学术探索》2004 年第 9 期，第 58 页。

③ 莫于川：《公共危机管理与应急法制建设》，载《临沂师范学院学报》2005 年第 1 期，第 120 页。

④ 明燕飞、钟昭华：《委托代理视角下地方政府公共危机预警失灵研究》，载《求索》2009 年第 8 期，第 31—34 页。

护不统一。一旦紧急状态的原因复杂或新的灾种出现，或复合危机的并发，就很难有一个统一的紧急状态下的指挥机制，对于政府可以采取的紧急措施的范围和具体的行政程序也是规定不足，对于公民的权利保障没有底线，这些都为政府随意扩大行政权利留下了漏洞，也不能保障公民的合法权益不受侵犯，① 公民权利难以在国家的紧急权力下得到充分保障。此外，分散型的危机管理机制也很容易使政府在处理危机事件时的自由裁量权过大，公民无法根据统一有效的法律来对抗政府行使行政紧急权（即行政机关依据法定职权或法律、法规的授权，在紧急状态下采取必要的紧急措施的权力）的行为，不利于保护公民的基本权利。②

（4）我国仅仅针对不同类型的公共危机突发事件分别立法，难免造成立法冲突和矛盾较多，下位立法容易出现"恶法"现象。这种模式缺乏纲举目张的效果，降低了危机处理能力。中央一级以应急性行政立法为主虽然保证了公共危机突发事件由行政机关应急处理的特点，但由于缺少上位基本法的控制，难免出现法律规范之间的冲突。③

（5）法律授权不明确，各部门之间缺乏必要的尊重。这种尊重首先体现在政府应当依据立法机关制定的法律从事各种应急活动，用立法机关制定的法律来约束应急行为；其次是在指定有关的行政法规、规章时，应当根据法律的授权进行；法律授权不明的，应当按照法律程序请求立法机关予以解释，或者是在应急时期过后，及时向立法机关汇报，并获得立法机构的许可。④

---

① 万军：《中国政府应急管理的现实和未来》，载《中共南京市委党校南京市行政学院学报》2003 年第 5 期，第 45 页。

② 王仁富：《我国公共危机管理法制现状及完善》，载《淮海工学院学报》2006 年第 2 期，第 31 页。

③ 莫于川：《公共危机管理与应急法制建设》，载《临沂师范学院学报》2005 年第 1 期，第 120 页。

④ 郝永梅、孙斌、章昌顺、黄勇著：《公共安全应急管理指南》，气象出版社 2010 年版，第 83—84 页。

3. 应急救援的法律之间冲突现象亟待清理

法律规范之间产生冲突和矛盾的原因一方面在于缺乏上位法的约束，另一方面在于未能重视法律规范的清理工作，如法律的修改、修订、废止、解释等，从而影响到应急法律规范的应有作用和潜力的发掘。在缺乏紧急状态基本法的情况下，应对突发事件的规范多为行政法规或者规章，相互冲突者甚多，也导致在突发事件应对中容易造成混乱。即使在《突发事件应对法》公布之后，这种情况依然存在。① 我国立法模式具有严重的部门色彩和排他性，各部门容易从自己单位、部门的角度出发，部门立法过程大量隐含各部门利益、权力扩张、责任规避等问题。中央一级的立法以行政法规和部门规章居多，这虽然保证了突发事件由行政机构应急处理的特点，但由于缺少上位基本法的控制，致使法律之间的冲突现象层出不穷，甚至出现了法律效力层次不一、责任机构各自为政的现象。从纵向上讲，相关的立法对相关部门的职责，仅仅针对不同类型的突发事件分别立法，如《防洪法》仅针对防洪工作，而《防震减灾法》又只针对地震，各门法律不统一、不明确之处，难免出现冲突；从横向上讲，现有单行法律法规本身具有很强的独立性和浓厚的部门管理色彩，仅针对各部门在紧急情况下的职责任务和法律责任作出规定，而未明确相互之间的法律关系，各部门又都针对自己所负责的事项立法，又受到地方保护主义的影响，缺乏沟通和协作，在应付现代出现的高频度、多领域的紧急事件时，往往显得力不从心，大大削弱了处理突发事件的协作与合力。一旦危机发生，不仅不同各执法部门之间应对危机的行动难以协调，就连法律与法律之间也还需要协调，很难真正起到有效地调控和处置危机、有效地规范调控处置行为的作用。② 现行的消防、防汛、地震、公

① 李洁：《我国公共危机处置法治化略论》，载《法学杂志》2009 年第 3 期，第 64 页。

② 田大余：《论公共危机管理法制体系的建构》，载《学术探索》2004 年第 9 期，第 58 页。

共卫生事件等各专业性的法律法规，是各个部门按职权制定的，各管灾害救援的一面，囿于科学论证不够，造成救灾队伍繁多，无法形成合力，遇到综合性的较复杂的安全问题时无所适从，程序紊乱。尤其是针对县级应急救援队伍建设的法律和地方性法规，对相关部门在应急救援中的联动、职责、信息共享、指挥体系等都亟待明确。另外，我国在制定统一的"紧急状态法"、"应急管理法"或"应急救援法"的时候，需要对现有法律中的一些重要概念如"突发事件"、"紧急状态"、"危机管理"、"应急管理"、"应急救援"等作出解释，这也是重要的清理工作。

4. 许多应急管理和救援的法律内容过于抽象、原则，可操作性不强

许多立法在内容上较为原则、抽象，缺乏具体的实施细则、办法相配合，尤其是紧急行政程序法律规范严重不足，致使可操作性不强。绝大部分立法重视给应急机构配置紧急处置的权力，忽视对这些权力的控制和对这些权力造成的危害结果的救济途径；重视纵向关系上机构之间的领导与被领导的关系，忽视横向层面上的机构之间的协调与监督；重视应急措施上的实体性的规定，忽视对其进行程序上的约束；重视官方机关和上级机关在处理突发事件中的领导和强制力，忽视非官方机关和下级机关对其的配合与自治，[①] 以及其本身的积极性、自主性和创造性。

5. 一些领域的应急管理和救援法律规范仍不健全和完善，有些突发事件的应急制度还缺少法律规定

目前，我国公共危机管理方面的单行法律规范主要集中在事故类公共危机和灾害类公共危机方面，但其他领域则鲜有涉及。针对公共安全事件虽然制定了许多相关应急法，但总体上很不均衡、不完善。比如一般的紧急状态法、恐怖性突发事件法，在我国至今仍是空白；骚乱性突发事件法，虽然有《戒严法》的规制，但从各

---

① 郝永梅、孙斌、章昌顺、黄勇著：《公共安全应急管理指南》，气象出版社 2010 年版，第 83—84 页。

国的实践来看，戒严是针对较为严重的骚乱事件所采取的一种较为严厉的应急措施，其一旦运用将对国民的正常生活和心理带来较大的紧张，故仍有制定一般性骚乱应对法的必要；事故性突发事件法和灾害性突发事件法虽然在我国发展得较快，但也存在过于分散的问题。① 在应急法律中，以针对自然灾害的最为齐全。有学者建议，在灾害领域比较可行的立法思路应当是分门别类，就不同的灾种单独立法，并在遵循相同或相似的立法原则基础上，建立部门灾害立法体系。②

宪法和有关法律未就紧急状态作出明确的实体规定和程序规定，对政府在紧急状态下可以采取的紧急措施规定得不够具体，对公民权利的限制规定得不够明确，现行法律、法规之间在有的问题上衔接不够。一方面，与突发事件应急制度比较健全的其他国家相比，中国的应急制度还不够完善，还有一些急需建立、但尚未通过法律、法规、规章甚至规范性文件建立的应急制度，如重大计算机系统故障、外来生物入侵、价格干预等方面突发事件的应急制度。另一方面，在已经确立的突发事件应急制度中，有的是由部门规章或者规范性文件确立的，其规范性不强、效力不高，对及时有效应对突发事件带来了困难，不利于有关部门之间的协调与配合。③

---

① 莫于川：《公共危机管理与应急法制建设》，载《临沂师范学院学报》2005 年第 1 期，第 120 页。

② 郝永梅、孙斌、章昌顺、黄勇主编：《公共安全应急管理指南》，气象出版社 2010 年版，第 83—84 页。

③ 曹康泰：《为确立紧急状态制度提供宪法依据》，载《中国人大》2004 年第 10 期，第 11 页。张维平：《完善中国突发公共事件应急法律制度体系》，载《中共四川省委省级机关党校学报（新时代论坛)》2006 年第 2 期，第 36 页。

6. 危机管理和救援立法内容缺乏紧急情况下的特殊行政程序规范①

政府在危机管理中需要运用具有权威性的行政紧急权力，行政紧急权力在权力来源、行使权力的程序、权益的补救与权利的救济等方面，与正常状态下的行政权力的行使有着很大的差别，但如果在紧急状态下缺乏特殊行政程序规范，尤其是责任追究制度的缺失，一些政府应急机构及其工作人员就会滥用行政紧急权力，致使公民的人格尊严、学术自由、家庭生活、受教育权利等受到限制或剥夺。② 如缺乏对地方政府在紧急状态下的特殊行政规范，对于政府紧急权力的范围、行使这些权力的条件与程序规范不明晰，容易造成政府自由裁量权过大，从而忽略甚至威胁民众的生命权、财产权、人格尊严等基本权利。③ 立法重视对政府实体应对权力的配置，缺乏如何正当行使这些权力的程序性规定。现行立法多数重视对政府在应对突发事件中享有何种权力的规定，以保证政府有足够的手段和措施来应对突发事件，但对于遵循何种程序行使这些权力则欠缺规定，形成较为明显的重实体、轻程序的立法格局。④ 虽然近几年加大了相关的立法力度，但多数立法在内容上仍表现为过于原则、抽象，缺乏具体的实施细则、办法相配合，尤其是缺乏必要的行政程序法律规范。特别是一些必要的行政程序缺乏，在法律上留下漏洞，使政府随意扩大行政紧急权力。⑤ 多数突发事件应对处

---

① 潘立群、王严：《公共危机管理法制建设的思考》，载《中国卫生法制》2008 年第 2 期，第 28 页。

② 王仁富：《我国公共危机应急法制现状及完善》，载《淮海工学院学报》2006 年第 2 期，第 31 页。

③ 李娟：《我国公共危机应急法制建设研究》，载《长江工程职业技术学院学报》2010 年第 9 期，第 45 页。

④ 王万华：《略论我国社会预警和应急管理法律体系的现状及其完善》，载《行政法学研究》2009 年第 2 期，第 7 页。

⑤ 陶建钟：《公共危机的依法管理及其法制完善——危机状态下权力与权利的平衡》，载《行政论坛》2007 年第 1 期，第 56 页。

理立法在给应急机构配置紧急处置权力的同时却忽视了权力控制和对紧急权力造成的伤害后果的救济途径，忽视机构之间的横向协调与监督关系，忽视程序性约束机制，忽视发挥下级机关和非官方机构的积极性、自主性和创造性。①

7. 社会组织参与公共危机治理的法律体系尚待规范

我国当前关于公共危机治理的法律体系正处于建立和完善的初级阶段，在已经公布实施的一系列关于危机治理的法律文件中，尚缺少比较明确的关于肯定和支持非政府组织参与公共危机治理以及参与的职责、途径方面的规定。非政府组织参与公共危机治理法制化的滞后，使得非政府组织的参与不被政府决策机构所重视，非政府组织的参与愿望时常得不到满足。② 在突发事件的应对工作中，行政主导色彩较强，不重视社团组织和志愿者等社会力量的参与。目前，立法主要规定了政府如何组织实施灾后重建工作，对于如何调动社会，如何充分发挥公民自救，只有一些原则性的宣示，欠缺对民间力量参与灾后重建工作的制度性安排。③ 目前的法律条文中没有对公众参与危机管理的职责、范围、途径等方面的相关规定，从而导致社会力量参与危机管理的愿望无法通过正规的途径和方式得以实现，极大地降低了危机管理的效率。④ 2007 年《突发事件应对法》规定"国家鼓励公民、法人和其他组织为人民政府应对

---

① 李朔：《论公共危机管理法律制度的完善》，载《辽宁行政学院学报》2006 年第 3 期，第 27 页。

② 徐祖荣：《非政府组织与公共危机治理》，载《中国人口·资源与环境》2009 年第 19 期，第 370 页。徐祖荣：《我国非政府组织参与公共危机治理的现实分析》，载《武汉科技大学学报（社会科学版）》2008 年第 12 期，第 55 页。徐祖荣：《治理与善治语境下公共危机的多元共治模式》，载《华东理工大学学报（社会科学版）》2008 年第 3 期，第 77 页。

③ 王万华：《略论我国社会预警和应急管理法律体系的现状及其完善》，载《行政法学研究》2009 年第 2 期，第 7 页。

④ 柯燕：《论我国公共危机管理机制存在的问题及对策》，载《经济研究导刊》2010 年第 26 期，第 199 页。

突发事件工作提供物资、资金、技术支持和捐赠"，教育科研机构、新闻媒体等社会组织也应根据自身的特长参与突发事件的处理；规定政府可"组织公民参加应急救援和处置工作，要求具有特定专长的人员提供服务"；也规定公民和各类社会组织有义务服从政府的决定和命令，配合政府采取的应急处置措施，积极参加应急救援工作，协助维护社会秩序；等等。但是，对各类社会组织在公共危机治理中的地位和作用没有给予足够的重视，没有对各类社会组织参与公共危机治理的权利与义务作出明确的安排。有关支持和肯定社会组织参与公共危机治理方面的责权尚不明确，法律角度上的权力认可、权利救济、纠纷平息等大量的工作以及参与的职责、途径方面的规定尚待逐步推进。虽然在更多的公共危机治理中社会组织已经成为一支重要的力量，但总体来说，各类社会组织在行动上出于各自为政，力量没有得到很好的整合，造成公共危机治理中出现许多空白地带，甚至导致混乱。因此，急需完善危机立法，明确社会组织参与公共危机治理主体的地位，明确其参与危机治理的权利与义务，有效促进公共危机治理的多元主体依法、有序参与。①

8. 没有非营利组织参与公共危机应急管理和救援的法律制度

《突发事件应对法》以及各项有关危机管理的专项法规、各级政府的应急预案、非营利组织的专项法规中均没有对非营利组织的应急职责作出明确规定，非营利组织在危机处理应对中相应的权利、义务和责任，以及它参与危机管理的途径和分工等问题都还没有进行界定，从而使非营利组织参与公共危机应对的外在合法性受到影响，导致其在危机应对中的法律地位和法律责任不明确。②

---

① 张勤、钱洁：《促进社会组织参与公共危机治理的路径探析》，载《中国行政管理》2010 年第 6 期，第 90 页。

② 李小玲：《我国非营利组织参与公共危机管理的对策研究》，载《决策 & 信息（下旬刊）》2010 年第 4 期，第 62 页。

9. 缺乏规范和促进志愿者参与应急管理和救援的法律制度

我国《突发事件应对法》只规定了"公民、法人和其他组织有义务参与突发事件应对工作",却并没有相关的法规对公民如何有序参与应急管理以及参与应急管理的权责利等作出明确细致的规定。在公共危机突发事件应急管理和救援中,志愿者非常重要。但是,我国在突发事件的应对工作中,行政主导色彩较强,不重视社团组织和志愿者等社会力量的参与。目前,立法主要规定了政府如何组织实施灾后重建工作,对于如何调动社会,如何充分发挥公民自救,只有一些原则性的宣示,欠缺对民间力量参与灾后重建工作的制度性安排。汶川地震救援工作中大家已经感受到志愿者的热情和力量,但由于欠缺有效组织,出现了一些问题。[1] 我国志愿者组织存在的问题有许多是由志愿者组织管理的法律法规不健全造成的。目前,我国的志愿者活动基本上还处于一种无法可依的状态。这主要表现在两个方面:一方面,危机立法方面不完善,志愿者参与应急救援的外在合法性受到影响;另一方面,志愿者参与应急救援活动中权益受到损害时无法获得法律的有效保障。[2] 尽管有关部门或一些省市施行了志愿服务的地方性法规或规章文件,如《上海市志愿服务条例》、《中国红十字志愿服务管理办法》、《中国青少年志愿者注册管理办法(试行)》,但由于没有一部全国统一的有关志愿服务的规范性法律、法规,使得我国的志愿者法律保障很不健全。[3] 因此,我国应完善法规,建立志愿服务应急救援体系的法律保障机制。

---

[1]　王万华:《略论我国社会预警和应急管理法律体系的现状及其完善》,载《行政法学研究》2009 年第 2 期,第 7 页。

[2]　宋劲松:《建立志愿者参与突发事件的新机制》,载《法制日报》2011 年 2 月 23 日,第 12 版。

[3]　凌学武:《德国应急救援中的志愿者体系的特点与启示》,载《四川行政学院学报》2009 年第 6 期,第 72 页。

10. 缺乏公共危机应急管理和救援状态下对公民合法权利的保护及其救济的专门法律和规定

一般来说，公共危机立法"既保障政府有效行使权利、应对危机，又保护公民、法人和其他组织的合法权益，防止行政机关滥用职权"。① 然而，我国公共危机管理立法对公民的权利保护明显不足。一方面，现有立法更多关注危机的化解以及政府的职责，而对公民权利的保障篇幅相当小。② 我国与危机状态相关的法律对公民权利的保障缺乏底线，目前的立法多是为行政机关行使权力提供依据，缺乏有关紧急状态下公民合法权利被侵犯后如何救济的相关规定。③ 我国宪法和法律对紧急状态下政府可以采取的紧急措施规定得不够明确，没有对政府权力作出明确的限制，相应地对公民的基本权利也没有作出明确保障，更没有对紧急状态下政府权力与公民权利作出明确的法律关系界定。④ 从我国的法律现状看，《行政复议法》、《行政诉讼法》、《国家赔偿法》等相关法律已确立了社会常态下的公民权利救济机制，国家突发公共事件各应急预案均有关于补助和救济规定，但现行立法没能根据行政紧急权行使过程中公民权利的特点，对权利救济的内容、程序作出区别于常态的专门规定，今后有必要对政府危机管理中公民的权利建立不同于常态的救济机制。⑤

另一方面，权利救济不畅通。公民的权利保障模式存在严重不

---

① 曹康泰：《为确立紧急状态制度提供宪法依据》，载《中国人大》2004 年第 10 期，第 13 页。

② 华学成：《公共危机管理法治化问题探究》，载《学海》2009 年第 6 期，第 107 页。

③ 任晓娜：《浅析我国政府公共危机管理机制的构建》，载《新疆石油教育学院学报》2009 年第 6 期，第 10 页。

④ 陶建钟：《公共危机的依法管理及其法制完善——危机状态下权力与权利的平衡》，载《行政论坛》2007 年第 1 期，第 56 页。

⑤ 王晓君：《政府公共危机管理的对策与原则》，载《山西高等学校社会科学学报》2006 年第 12 期，第 33 页。

足，危机管理的权利救济机制不完善，缺乏相应的司法救济途径。公共危机状态下的政府行政应急的权力和措施规定不够清晰，尤其是由于必要的行政程序的缺乏，很容易为政府随意扩大行政权力留下法律上的漏洞，危机状态下公民权利的保障没有底线，这就可能造成公民的权利在危机状态时期遭受侵害而无法获得有效的法律救济。① 危机管理的权利救济机制不完善，如责令停产停业、强制征用征收、强制隔离、强制检定、其他人身强制措施等造成权利损害后的补救机制不完善。② 在发生紧急状态时，公民的基本权利需要受到比平时更严格的限制。为了及时地处理危机和恢复正常的社会秩序而对公民采取一些紧急强制措施（如责令停产停业、强制征用征收、强制隔离、强制检定等）是在所难免的，但关键是公民权利在受到特别限制或损害后应给予公正合理的补偿；此外，如果紧急强制措施的违法实施造成相对人合法权益损害的，受害人应请求国家赔偿。然而，在紧急状态时，我国国家机关在采取一些限制措施时，对遭受损害的公民权利的救济机制主要是通过申请行政复议和提起行政诉讼来进行的，这样，在一定意义上可以保障公民权利，但问题在于如何从根本上来防止紧急状态下的公民权利受到不应有的侵害。对于公民权利受到法定限制的损失补偿和受到非法处置的损害赔偿的规定虽然也能在宪法和国家赔偿法中找到依据，但针对性不强，可操作性也不够，并且对权利的救济还很不到位。③我国的公民权利模式倾向于相对保障模式，我国还不存在司法机关的违宪审查制度，宪法本身也不被认为具有直接的司法适用效力，一般不存在由普通法院通过具体案件的审理来解释各种宪法权利的

---

① 李朔：《论公共危机管理法律制度的完善》，载《辽宁行政学院学报》2006 年第 3 期，第 27 页。

② 潘立群、王严：《公共危机管理法制建设的思考》，载《中国卫生法制》2008 年第 2 期，第 28 页。

③ 王仁富：《我国公共危机应急法制现状及完善》，载《淮海工学院学报》2006 年第 2 期，第 31 页。

可能，公民权利受侵害在实践中较难获得司法救助。这样造成了公民的权利很容易在紧急状态时期遭受各方面的侵害而无法获得法律上的有效救济。① 法律规定的危机期间，公众的基本人权往往难以保障，公众的权利救济通常难以实现。②

11. 公共危机时期的信息公开制度不完善，缺乏法律制度的规范

信息公开是政府的一项法定义务，国外的很多国家都已经把危机时期的信息公开纳入了法治轨道。而我国目前相比较国外应对突发事件时法律领域中仍存在某些不尽如人意的地方。国务院针对突发事件应对制定的《国家突发公共事件总体应急预案》以及《突发事件应对法》虽然都对政府信息公开作出了规定，但是仍然缺少信息发布的细化的规则。③

12. 公共应急管理和救援法制的实施环境有待改善

从实践效果来看，公共应急管理和救援法制的社会基础条件，如公共应急法制的公众知晓度、认同度、适应度和配合度以及社会心理状况等，亟待进一步改善和落实。④ 从法律实施角度看，公共危机管理法律的实施效果有待提高。例如，在我国，从中央政府到基层乡镇政府，大都编制了公共危机事件的应急预案。从国家应急总体预案到各专项应急预案，从各个部门应急预案到各个企事业单位应急预案，构成一道严密的覆盖全国的应急管理网络。但这些预

---

① 陶建钟：《公共危机的依法管理及其法制完善——危机状态下权力与权利的平衡》，载《行政论坛》2007 年第 1 期，第 56 页。

② 宋超：《公共危机管理的法律规制》，载《中国行政管理》2006 年第 9 期，第 20 页。

③ 华学成：《公共危机管理法治化问题探究》，载《学海》2009 年第 6 期，第 107 页。

④ 潘立群、王严：《公共危机管理法制建设的思考》，载《中国卫生法制》2008 年第 2 期，第 29 页。

案都是以行政命令、条例等形式存在，其效力还远远达不到法律效果。①

13. 已有的应急管理和救援的法律规范执行不到位

在现有的公共危机法律规范执行方面，仍有很多不规范、不到位现象，主要表现为有法不依、执法不严、违法不究（行政不作为）、难获救济、玩忽职守等。有关法律规范和法定制度早已设立，尽管其不完善，但由于一些执行者重视程度不够，危机意识淡薄，一些本不应该出现的问题仍出现了问题，究其原因，主要问题还是出在个别地方、部门及部分公务人员有法不依、执法不严、各行其是。② 另外，我国缺乏统一的处理突发事件的应急机构也是造成应急法律规范执行不到位的一个重要原因。我国各级政府虽然也有一些处理突发事件的议事协调机构，但它们是政府的某一个工作部门或议事协调机构或临时成立的机构，有的缺乏法定权限，有的机构之间的关系还不顺。由于公共危机管理的法律主体缺位，使危机管理的权力运行不统一、政出多门、责任主体不明确，从而导致出现问题时相互推诿，危机管理工作不连续，缺乏持续的统一与协调。③

14. 对紧急情况下行政越权和滥用权力的监督机制不健全④

由于是应对危机状态的法律，所以公共应急法制和常规立法相比，具有权力优先性、紧急处置性和程序特殊性，这就赋予了应急管理的主体——各级政府以过大的权力。这样，一方面很容易为政

---

① 罗建平、薛小勇、李千：《浅谈我国公共危机预警管理制度建设》，载《防灾科技学院学报》2010 年第 2 期，第 110 页。

② 李朔：《论公共危机管理法律制度的完善》，载《辽宁行政学院学报》2006 年第 3 期，第 27 页。

③ 王仁富：《我国公共危机应急法制现状及完善》，载《淮海工学院学报》2006 年第 2 期，第 31 页。

④ 王仁富：《我国公共危机应急法制现状及完善》，载《淮海工学院学报》2006 年第 2 期，第 31 页。潘立群、王严：《公共危机管理法制建设的思考》，载《中国卫生法制》2008 年第 2 期，第 28 页。

府随意扩大行政紧急权力留下法律上的漏洞，另一方面危机管理的权利救济机制不完善，对公民的权利保障没有底线，很容易造成公民权利在紧急状态时期遭受各方面的侵害而无法获得法律上的有效救济。① 行政强制法的缺位，不仅使行政机关在紧急状态下的行政紧急强制权处于一种不定状态，而且使这种强大的行政权力处于一种无监督状态，更容易使公民的基本权利因为盲目强化和扩大的政府权力的行使而被随意侵犯，因此，不利于危机状态下公民基本权利的保障和救济。② 为了规范行政强制的设定和实施，保障和监督行政机关依法履行职责，维护公共利益和社会秩序，保护公民、法人和其他组织的合法权益，2011 年 6 月 30 日通过、2012 年 1 月 1 日实施的《行政强制法》规定："发生或者即将发生自然灾害、事故灾难、公共卫生事件或者社会安全事件等突发事件，行政机关采取应急措施或者临时措施，依照有关法律、行政法规的规定执行。"此条规定了行政机关依照有关法律法规行使行政紧急强制权力，但该法并没有明确规定对行政机关的行政强制权力进行限制和监督。

15. 公共危机管理和救援法律责任不明确

法律责任包括民事责任、行政责任和刑事责任三大类型，另外，还有党的纪律责任，在军队内部还有军纪责任。法律责任的主体是政府部门或国家机关及其工作人员，党政人员，公司、企业、事业单位，其他社会团体和组织，公民个人，国际组织及其人员。包括救援队伍在内的上述法律主体对在公共危机应急管理和救援的整个过程中的各种各样的违法犯罪行为都应当承担相应的责任。公共危机管理中，相关失职领导人员的行政责任追究、因违法行政导致的行政侵权责任的承担、行政相对人行政违法责任的追究、行政

---

① 傅思明著：《突发事件应对法与政府应急管理》，知识产权出版社 2008 年版，第 39 页。

② 王仁富：《我国公共危机应急法制现状及完善》，载《淮海工学院学报》2006 年第 2 期，第 31 页。

补偿责任的落实等，是研究公共危机管理法治化问题不可或缺的内容。行政法律责任是支撑行政法大厦的支柱，是权力制约和权利保障的底线，但当下却为我国行政法学研究中薄弱的一环，主要表现在：行政法律责任和行政责任的概念区分不明晰、归责原则不清、责任设定空泛、责任主体不明、责任落实含混、责任追究乏力……这在一定程度上导致法律、法规的"柔化"与"悬置"。为此，亟待建构起一个兼容行政违法责任、行政侵权责任、行政违约责任、行政赔偿责任、行政补偿责任的理论体系，以此推动行政责任立法，建立有效的责任监督机制，确保行政活动法治化、规范化。①

　　总的来说，我国应急管理、救援法制缺位，现有法律法规对公共危机应急管理和救援及其力量的规律和运行等总结不足。我国虽然也制定和颁布了各种单一的应对公共危机事件并对公共危机进行应急管理和救援的法律法规，但是缺乏统一的公共危机应急管理和救援的法律体系，况且这些法律本身具有很强的部门特征，难以整体协调，其核心问题在于我国缺乏一部关于紧急状态与行政紧急处置的法律。一旦公共危机事件发生，往往因为缺乏法律的指导而无法有效地开展工作。尽管已经制定了相关的法律法规，但随着经济的发展和社会的进步，新的公共安全危机种类的出现，社会安全需求的进一步增加，以及对应急处置和救援工作要求标准的不断提高，还需要不断修改、完善和制定有关的法律法规，以进一步提高应急管理和处置的质量，进一步增强应急救援的能力和效果，保障应急救援力量的建设，更好地维护社会稳定，保障人民群众的生命和财产安全。因此，应急管理和救援只有纳入法制化轨道才能有效运作。有必要通过健全和完善紧急状态与行政紧急处置法律制度，把我国的应急管理纳入法治化轨道，一旦发生重大应急和突发公共事件，能够最大限度地保护绝大多数公民的生命安全，维护国家利

---

　　① 蔡金荣、黄麟：《公共危机治理中的行政法机制》，载《湖北警官学院学报》2008 年第 6 期，第 82 页。

益和公共利益。①

（二）公共危机应急管理和救援法律组织体系尚需明确

1. 公共危机应急管理和救援法律主体尚需明确

法律主体即法律关系主体。法律关系主体是指法律关系的参加者，即在法律关系中，享有一定权利、负有一定义务和承担责任的人。法律上所称的"人"包括自然人和法人。自然人是指有生命并具有法律人格的个人，包括公民、外国人和无国籍的人。法人是与自然人相对称的概念，指具有法律人格，能够以自己的名义独立享有权利或承担义务的组织，如国家、国家机关、公司企事业单位、社会团体等。权利与义务具有一致性，没有无义务的权利，也没有无权利的义务。公民和组织要能够成为法律关系的主体，享有权利和承担义务，就必须具有权利能力和行为能力，即具有法律关系主体构成的资格。主体资格就是符合一定条件的人或组织在一定的法律关系中，可以承担相应的义务和行使相应的权利，或者说是，在特定的法律关系里，承担特定义务行使特定权利的资格。就不同的法律而言，就有不同的法律主体。根据法律关系的不同，法律主体基本上可以分为宪法主体、民事法律主体、行政法律主体、刑事法律主体、经济法律主体、国际法律主体，等等。

行政法律关系的主体可以分为行政主体和行政相对人。行政主体指享有国家行政权力，能以自己的名义从事行政管理活动，并独立承担由此产生的法律责任的组织。行政主体分为行政机关和法律法规授权的组织两类。行政机关在外部行政管理法律关系中通常简称政府，是指按照宪法和行政机关组织法的规定而设立的依法行使国家行政权力、对国家各项行政事务进行组织与管理的国家机关。能够作为行政主体的行政机关有：国务院、国务院的组成部门、国务院直属机构、国务院各部（委）管理的国家局、地方各级人民政府、地方各级人民政府职能部门、地方人民政府的派出机关。国

---

① 孙斌著：《公共安全应急管理》，气象出版社 2007 年版，第 177 页。

家公务员是在国家事务中从事公务的人员。国家公务员包括国家行政机关的公务员和司法机关中的公务员。行政机关的公务员是指在各级行政机关中担任一定行政职务，行使行政权力，执行行政公务的人员。公务员以公务机关的名义从事公务行为，这种行为具有强制性，行为所引起的效果，由所属公务机关承受。凡是公务员所从事的行为都是代表行政机关的行政行为。法律、法规授权的组织包括行政授权的组织和行政委托的组织。行政授权指法律、法规将行政职权及行政职责的一部分或全部授权给非行政机关的社会组织行使的法律行为。它的特征有：依照法律和法规的有关规定作出、引起行政职权和行政职责的同时转移、被授权组织在被授权范围内以自己的名义自行行使行政职权。它的法律地位是：具有独立的行政主体的法律地位，能以自己的名义实施行政行为，并独立承担法律责任。行政委托指国家行政机关在自己的职权范围内，将某项行政职能委托给某一机关、机构、企事业单位、其他社会组织办理的行为。它的法律地位是：不具有行政主体资格，必须以委托的行政机关的名义实施行政管理活动，其后果由委托的行政机关承担。行政职权是国家行政权的转化形式，是行政主体实施国家行政管理活动的资格及其权能。行政职权一般可分为固有职权和授予职权两大类。前者以行政主体的设立而产生，并随行政主体的消灭而消灭；后者来自于法律、法规或有权机关的授权行为。行政职权大致包括如下内容：（1）行政立法权。即根据宪法和法律的规定，行政主体有制定和发布行政法规、行政规章的权力。（2）行政决策权。行政主体有权依法对其所辖领域和范围内的重大行政管理事项作出决策。（3）行政决定权。包括行政主体依法对行政管理中的具体事宜的处理权，以及法律、行政法规和规章未明确规定的事项的规定权。（4）行政命令权。即在国家行政管理过程中，行政主体通过书面的或口头的行政决定，依法要求特定的人或不特定的人作出一定行为或不作出一定行为，而相对方必须服从的权力。（5）行政执行权。即行政主体根据有关法律、法规和规章的规定或者有关上级部门的决定和命令等，在其所辖范围内具体执行行政事务的权力。（6）行政处罚权（行政制裁权）。即行政主体对其所辖范围内的行政相对方违反有关法律规范的行为（包括某些未依法履行义务的行为），依法对其实施处罚等法律制裁的权力。（7）行政强制执行权。即在行政管理过程中，当法定义务人或某项具体行政法律关系的义务人不依法履行义务时，行政主体采取法定的强制措施，以促使法定义务人履行法定的义务或者达到与履行义务同样状态的权力。（8）行政司法权。即行政主体作为某项纠纷的第三人，对当事人双方的纠纷进行调解、仲裁、裁决和复议的权力。①行政调解权，是指国家行政机关以国家政策、法律为依据，以自愿为原则，通过说服教育的方法，促使双方当事人友好协商，达成协议，从而解决争议的权力。②行政仲裁权，是指行政机关设立的特定行政仲裁机构，依法按照仲裁程序对双方当事人之间特定的民事或经济纠纷作出公断的权力。③行政裁决权，是指依法由行政机关依照法律授权，对当事人之间发生的、与行政管理活动密切相关的、与合同无关的民事纠纷进行审查，并作出裁决的权力。行政裁决的对象是特定的民事纠纷，如权属纠纷、侵权纠纷和损害赔偿纠纷等，而不是行政纠纷。行使行政裁决权的主体，只能是行政机关或法定的行政机构。④行政复议权，是指行政机关根据相对方的申请，依照法定程序对具体行政行为进行复核、审查的权力。依据行政复议权，行政复议的对象只能是行政主体与行政相对方之间发生的行政争议案件。一般情况下，行政复议只能由上一级行政机关行使。

行政相对人（行政相对方）是行政法律关系中与行政主体相对应的另一方当事人，即行政主体行政行为影响其权益的个人、组织。无论是包括行政机关在内的国家机关，还是公民、法人或其他组织以及外国人、无国籍人、外国组织，都可以作为行政法律关系的行政相对方主体参加行政法律关系，享受一定的权利，并承担一定的义务。公民、法人或其他组织，在一般情况下不能以行政主体的资格参加行政法律关系。行政相对人的法律地位：行政相对人是行政主体行政管理的对象；行政相对人也是行政管理的参与人；

行政相对人在监督行政法律关系中可以转化为救济对象和监督主体。行政相对人的权利义务包括行政实体法上的权利义务和行政程序法上的权利义务。行政相对人的权利有：申请权，参与权，了解权，批评、建议权，申诉、控告、检举权，陈述、申辩权，申请复议权，提起行政诉讼权，请求行政赔偿权，抵制违法行政行为权。行政相对人的义务有：服从行政管理的义务，协助公务的义务，维护公益的义务，接受行政监督的义务，提供真实信息的义务，遵守法定程序的义务。

公共危机应急管理和救援行为大部分属于政府行使行政紧急权的行为。在公共危机应急管理和救援过程中，公共危机应急管理和救援的行为可以分为管理行为、组织行为、指挥行为、运行行为、救援行为、保障行为等。相应地，管理和救援行为的法律主体可以分为管理主体、组织主体、指挥主体、运行主体、救援力量主体、保障主体等。这些应急管理和救援主体有：国家、政府、政府部门、政府应急办、政府工作人员、公司、企业、事业单位、救援队伍（包括消防队伍和其他救援队伍）、其他社会团体和组织、公民个人和国际组织及其人员、外国公民、无国籍人和多国籍人。由于我国公共危机应急管理和救援法律尚不健全、不完善，所有的应急管理和救援相关法律都没有明确或者没有完全明确上述公共危机应急管理和救援法律主体。正如学者指出的，我国在公共危机管理组织体系的设计上，存在主体不明确的问题。对该问题可以从两个角度来衡量：第一，从指挥层面看，到目前为止，我国还没有一个直接履行组织、协调、指挥、领导为一体的统一的管理公共危机的政府职能部门。另外，我国目前的公共危机管理主要依赖各级地方政府的现有行政机构，公共危机发生时，各级行政机构就根据危机的类别建立起相关的临时机构，在中央政府的领导下全面负责灾害的救援工作。而公共危机一旦解决，这些临时机构也宣告解散，没有建立起公共危机管理的长效机制，实现公共危机管理的常规化。第二，从参与层面上看，社会力量参与不够。我国当前的公共危机管理方式仍处在传统的"强政府、弱社会"模式之下，只有自上而下的国家力量和政府总动员，而缺乏横向的包括基金会、慈善机构、各种志愿者组织等非政府组织的参与。由于对民间慈善尚未形成制度性组织安排，社会自助能力相当脆弱，公众自愿援手不知伸向何处。民间组织化资源的匮乏，自然使分散的单个的慈悲之心难以变成现实的救助力量。① 我国公共危机应急救援力量缺乏一个统一的、独立的、高效的综合协调部门或者管理机构，必须用法制化的方式明确机构的性质、组成、职能、权限、运转流程和经费保障以及相关法律责任等。除了明确的综合协调部门或者管理机构以外，其他法律主体的性质、地位、组成、职责、任务、权利、义务、管理、指挥、运行、联动、保障、责任等也都需要以法律的形式予以明确。

2. 公共危机应急管理和救援法律主体的法定职权和职责尚需明确

与上述"公共危机应急管理和救援法律主体尚需明确"这一问题相关，既然公共危机应急管理和救援法律主体都没有明确或者没有完全明确，当然，应急管理和救援法律主体的法定职权和职责也不明确。虽然《突发事件应对法》和其他有关的应急管理和救援法律法规规章等也规定了某些应急管理和救援法律主体的法定职权、职责和任务以及其应承担的法律责任，但这种规定主要指向行政管理方的职权，如政府、政府各部门享有的各种应急权，包括应急管理权、指挥权、强制权等，又如各种应急救援队伍的职权和任务。但是，公共危机应急管理和救援法律主体种类较多，在应急管理和救援中享有大大小小无尽的权力、权利和义务，有时行政主体成为行政相对人，有时行政相对人成为行政管理者，管理和救援法律主体的角色或者地位、权力、权利和义务相互转换，具有复杂性。除了行政法上的行政法律关系、行政法律主体及其职责外，在危机应急管理和救援中还存着者大量的民事法律关系，即平等法律

---

① 刘彪：《我国公共危机管理面临的挑战与对策——对 2008 年雪灾的反思》，载《合肥学院学报》2009 年第 2 期，第 82—85 页。

主体之间的权利和义务关系，这种法律关系主要存在于救援过程中。另外，在危机应急管理和救援期间，还可能会发生一定的刑事犯罪行为，这种行为产生了刑事法律关系，在公共危机应急管理过程和危机救援过程中都存在。所以，公共危机应急管理和救援法律关系非常复杂。但是，无论如何，公共危机应急管理和救援法律基本的、主要的权利和义务可以通过各种法律法规章予以规定。以《突发事件应对法》为代表的应急管理和救援的法律主要规定的还是政府、政府相关各部门和应急救援队伍的法定职权和职责，而其他管理和救援主体的职权责、权利、义务等并不明确。总之，我国没有对公共危机应急救援力量的法定职权和职责制定统一的法律规范，没有制定权责明晰的公共危机应急救援的快速反应机制，各种救援力量归属不同的部门，部门相互独立且服从不同的领导人员，各自为政，政府间、不同职能部门间的应急救援职能未能从立法的角度加以明确。

（三）公共危机应急管理和救援法律主体之间的关系调整需要明确法律依据

公共危机应急管理和救援法律主体不明确，法律主体的法定职权和职责不明确，决定了法律主体之间的相互法律关系也不明确。在公共危机应急管理和救援的整个过程中，法律主体之间的法律关系主要表现为行政法律关系和民事法律关系、经济法律关系，还可能存在刑事法律关系，特别是表现为大量的行政法律关系。这样多种法律关系并存的情况致使法律主体之间的法律关系非常复杂，并且呈立体型存在。应急管理和救援法律主体的关系体现在以下几个方面：国家、政府、政府职能部门、政府应急办、政府工作人员、公司、企业、事业单位、救援队伍（包括消防队伍和其他救援队伍）、其他社会团体和组织、公民个人和国际组织及其人员、外国公民、无国籍和多国籍人之间相互的行政、民事、经济、刑事和国际法律关系。

就消防队伍而言，存在消防队伍与政府、政府职能部门、政府应急办、政府工作人员、公司、企业、事业单位、其他救援队伍、其他社会团体和组织、公民个人和国际组织及其人员、外国公民、无国籍和多国籍人之间的法律关系，主要是与政府、政府职能部门、政府应急办、其他救援队伍之间的法律关系。在消防队伍内部分为消防部队、专业消防队、志愿消防队之间的法律关系。单就消防部队来说，存在公安消防总队（支队、大队、中队）与公安消防特勤部队之间的法律关系，公安消防总队（支队、大队、中队）与综合应急救援总队（支队、大队、中队）之间的法律关系，公安消防特勤部队与综合应急救援队之间的法律关系，公安消防总队、支队、大队、中队相互之间的法律关系。就政府、政府各部门的管理行为和紧急处置权力行使行为来说，主要是应急管理关系；就各种应急救援队伍的救援行为而言，主要是救援关系。如上所述，无论法律关系多么复杂，因其主要表现为行政法律关系，因此，对与危机应急管理和救援最重要的、法律主体基本的和主要的权力、权利和义务，还是可以以法律、法规、规章或其他规范性文件的形式予以规定。

（四）公共危机应急管理和救援法律保障亟待规范

应急保障是应急管理和救援始终的物质基础和智力支持的重要部分。应急保障包括人力资源保障、经费保障、物资器材装备保障、预案保障、技术保障、信息保障、宣传保障、协调保障和法律保障等，法律保障是应急管理和救援的重要内容。人力资源保障、经费保障、物资器材装备保障、预案保障等方面的保障都需要法律的支持，而法律保障则为其提供充分的法律依据。因此，法律保障可以包括人力资源的法律保障、经费法律保障、物资器材装备法律保障、宣传法律保障、救援措施和程序以及救济的法律保障等。这些保障相互联系、相互作用、相互依赖、相互支持，形成了应急管理和救援的保障系统。

目前，我国应急法律保障不断完善，各级政府及其职能部门、包括消防部队在内的各种武装力量救援部队以及其他应急救援队伍都分别依据法律法规等制定了有关的法规和规范性文件，对公共危机应急管理和救援所需的各种保障法律提供了法律根据，依法履行各自的职责，应急救援保障能力不断提高，保证了应急管理和救援保障工作的顺利进行。但是，近年来，我国公共危机事件频发，应急保障水平不能满足公共危机应急管理和救援的需要，主要表现在以下几个方面。

1. 人力资源保障缺乏

应急救援人力资源不足，没有形成有效的应急保障队伍，难以适应处置灾害的需要。我国消防部队是各类灾害救援的骨干力量，是专业性救援队伍，但现有的以公安消防部队为骨干的专业应急救援队伍普遍存在人力资源不足的情况。除了现役制消防人员以外，志愿者制度的完善对于扩充应急救援队伍的编制也有益处，美国、德国等发达国家消防志愿者在应急救援中发挥的作用十分明显。我们可以借鉴国外的做法，加强对志愿者队伍的招募，组织和培训动员，鼓励志愿者参与应急救援工作，从而充实消防部队的整体战斗能力。应急救援中应急专业人员如技术人员、医疗人员、社会工作者等的参与严重不足。应急管理和救援的专家组、智囊库建设滞后，专家数量少，附属于行政机关，专业研究人员少且水平不高，"智囊团"的组成和运用没有制度上的保障。因此，应急力量还须进一步扩充编制，全面加强人力保障建设。

2. 经费保障欠缺或浪费或非法使用

应急保障经费不足，缺乏与社会保障的密切配合，应急保障建设工作开展困难。一方面，目前我国的应急保障主要依赖政府财政部门的临时调度和社会捐助，没有建立起专项储备资金。另一方面，由于各种功能单一的救援部门都从本部门的利益出发，花费政府大量的专项经费，购置许多精良器材，有的长期放置不用，有的器材功能还相互重合，造成政府宝贵资金的浪费。① 同时，由于没

---

① 闫丽：《我国消防部队承担政府综合应急救援职能的分析》，http：//mhjy. wjxy. edu. cn/show. aspx？ id = 1092&cid = 42，2011 - 06 - 29。

有统一的组织、管理机构，造成管理和指挥系统基础建设重复，经费浪费巨大。分部门的抢险救援管理体制，相互间缺乏沟通，形成了指挥系统基础建设重复的局面，使有限的救援经费只能分摊使用，投入巨大，浪费严重，造成高成本、低效能的不利局面。另外，在危机应对的恢复阶段，应急资金严重浪费甚至被挪用。近年来，政府应急管理资金拨付后存在着严重的资金浪费现象，有的甚至将应急资金挪用于其他方面的建设。由于突发事件发生后，需要及时处理突发事件遗留的问题，在资金的调配上普遍存在只算政治账、不算经济账的情况，不可避免地造成应急资金乱用、误用、挪用、他用等现象。①

作为公共危机应急救援力量体系中的骨干力量，公安消防部队经费保障直接影响着公共危机应急管理和救援保障的整体。随着公安消防部队越来越多地承担起突发事件应急救援工作，应对大规模跨区域应急救援工作的经费保障明显存在经费不足的问题。近年来，我国突发性事件频发，由于这些公共危机突发性事件的不可预见性，财政部门在编制每年度部门预算时均不能够专门安排办案经费，致使公安消防在这方面的支出增多且缺乏稳定的保障。②

3. 物资器材装备保障储备不足

我国目前的应急救灾抢险的救援物资主要依赖中央财政集中调度、各地市支援和慈善机构的社会募捐。在灾害发生后，居民大多采取自主救援，应急物资储备也不能满足救灾需要。

4. 协调保障困难

我国现有应急管理和救援的各部门与各种救援力量条块分割显

———————

① 李万伟、管泽锋、郑佳：《公共财政背景下应急管理保障机制的建构》，载《商业现代化》2009 年第 3 期（下旬），第 78 页。

② 于松岩：《公安经费保障存在的问题及解决对策》，载《公安研究》2008 年第 9 期，第 57—61 页、第 70 页。顾建一：《从汶川地震经费保障看未来应急救援经费保障体系建设》，载《军事经济研究》2008 年第 12 期，第 64—66 页。

著，跨力量之间协调保障困难。因为条块分割显著，动态协调和调动难以实现，没有建立跨区域的应急保障机制，从而没用形成有效的应急保障来为大型灾害时的应急管理和救援服务。各辖区内的保障通过相应的预案体系已经发挥出应有的作用，基本满足实战需要，但跨区域救援中的保障机制还没有形成，亟待解决。由于应急救援力量的分散，应急力量和资源还缺乏有效整合和统一协调机制，当发生重特大公共危机事件尤其是发生涉及多种公共危机事件或跨地区、跨行业和跨国的重特大公共危机事件时，某一部门的应急救援力量和资源往往十分有限，而临时组织的应急救援力量往往存在职责不明、机制不顺、针对性不强等问题，难于协同救援，发挥整体应急救援能力和效果。

以公安消防部队为骨干力量的应急救援涉及全国各个相关的政府机构和组织，最主要的包括国土资源、交通、水利、林业、气象、安全监管、环境、电力、通信、建设、卫生、农业等部门，其管理主要以条块分割、各自负责为主。当大规模的突发灾害发生时，部门之间的动态协调、调动会占用相当多的救援时间，而且由于管理部门的繁多，各类人力、物力资源的协调保障成为指挥的重点之一。正因为没有统一的应急保障机制，因而没有形成有效的应急保障来为应急救援服务，在出现需要跨区域大规模救援时，各种物资调动的困难尤为突出。在 2008 年汶川特大地震的应急救援保障行动中，缺乏协调的问题尤为突出，具体体现在：（1）缺乏跨区域应急救援保障的预案体系，在无准备的情况下，应急保障的快速启动和各部门的协调将会受到不同程度的影响，救援保障从主动变为被动，然而灾害越是严重、范围越大，越是需要保障的速度和力度。（2）现有的应急救援工作以条块分割、各自负责为主，由于保障力量构成复杂，部署相对分散，各个部门有自己专门的保障管理，部门之间的协调工作难度较大，使得大规模跨区域应急救援保障具有单个部门静态为主的特点，保障资源分散，信息较为封闭。

5. 预案保障乏力

从应急保障预案上看，应急保障预案体系化薄弱。我国应急管理和救援预案体系以《国家突发事件总体应急预案》为法律依据。然而目前，我国各省市都建立了应急救援管理预案，既有总体应急突发事件的预案体系，又有各个灾种的专项预案，对应急管理的整体活动进行了过程规划、职能划分及责任明确，但还没有专门针对应急保障的预案。应急保障中的人力、物资、财政和技术保障资源在灾前的储备、筹集，灾中的调集、投放及灾后的评估、完善都缺乏体系化的规划与管理，应急保障相关部门的责任、职能划分与明确尚未有规范化的说明。尤其是较大规模跨区域应急救援保障预案所属的管理部门繁多，救援保障预案尚缺乏系统的管理和完善。在重、特大突发灾害来袭时，缺乏应急保障预案的快速启动与协调，往往是事已致，而信未达；信已达，而人未到；人已到，而物未至。在应急管理和救援过程中，无论是信息还是资源都明显滞后于突发事件的发展。

除了上述人力资源保障缺乏、经费保障欠缺或浪费或非法使用、物资器材装备保障储备不足、协调保障困难和预案保障乏力以外，还存在技术保障不高、信息保障不畅、宣传保障不到位、法律（强制）措施笼统、法定程序不明、法律责任不清、法律救济不足、法律监督不到位等问题。因此，公共危机应急管理和救援保障体系亟待法律规范。

四、公共危机应急管理和救援法律体系建设对策建议

目前，我国已经颁布了上百部关于公共危机应急管理和救援方面的法律，初步建立了应急管理和救援的法律框架，应急法律体系初步形成，并在不断健全和完善，同时也建立了各种各样的法律制度。这些法律和制度在公共危机应急管理和救援中发挥了重要作用，但是，在公共危机应急管理和救援的应对、应急处置工作和应急救援综合协调、恢复重建等方面存在的问题仍然十分突出，体现在公共危机应急管理和救援的法律意识，应急管理和救援预案的编

制、演练和执行，危机预警情报收集、处理、传递和共享，应急管理和救援的法律依据和法律保障，应急管理和救援的组织体制、指挥和决策机制、运行机制、力量协调和人力经费器材通信等资源保障，应急救援力量的组成、联动和保障，社会力量的参与、善后恢复机制以及国际合作机制等方面，这些问题严重制约了我国应对公共危机事件的管理和应急救援的效果。

（一）提高公共危机应急管理和救援法律意识

由于传统历史文化、法律宣传和教育等多方面的原因，相对而言，政府及人民群众的法律意识比较淡薄，对公共危机的应对和处置的法律认识模糊。在这种背景下，政府及人民大众的公共危机管理与救援的法律意识与依法治理的意识淡薄，对公共危机应急管理和救援的法治化认识不足。由于对公共危机突发事件法律意识淡薄，公共危机突发事件出现时就不能依法采取得力的应对措施。由于法律意识的淡薄，政府及其工作人员仍然存在"官本位"思想，不按照法律规定的权力和程序应对和处置公共危机，政府紧急应急权不受法律约束，并且无限膨胀，这一方面导致公共危机管理和救援在实体和程序上的非法性，法律依据不足，救援效率低下，救援效果不明显；另一方面侵犯了公民个人的人权和利益，甚至还侵犯了国家利益和社会公共利益。同时，社会组织和公民法律意识的不足造成不依法进行救援，应用法律手段不够，不服从、不配合政府部门的应急管理工作，另外，在自己的利益受到侵犯时不知道救济的途径。公共危机应急管理和救援法律主体的法律意识欠缺体现在应急法律法规的制定、政府部门的行政应急管理和救援力量的救援、司法机关对应急期间法律条款的适用和社会所有单位及全体公民的守法等各方面，其后果造成应急管理和救援行为的非法性，各种民事违法和侵权、行政违法和行政不当、刑事犯罪屡屡发生，严重影响了应急管理和救援的进程和效果，毁坏了法治政府、服务型政府的形象，破坏了我国社会主义法治建设的成果。

因此，应大力培养公共危机应急管理和救援的法律意识，提高法律认识，加大法律宣传，深入普法教育，普及法律知识，形成依法治理的观念，走上公共危机应急管理和救援的法治化道路。

（二）完善公共危机应急管理和救援的法律组织管理体制、指挥运行和协调机制

我国突发公共危机事件发生后，各部门各救援力量之间的密切配合来源于行政体系的命令，尚未形成有效的具有约束力的规范和机制，影响了救援工作和救援效率。因此，要加强统一领导协调，通过立法尽快建立常设性应急管理机构和协调部门。加强中央政府对突发公共危机事件的预防和处置以及应急救援的统一领导、总体协调职能，落实组织机构。当前，应在日常管理、决策和协调等环节上加强应急机构和救援组织机构建设，机构的名称、级别和形式可以灵活，但职责、经费、机构和人员一定要由法律法规明确规定并保持相对稳定。

第一，通过立法要建立和强化专门的应急管理和救援的机构。各级政府要尽可能地设置专门的应急管理和救援的常设机构，当发生公共危机事件后能组织救援力量迅速由平常状态转入非常状态，承担起应急救援的应对和处置工作。

第二，通过立法建立高效的应急指挥决策机构。各级政府要建立健全领导、专家和群众相结合的民主决策机制，完善应急救援的决策规制和程序，实行严格的应急救援决策和指挥责任制度。其中，如何定义应急联动中心在政府现有体系中的地位，并确立与其他部门的职、权、利关系，是保证应急联动中心有效运转的关键。

第三，通过立法建立快捷和畅通的应急救援预警机制和部门。各级政府要建立健全应急报告制度和举报制度，确定应急的级别。

第四，通过立法建立健全应急救援队伍的指挥运行机制。明确各组成部分的协调运行方式，提出协同作战时的主要内容，包括编制相关应急救援预案，明确战斗编成、组织指挥、通信联络、应急保障等内容，并立足实战确定处置程序、攻防措施和行动要则。

第五，通过立法建立协调有力、响应高效的应急力量联动机

制。不同应急救援力量和队伍的预案编制、组织管理、指挥协调、资源整合、信息共享、协同演练、综合救援、整体合力、网络运行、救援保障、关系地位、责任承担等都需要法律法规予以明确，并使其规范化、制度化。

（三）加强公共危机应急管理和救援的法律保障

公共危机应急管理和救援法律保障是公共危机应急管理和救援应急保障的重要组成部分，是公共危机应急管理和救援依法进行的基础，为公共危机应急管理和救援的正常、有序开展提供了法律依据。因此，必须重视和加强公共危机应急管理和救援的法律保障，主要加强以下几个方面的建设。

第一，制定公共危机应急管理和救援保障法。加强立法，制定一部应急保障的统一法律，完善保障法律体系。我国现行公共危机应急管理和救援法律保障的规定分散于《突发事件应对法》、《国务院关于全面加强应急管理工作的意见》、《消防法》、《关于加强基层应急队伍建设的意见》、《军队参加抢险救灾条例》以及《国家突发事件总体应急预案》等法律法规和规范性文件中，立法层次不高，条款相互冲突，规定不一致不协调，不同层次立法存在矛盾，条文不明确不详细，可操作性差，没有建立相关的法律保障制度。因此，公共危机应急管理和救援保障法律应该系统化、规范化、可操作性强，并建立起一整套相关制度，为公共危机应急管理和救援的预案制定，应急的准备、启动和响应，应急的管理和救援，恢复重建和评估，监督和追责等整个过程的各种行为提供应有的法律保障。

第二，建立和完善人力资源法律保障制度。针对公安消防、卫生、医疗、交通、矿山、危化、军队、海事、水电气等专业救援力量人力资源保障方面的欠缺和不足，应积极完善现行人力资源体制，加强各种应急救援队伍人力资源法律保障的建设，建立适应社会发展需要的新型救援队伍。（1）增加各应急救援队伍的人员编制，特别是应急救援现役人员的编制，扩充公共危机应急救援人员数量，增加一线执勤力量。（2）改革和调整现行的国家人事政策，延长干部和技术人员的工作年限，特别是现役中长期战斗在一线的指挥员、士官、士兵的服役年限。（3）对实践经验丰富、技术水平高或者有特殊技能的专业技术人才实行返聘制，保障应急管理和救援所需的人才储备。（4）建立应急救援专家人才库储备制度，吸收专家为政府应急工作提供专业咨询，定期组织开展培训及形势分析会议。

第三，建立公共危机应急管理和救援应急资金投入制度。政府应急管理资金投入机制的建立可以分为两部分：（1）预防性投入机制的建立。这类投入属于日常所需，包括对国防、科教文卫、社会保障等项目的投入。加强这方面的投入，在一定程度上可以降低突发事件的发生概率及其破坏程度。如增加卫生事业的支出，投入于疫病的防治工作，可以减少大面积疫病的发生率；加大对地震研究的投入力度，可以提高灾前的预警水平，减少灾难的损失等。加强预防性财政投入，要着力转变现有的财政支出结构，借鉴国外的福利财政、保健财政，加强预防突发事件的财政投入，适当减少经济建设和行政管理支出，增加社会文教费、社会保障费的支出，提高突发事件的防御能力。（2）准备性投入机制的建立。①提高预备费的计提比例。作为公共危机管理主体的政府，在每年制定财政预算时，将处理突发性公共危机事件的经费预留出来，是非常必要的。根据《预算法》第33条的规定，政府预算应当按照本级预算支出额的1%—3%设置预备费，用于当年预算执行中的自然灾害开支及其他难以预见的特殊开支。随着各种突发事件的频频发生，解决突发事件的资金压力越来越大。按本级政府预算支出额设置的预备费根本难以满足现代突发事件应急管理的要求。在预备费很少的情况下，一旦有突发事件发生，可能就需要全面调整预算，这既不利于财政运行的稳定，由此带来的操作成本也很高。因此，政府根据现实情况，提高预备费的计提比例十分必要。所以，应对预备费实行基金式管理，即每年安排的预备费，在当年没有突发事件支出的情况下，不得用于其他预算支出，应全面纳入预备费基金。

②扩大预备费基金的来源，如预算盈余、预算超收收入，原则上也应按适当的比例计提预备费。① 各级政府应合理调整公共财政支出范围，投入的资金做到专款专用，确保有效应对突发公共事件。

第四，建立应急物资保证制度。建立应急物资保证制度。公共危机发生后，各级政府部门以及相关机构，应当保证应急处理所需的必要物品。例如，在突发公共卫生事件中，要保证医疗救护设备、救治药品、医疗器械等物资的供应。要根据公共危机应急管理的需要，公共危机管理部门有权紧急调集人员、储蓄的物资、交通工具以及相关设施、设备。必要时，对人员进行紧急疏散或者隔离，并可以依法对公共危机发生地实行封锁。②

第五，建立公共危机应急管理和救援应急物资管理、使用和监督制度。建立应急物资采购、储存、调配、使用、管理等规章制度，规范平时管理、供需对接、应急调用、用后返还等程序方法，做到物资保障有具体单位，供需对接有保障措施，应急调用有组织方法，用后返还有制度规定，确保物资保障有效有序。突发事件结束后，为了恢复正常的社会生话，必须对灾后重建给予持续的财力支持。但在灾后重建的过程中，应加强应急管理中财政资金运用的监督，保障资金的安全性、规范性和有效性。在处理涉及面较广、危机程度较大的公共危机时，对于国家和社会各界提供的应急物资的使用需要建立监督机制。在我国目前的体制下，应该建立由纪委、监察等相关部门组成的监督体系，制定相关的审批程序和监督系统，对财政应急专项资金的管理使用实行跟踪监控和内部审计，保证资金专款专用。接受社会捐赠物资要严格按照有关法律法规，切实做到手续完备、专账管理、专人负责、财款相符合和账目清

---

① 管泽锋、郑佳、李科：《构建公共财政下的政府应急管理保障机制》，载《山西财政税务专科学校学报》2009 年第 2 期，第 9—10 页。

② 丁文喜著：《突发事件应对与公共危机管理》，光明日报出版社 2009 年版，第 91 页。

楚，从而切实保证捐赠的物资能够用于应对公共危机。① 应积极推行政务公开，对非涉及国家机密的应急管理资金的分配使用状况向全社会公开，接受广大人民群众的监督。同时，要形成公平的问责和奖励机制，对发"灾难财"的官员予以严厉的惩治，为公共财政应急管理系统的构建提供支持。②

（四）严格界定公共危机应急管理和救援的法纪责任

法律责任一般分为行政法律责任、民事法律责任和刑事法律责任三大类型，另外，还有党的纪律责任，在军队内部还有军纪责任。在公共危机应急管理和救援的整个过程中，各种违法犯罪行为所应承担的责任主要是行政法律责任和民事法律责任，并且多是政府承担的法律责任。法律责任的主体是政府部门或国家机关及其工作人员；党政人员；公司、企业、事业单位；其他社会团体和组织、公民个人和国际组织及其人员。这些法律主体对在公共危机应急管理和救援的整个过程中所发生的各种违法犯罪行为都应当承担相应的责任。

我国要加快公共危机应急管理和救援的法制建设，形成有中国特色的应急管理和救援的法律体系，把应急管理工作纳入规范化、制度化、法制化轨道，要不断健全和完善各级党委、政府及其有关人员，应急救援队伍以及其他相关人员在应急管理和救援中的法律责任。在公共危机应急救援工作实行严格的责任追究制。实行应急救援法律责任制和救援过错责任追究制，完善并严格执行应急救援民事和行政赔偿制，各救援力量各负其应负的法律责任，做到有救援职权必有救援职责、救援职权受到法律监督、救援侵权要赔偿、救援违纪要处分、救援违规要处罚、救援犯罪要刑罚。对不报、谎

---

① 丁文喜著：《突发事件应对与公共危机管理》，光明日报出版社 2009 年版，第 91 页。

② 李万伟、管泽锋、郑佳：《公共财政背景下应急管理保障机制的建构》，载《商业现代化》2009 年第 3 期（下旬），第 78 页。

报、虚报、迟报、缓报、瞒报和漏报关于公共危机应急救援重要情况或者在应急救援中有其他失职、渎职、过错、违法犯罪行为的，对政府、相关机构和单位、组织、官员、工作人员和公民个人的违法犯罪行为，依法对有关责任人给予党纪、政纪军纪纪律处分和行政处分，要追究相应的行政责任、民事责任、经济责任和党纪政纪组织纪律责任或军事责任，有民事侵权的要承担民事赔偿责任，对行政违法的要给予行政处分和行政处罚，对于构成犯罪的，要严格依法追究刑事责任。

1. 公共危机应急管理和救援违法违纪行为及其法律责任的模式设计

公共危机应急管理和救援期间，各种违法违纪和犯罪行为及其应承担的相应责任可以考虑以下模式予以追究。

第一条　各有关部门、单位、组织和个人违反有关法律、法规、命令、指令，由其主管部门、上级行政机关或者监察机关按照管理权限责令改正；有下列情形之一的，根据情节对直接负责的主管人员和其他直接责任人员依法给予行政处罚或行政处分，构成犯罪的，依法移交司法部门追究其刑事责任：

（1）不服从统一领导、指挥、管理和调配的；

（2）不履行应急救援有关职责，造成事故蔓延、扩大或其他严重后果的；

（3）扰乱应急救援现场秩序，或者拒不执行救援现场指挥员指挥，影响应急救援的；

（4）贻误战机、指挥不当，造成严重后果的；

（5）未采取措施或者未采取必要的措施防止事故蔓延、扩大的或者导致发生次生、衍生事件的；

（6）未立即组织应急救援或者不及时采取应急救援的；

（7）对事故处置不当，造成严重后果的；

（8）破坏消防装备、器材，影响应急救援正常进行的；

（9）未按照国家有关规定及时上报，或者隐瞒事实真相、谎报实情、拖延不报，导致事故应急救援工作延误，造成严重后果的；

（10）在应急救援工作中，拒绝执行命令或者借故逃避、逃匿，临阵逃脱，擅离职守，情节恶劣的；

（11）阻碍消防车、消防艇执行任务的；

（12）阻碍、干涉事故调查工作，拒绝调查取证、提供有关情况和资料的，或者伪造、故意破坏现场、作伪证及指使他人作伪证的；

（13）未及时组织开展善后工作的；

（14）不按规定使用应急救援经费，或者滥用应急救援经费的；

（15）发生事故造成人员伤亡及他人财产损失，而拒不依法承担赔偿责任，或者负责人逃匿的；

（16）其他违反有关法律、法规、命令、指令的。

第二条　各有关部门、单位、组织和个人违反有关法律法规、规定、命令等，构成违反治安管理行为的，由公安机关依法给予处罚。

第三条　各有关单位、组织和个人违反有关法律法规、规定、命令、指令等给国家、公共利益、他人人身、财产安全造成损害的，应当依法承担民事责任。

第四条　对于违纪行为，按照党和政府的有关规定追究党纪政纪和军纪责任。

第五条　党员领导干部违反有关规定，符合《党员领导干部问责制》的追究范围，依照相关规定执行；构成刑事犯罪依法移送司法机关。

2. 公共危机应急管理和救援的民事法律责任

民事责任是民事法律责任的简称，民事法律责任是指民事主体违反民事法律规范，无正当理由不履行民事义务或因侵害他人合法权益所应承担的法律责任。民事责任具有一切法律责任所固有的一般特征外，还有其自身独具的法律特征：民事责任以民事义务为基础；民事责任具有国家强制性；民事责任主要是财产责任；民事责任在内容性质和原则方面具有区别于其他法律责任形式的特征；民事责任具有强制性、财产性和补偿性。民事法律责任分为一般侵权责任和特殊侵权责任。民事责任归责原则有：过错责任原则、过错推定原则、无过错责任原则、公平责任原则和严格责任原则。民事责任的承担方式，又称为民事责任的形式，是指民事主体承担民事责任的具体措施。根据《民法通则》第 134 条规定，承担民事责任的方式主要有：停止侵害，排除妨碍，消除危险，返还财产，恢复原状、修理、重作、更换，赔偿损失，支付违约金，消除影响、恢复名誉，赔礼道歉。以上承担民事责任的方式，可以单独适用，也可以合并适用。

公共危机应急管理和救援的法律法规中规定了较多的民事法律责任的条款，主要是政府及其工作人员的民事侵权责任和民事违约责任。2007 年《突发事件应对法》第 67 条规定："单位或者个人违反本法规定，导致突发事件发生或者危害扩大，给他人人身、财产造成损害的，应当依法承担民事责任。"政府民事责任（侵权赔偿或补偿责任）是政府行为或制度设计违反相关法律给相对人造成了伤害是所承担的财产上的赔偿和补偿责任。《国家赔偿法》第 2 条规定："国家机关和国家机关工作人员行使职权，有本法规定的侵犯公民、法人和其他组织合法权益的情形，造成损害的，受害人有依照本法取得国家赔偿的权利。"由于政府在公共危机事件中管理不当而对公民造成损害的，理应视为侵犯公民的合法权益，公民应当得到赔偿。强调政府在公共安全危机管理中的赔偿责任，是国家赔偿制度的立法宗旨和价值体现。政府赔偿制度的建立，也是政府取信于民、敢于承担过错、间接树立政府良好形象的有效途径。如果不对其承担赔偿责任，实在难以体现现代法公平、公正的价值要求。我国国家赔偿法的立法宗旨是保障公民、法人和其他组织的合法权益，要使这样的立法宗旨真正落到实处，恐怕仅仅依靠目前国家赔偿法中有限的赔偿范围很难具有说服力，在公共危机管理中落实政府的赔偿责任不可忽视。① 对在公共危机应急管理和救援中发生的民事违法行为，政府应制定和完善相关的法律法规和制度，颁布民事赔偿和补偿法或者应急管理和救援特别赔偿补偿法律，以维护公民和有关组织的合法权益。

3. 公共危机应急管理和救援的行政法律责任

行政法律责任，是指行政法律规范所设定的一种法律责任。狭义上的行政责任，仅指行政主体因违反行政法律规范或不履行行政法律义务而依法应承担的行政法律后果，即行政法律责任是行政主体因行政违法或行政不当，违反其法定职责和义务而应依法承担的否定性的法律后果。行政法律责任的特点主要有：（1）行政法律责任承担主体的多样性；（2）行政法律责任追究机关和追究程序的多元性；（3）违反明确的法律条文的规定。行政责任具有以下特征：（1）行政责任是行政主体及其公务员的责任，而不是行政相对人的责任；（2）行政责任是一种法律责任，与道义责任、政治责任或其他性质的法律责任不同；（3）行政责任是行政违法或行政不当所引起的法律后果。根据我国行政责任的制度规定和实际情况，行政责任可以作如下分类：（1）行政主体的责任和行政公务人员的责任；（2）内部行政责任和外部行政责任；（3）补救性责任和惩罚性责任；（4）财产性责任和非财产性责任；（5）权力机关确认和追究的行政责任、行政机关确认和追究的行政责任、司法机关确认和追究的行政责任。关于行政责任的形式和内容，根据责任主体的不同，行政责任可以分为行政主体的责任和行政公务人员的责任。（1）行政主体承担行政责任的方式和内容：通报批评；承认错误，赔礼道歉；恢复名誉，消除影响；履行职务；撤销违法；纠正不当；返还利益；恢复原状；行政赔偿。（2）行政公务人员承担行政责任的方式和内容：通报批评；赔偿损失；行政处分。

---

① 郭太生著：《公共安全危机管理》，中国人民公安大学出版社 2009 年版，第 91 页。

行政责任必须具备一定的条件才能构成。行政责任包括行政处罚和行政处分两个方面。一般来讲，行政责任的构成条件有以下几项：一是存在行政违法或不当；二是行政责任主体是行政主体及行政公务人员；三是引起行政责任的行政违法或不当必须发生在行政公务行为中；四是存在承担行政责任的法律规范的依据；五是主观上有过错。其中，行政违法和行政不当构成及客观存在是确定行政责任的前提条件，也是确认行政主体及其公务人员该不该承担责任以及承担何种责任的直接依据。行政违法的形态有：行政失职、行政越权、行政滥用职权、认定事实错误、适用法律错误、程序违法、行政侵权。

行政责任的追究，是指有权机关确认行政违法的行为人的违法行为以及应承担的法律责任，并强制其承担行政责任的行为。追究行政责任应符合下列原则：一是责任法定原则，即行政责任应由行政法律规范规定；责任自负原则，即行政责任应由违法行为人自己承担；二是责罚相适应原则，即违法行为人承担行政责任的轻重程度与其行为的违法程度相适应；三是教育与惩罚相结合原则。建立行政责任的追究制度是实施行政责任的关键。追究行政责任的主体即依法确认和强制责任人承担行政责任的国家机关。在我国，依法享有追究行政责任权的主体，主要是权力机关、司法机关和行政机关。

在我国，关于公共危机应急救援的法律多是行政性法律，同时存在大量的行政法规和规章。这些法律法规等对政府、政府有关工作部门及其工作人员的行政责任都有明确的规定。1995年2月11日国务院令第172号公布、4月1日正式实施的《破坏性地震应急条例》第37条规定："有下列行为之一的，对负有直接责任的主管人员和其他直接责任人员依法给予行政处分；属于违反治安管理行为的，依照治安管理处罚法的规定给予处罚……：（一）不按照本条例规定制定破坏性地震应急预案的；（二）不按照破坏性地震应急预案的规定和抗震救灾指挥部的要求实施破坏性地震应急预案的；（三）违抗抗震救灾指挥部命令，拒不承担地震应急任务的；（四）阻挠抗震救灾指挥部紧急调用物资、人员或者占用场地的；

（五）贪污、挪用、盗窃地震应急工作经费或者物资的；（六）有特定责任的国家工作人员在临震应急期或者震后应急期不坚守岗位，不及时掌握震情、灾情，临阵脱逃或者玩忽职守的；（七）在临震应急期或者震后应急期哄抢国家、集体或者公民的财产的；（八）阻碍抗震救灾人员执行职务或者进行破坏活动的；（九）不按照规定和实际情况报告灾情的；（十）散布谣言，扰乱社会秩序，影响破坏性地震应急工作的；（十一）有对破坏性地震应急工作造成危害的其他行为的。"2002 年《危险化学品安全管理法》第56 条规定："发生危险化学品事故，有关部门未依照本条例的规定履行职责，组织实施救援或者采取必要措施，减少事故损失，防止事故蔓延、扩大，或者拖延、推诿的，对负有责任的主管人员和其他直接责任人员依法给予降级或者撤职的行政处分。"2003 年《突发公共卫生事件应急条例》第 48 条规定："县级以上各级人民政府卫生行政主管部门和其他有关部门在突发事件调查、控制、医疗救治工作中玩忽职守、失职、渎职的，由本级人民政府或者上级人民政府有关部门责令改正、通报批评、给予警告；对主要负责人、负有责任的主管人员和其他责任人员依法给予降级、撤职的行政处分；造成传染病传播、流行或者对社会公众健康造成其他严重危害后果的，依法给予开除的行政处分。"第 49 条规定："县级以上各级人民政府有关部门拒不履行应急处理职责的，由同级人民政府或者上级人民政府有关部门责令改正、通报批评、给予警告；对主要负责人、负有责任的主管人员和其他责任人员依法给予降级、撤职的行政处分；造成传染病传播、流行或者对社会公众健康造成其他严重危害后果的，依法给予开除的行政处分。"第 50 条规定："医疗卫生机构有下列行为之一的，由卫生行政主管部门责令改正、通报批评、给予警告；情节严重的，吊销《医疗机构执业许可证》；对主要负责人、负有责任的主管人员和其他直接责任人员依法给予降级或者撤职的纪律处分……：（一）未依照本条例的规定履行报告职责，隐瞒、缓报或者谎报的；（二）未依照本条例的规定及时采取控制措施的；（三）未依照本条例的规定履行突发事件监测职责的；（四）拒绝接诊病人的；（五）拒不服从突发事件应急处理指挥部调度的。"第 51 条规定："在突发事件应急处理工作中，有关单位和个人未依照本条例的规定履行报告职责，隐瞒、缓报或者谎报，阻碍突发事件应急处理工作人员执行职务，拒绝国务院卫生行政主管部门或者其他有关部门指定的专业技术机构进入突发事件现场，或者不配合调查、采样、技术分析和检验的，对有关责任人员依法给予行政处分或者纪律处分；触犯《中华人民共和国治安管理处罚条例》（以下简称《治安管理处罚条例》），构成违反治安管理行为的，由公安机关依法予以处罚。"第 52 条规定："在突发事件发生期间，散布谣言、哄抬物价、欺骗消费者，扰乱社会秩序、市场秩序的，由公安机关或者工商行政管理部门依法给予行政处罚。"2003 年《特种设备安全监察条例》规定："特种设备使用单位的主要负责人在本单位发生重大特种设备事故时，不立即组织抢救或者在事故调查处理期间擅离职守或者逃匿的，给予降职、撤职的处分……特种设备使用单位的主要负责人对特种设备事故隐瞒不报、谎报或者拖延不报的，依照前款规定处罚。"2005 年《防汛条例》第 43 条规定："有下列行为之一者，视情节和危害后果，由其所在单位或者上级主管机关给予行政处分；应当给予治安管理处罚的，依照《治安管理处罚条例》的规定处罚……：（一）拒不执行经批准的防御洪水方案、洪水调度方案，或者拒不执行有管辖权的防汛指挥机构的防汛调度方案或者防汛抢险指令的；（二）玩忽职守，或者在防汛抢险的紧要关头临阵逃脱的；（三）非法扒口决堤或者开闸的；（四）挪用、盗窃、贪污防汛或者救灾的钱款或者物资的；（五）阻碍防汛指挥机构工作人员依法执行职务的；（六）盗窃、毁损或者破坏堤防、护岸、闸坝等水工程建筑物和防汛工程设施以及水文监测、测量设施、气象测报设施、河岸地质监测设施、通信照明设施的；（七）其他危害防汛抢险工作的。"2005 年《重大动物疫情应急条例》第 42 条规定："违反本条例规定，兽医主管部门及其所属的动物防疫监督机构有下列行为之一的，由本级人民政府或者上级人民政府有关部门责令立即改正、通报批评、给予警告；对主要负责人、负有责任的主管人员和其他责任人员，依法给予记大过、降级、撤职直至开除的行政处分……：（一）不履行疫情报告职责，瞒报、谎报、迟报或者授意他人瞒报、谎报、迟报，阻碍他人报告重大动物疫情的；（二）在重大动物疫情报告期间，不采取临时隔离控制措施，导致动物疫情扩散的；（三）不及时划定疫点、疫区和受威胁区，不及时向本级人民政府提出应急处理建议，或者不按照规定对疫点、疫区和受威胁区采取预防、控制、扑灭措施的；（四）不向本级人民政府提出启动应急指挥系统、应急预案和对疫区的封锁建议的；（五）对动物扑杀、销毁不进行技术指导或者指导不力，或者不组织实施检验检疫、消毒、无害化处理和紧急免疫接种的；（六）其他不履行本条例规定的职责，导致动物疫病传播、流行，或者对养殖业生产安全和公众身体健康与生命安全造成严重危害的。"第43条规定："违反本条例规定，县级以上人民政府有关部门不履行应急处理职责，不执行对疫点、疫区和受威胁区采取的措施，或者对上级人民政府有关部门的疫情调查不予配合或者阻碍、拒绝的，由本级人民政府或者上级人民政府有关部门责令立即改正、通报批评、给予警告；对主要负责人、负有责任的主管人员和其他责任人员，依法给予记大过、降级、撤职直至开除的行政处分。"第44条规定："违反本条例规定，有关地方人民政府阻碍报告重大动物疫情，不履行应急处理职责，不按照规定对疫点、疫区和受威胁区采取预防、控制、扑灭措施，或者对上级人民政府有关部门的疫情调查不予配合或者阻碍、拒绝的，由上级人民政府责令立即改正、通报批评、给予警告；对政府主要领导人依法给予记大过、降级、撤职直至开除的行政处分。"第45条规定："截留、挪用重大动物疫情应急经费，或者侵占、挪用应急储备物资的，按照《财政违法行为处罚处分条例》的规定处理。"第48条规定："在重大动物疫情发生期间，哄抬物价、欺骗消费者，散布谣言、扰乱社会秩序和市场秩序的，由价格主管部门、工商行政管理部门或者公安机关依法给予行政处罚。"2006年1月《国家突发公共事件总体应急预案》规定："对迟报、谎报、瞒报和漏报突发公共事件重要情况或者应急管理工作中有其他失职、渎职行为的，依法对有关责任人给予行政处分。"2006 年《国务院关于全面加强应急管理工作的意见》规定："要进一步建立健全信息报告工作制度，明确信息报告的责任主体，对迟报、漏报甚至瞒报、谎报行为要依法追究责任。""各级人民政府及有关部门要依照有关法律法规及时开展事故调查处理工作，查明原因，依法依纪处理责任人员，总结事故教训，制订整改措施并督促落实。""要建立并落实责任追究制度，对有失职、渎职、玩忽职守等行为的，要依照法律法规追究责任。"2007 年《生产安全事故报告和调查处理条例》第 35 条规定："事故发生单位主要负责人有下列行为之一的，处上一年年收入 40% 至 80% 的罚款；属于国家工作人员的，并依法给予处分……：（一）不立即组织事故抢救的；（二）迟报或者漏报事故的。"第 36 条规定："事故发生单位及其有关人员有下列行为之一的，对事故发生单位处 100 万元以上 500 万元以下的罚款；对主要负责人、直接负责的主管人员和其他直接责任人员处上一年年收入 60% 至 100% 的罚款；属于国家工作人员的，并依法给予处分；构成违反治安管理行为的，由公安机关依法给予治安管理处罚；……：（一）谎报或者瞒报事故的；（二）伪造或者故意破坏事故现场的；（三）转移、隐匿资金、财产，或者销毁有关证据、资料的；……（六）事故发生后逃匿的。"第 39 条规定："有关地方人民政府、安全生产监督管理部门和负有安全生产监督管理职责的有关部门有下列行为之一的，对直接负责的主管人员和其他直接责任人员依法给予处分；……：（一）不立即组织事故抢救的；（二）迟报、漏报、谎报或者瞒报事故的。"2007 年《突发事件应对法》第 63 条规定："地方各级人民政府和县级以上各级人民政府有关部门违反本法规定，不履行法定职责的，由其上级行政机关或者监察机关责令改正；有下列情形之一的，根据情节对直接负责的主管人员和其他直接责任人员依法给予处分：（一）未按规定采取预防措施，导致发生突发事件，或者未采取必要的防范措施，导致发生次生、衍生事件的；（二）迟报、谎报、瞒报、漏报有关突发事件的信息，或者通报、报送、公布虚假信息，造成后果的；（三）未按规定及时发布突发事件警报、采取预警期的措施，导致损害发生的；（四）未按规定及时采取措施处置突发事件或者处置不当，造成后果的；（五）不服从上级人民政府对突发事件应急处置工作的统一领导、指挥和协调的；（六）未及时组织开展生产自救、恢复重建等善后工作的；（七）截留、挪用、私分或者变相私分应急救援资金、物资的；（八）不及时归还征用的单位和个人的财产，或者对被征用财产的单位和个人不按规定给予补偿的。"第 64 条规定："有关单位有下列情形之一的，由所在地履行统一领导职责的人民政府责令停产停业，暂扣或者吊销许可证或者营业执照，并处五万元以上二十万元以下的罚款；构成违反治安管理行为的，由公安机关依法给予处罚：……（四）突发事件发生后，不及时组织开展应急救援工作，造成严重后果的。前款规定的行为，其他法律、行政法规规定由人民政府有关部门依法决定处罚的，从其规定。"第 65 条规定："违反本法规定，编造并传播有关突发事件事态发展或者应急处置工作的虚假信息，或者明知是有关突发事件事态发展或者应急处置工作的虚假信息而进行传播的，责令改正，给予警告；造成严重后果的，依法暂停其业务活动或者吊销其执业许可证；负有直接责任的人员是国家工作人员的，还应当对其依法给予处分；构成违反治安管理行为的，由公安机关依法给予处罚。"第 66 条规定："单位或者个人违反本法规定，不服从所在地人民政府及其有关部门发布的决定、命令或者不配合其依法采取的措施，构成违反治安管理行为的，由公安机关依法给予处罚。"2008 年《消防法》第 62 条规定："有下列行为之一的，依照《治安管理处罚条例》的规定处罚：……（四）阻碍消防车、消防艇执行任务的；（五）阻碍公安机关消防机构的工作人员依法执行职务的。"第 64 条规定："违反本法规定，有下列行为之一，尚不构成犯罪的，处十日以上十五日以下拘留，可以并处五百元以下罚款；情节较轻的，处警告或者五百元以下罚款：（一）指使或者强令他人违反消防安全规定，冒险作业的；……（三）在火灾发生后阻拦报警，或者负有报告职责的人员不及时报警的；（四）扰乱火灾现场秩序，或者拒不执行火灾现场指挥员指挥，影响灭火救援的；（五）故意破坏或者伪造火灾现场的。"第 68 条规定："人员密集场所发生火灾，该场所的现场工作人员不履行组织、引导在场人员疏散的义务，情节严重，尚不构成犯罪的，处五日以上十日以下拘留。"第 71 条规定："公安机关消防机构的工作人员滥用职权、玩忽职守、徇私舞弊，有下列行为之一，尚不构成犯罪的，依法给予处分：……（五）将消防车、消防艇以及消防器材、装备和设施用于与消防和应急救援无关的事项的。"2010 年《自然灾害救助条例》第 29 条规定："行政机关工作人员违反本条例规定，有下列行为之一的，由任免机关或者监察机关依照法律法规给予处分……：（一）迟报、谎报、瞒报自然灾害损失情况，造成后果的；（二）未及时组织受灾人员转移安置，或者在提供基本生活救助、组织恢复重建过程中工作不力，造成后果的；（三）截留、挪用、私分自然灾害救助款物或者捐赠款物的；（四）不及时归还征用的财产，或者不按照规定给予补偿的；（五）有滥用职权、玩忽职守、徇私舞弊的其他行为的。"第 30 条规定："采取虚报、隐瞒、伪造等手段，骗取自然灾害救助款物或者捐赠款物的，由县级以上人民政府民政部门责令限期退回违法所得的款物。"第 31 条规定："抢夺或者聚众哄抢自然灾害救助款物或者捐赠款物的，由县级以上人民政府民政部门责令停止违法行为；构成违反治安管理行为的，由公安机关依法给予治安管理处罚。"第 32 条规定："以暴力、威胁方法阻碍自然灾害救助工作人员依法执行职务，构成违反治安管理行为的，由公安机关依法给予治安管理处罚。"

目前，我国的政府官员问责机制不健全。从我国目前情况看，突发事件发生后，很少把责任人承担的责任与其对事故的预防所作的投入联系起来，很多时候的问责是一种无规范的问责，后果严重迫于民意压力就问责，后果不严重就不问责；有的地方领导可能出于这样那样的考虑，瞒报、漏报、缓报甚至隐匿不报的现象还常有发生。同时监督机制也存在漏洞，表现为缺乏对突发公共事件应急处置下作实施的责任追究机制，缺乏对作出突出贡献的集体或个人给予表彰和奖励的机制，尤其缺乏对谎报、迟报、瞒报、漏报灾情，以及在应急管理工作过程中失职、渎职行为的惩戒机制，不能依法对相关负责人给予行政处分，甚至追究其刑事责任。①

政府行政责任是政府行为或制度设计违反行政法律规范所应承担的义务。要保障政府实行危机管理权力符合宪法和法律的要求，必须建立与行使危机管理权力相对应的责任制度。在公共危机事件中，政府行使行政紧急权力和公共危机应急救援力量进行紧急救援必须依法进行，不得非法使用和随意滥用，为了防止行政应急管理权和救援权的非法行使，应建立与行使管理和救援、处置相对应的责任制度，构造权力与责任对等的平衡机制。公共危机应急管理部门的管理和组织、应急救援力量的行为和应急救援力量的应急救援过程应遵循一定的权限、手段和程序。如果组织、管理和救援没有法律依据、违反法定职权、违反法律程序组织和救援，其违法行为和违法造成损失的行为要承担相应的法律责任。政府在公共安全危机管理中如果没有履行自己应尽的义务，或者没有依法行事，或者行政不当，都应当承担相应的法律责任，甚至受到法律的制裁。在突发公共事件应急预案和应对中，要建立健全有法可依、执法必严、违法必究的法律体系和责任追究机制，把高层官员和主要部门作为问责对象。强化政府责任意识，打造"有权必有责，用权受监督，侵权要赔偿"的现代责任政府。同时，为了避免问责不及时从而使问责效果大打折扣，在突发公共事件发生之后，有关部门就应当依法及时介入，将责任追究作为应急处置过程的一个不可或缺的环节。②

---

① 徐凤琴：《论突发公共安全事件应急管理体系之构建》，载《河南广播电视大学学报》2009年第4期，第51页。

② 徐凤琴：《论突发公共安全事件应急管理体系之构建》，载《河南广播电视大学学报》2009年第4期，第51页。

2003 年《突发公共卫生事件应急条例》追究的法律责任主要是政府公务人员的责任，忽略了公共危机应急管理和救援组织机构、政府及其有关部门、有关组织所应承担的法律责任，也忽略了对行政相对方的行政救济和司法救济。综观我国政府对公共安全危机的处理实践，由于其合法或违法行为造成的损失，以及对受害群众的救助，更多的是通过补偿的方式实现的，行政补偿制度是现代法治国家行政法制建设中的一项重要内容。行政补偿的理论基础主要是公共负担平等说，即为了实现国家的管理和社会公共利益的需要，有时不得不强制剥夺公民的财产权益，或者对它的行使给予一定的限制。尽管这类行为从国家和社会的公益角度考察是具有正当性的，但是对于普通公民和社会组织而言，却是极不公平的。这是因为行政机关实施的这类行为，其受益者是全社会，而对受损者来讲，在剥夺或者限制公民、法人和其他组织的财产权时，应当由受益的全社会来负担由此产生的损失，也就是由受益者对受损者进行一定程度的补偿。但是，从目前国家赔偿法所确立的归责原则来看，行政补偿制度无法被纳入国家赔偿法当中加以规范，而且，我国也没有统一的行政补偿法，所以，要使行政补偿制度更有效地发挥作用，通过立法加以完善是当务之急……随着国家法制建设的完善，在公共安全危机管理中落实行政责任的长效机制将会逐步建立起来。① 因此，面对公共危机应急管理和救援，国家应适应形势所需，制定和完善相关的法律法规和制度，制定统一的国家行政补偿法和应急救援特别赔偿补偿法律法规，以保障受到侵害的公民和有关组织的合法权益得到法律的救济。

4. 公共危机应急管理和救援的刑事法律责任

刑事责任，是依据国家刑事法律规定，对犯罪分子依照刑事法律的规定追究的法律责任。刑事责任以构成犯罪为前提。根据我国《刑法》的规定，一切危害国家主权、领土完整和安全，分裂国

———————

① 郭太生著：《公共安全危机管理》，中国人民公安大学出版社 2009 年版，第 92 页。

家、颠覆人民民主专政的政权和推翻社会主义制度，破坏社会秩序和经济秩序，侵犯国有财产或者劳动群众集体所有的财产，侵犯公民私人所有的财产，侵犯公民的人身权利、民主权利和其他权利，以及其他危害社会的行为，依照法律应当受刑罚处罚的，都是犯罪；但是情节显著轻微危害不大的，不认为是犯罪。构成犯罪，必须具备四个基本要件，即犯罪的客体、犯罪的客观方面、犯罪的主体、犯罪的主观方面。犯罪的客体是指犯罪行为侵犯的、中国刑事法律所保护的社会关系。犯罪的客观方面是指刑法所规定的犯罪活动的客观事实特征，包括危害社会的行为、危害后果及其因果关系等。危害社会的行为包括作为和不作为。作为是指不当为而为的积极行为，即实施法律所禁止的行为，如杀人。不作为是指当为而不为的消极行为，是指行为人有条件、有义务实施某些行为而不实施，以至于使刑法所保护的客体受到严重危害的行为，如玩忽职守。犯罪的主体是指实施犯罪行为依法应当承担刑事责任的自然人或者单位。第一，关于自然人，刑法规定只有达到一定年龄并且精神正常的人，才能成为犯罪的主体。第二，关于单位犯罪主体，是指为牟取单位的非法利益，由单位负责人或者经单位集体讨论决定，实施了《刑法》明文规定的单位犯罪的公司、企业、事业单位、机关团体，其中包括法人单位和非法人单位。《刑法》对单位犯罪基本上实行两罚制，既处罚单位，比如判处罚金，又处罚直接负责的主管人员和其他直接责任人员。只有法律有明文规定的，才实行单罚制。犯罪的主观方面是指《刑法》规定的成立犯罪必须具备的犯罪主体对其实施的危害行为及其危害后果所持的心理态度，包括犯罪的故意、犯罪的过失、犯罪的目的和动机。刑事责任承担的主要形式是刑罚。刑罚是由国家最高立法机关在《刑法》中确定的，由人民法院对犯罪分子适用并由专门机构执行的最为严厉的国家强制措施。根据《刑法》规定，刑罚分为主刑和附加刑。主刑是对犯罪分子适用的主要刑罚方法，只能独立适用，不能附加适用，对犯罪分子只能判一种主刑。主刑分为管制、拘役、有期徒刑、无期徒刑和死刑。附加刑是既可以独立适用又可以附加适用的刑罚方法。即对同一犯罪行为既可以在主刑之后判处一个或两个以上的附加刑，也可以独立判处一个或两个以上的附加刑。附加刑分为罚金、剥夺政治权利、没收财产。对犯罪的外国人，也可以独立或者附加适用驱除出境。此外，我国《刑法》还规定了非刑罚的处理方法，即对犯罪分子判处刑罚以外的其他方法，包括：由于犯罪行为而使被害人遭受经济损失的，对犯罪分子除刑事处罚外，判处赔偿经济损失；对于犯罪情节轻微不需要判处刑罚的，根据情况予以训诫或者责令其反省悔过、赔礼道歉，赔偿损失，或者由主管部门给予行政处罚或者行政处分。

我国应急管理和救援的法律法规和其他规范性文件大都规定了有关犯罪主体的刑事责任。1995 年 2 月 11 日国务院令第 172 号公布、4 月 1 日正式实施的《破坏性地震应急条例》第 37 条规定："有下列行为之一的，对负有直接责任的主管人员和其他直接责任人员……构成犯罪的，依法追究刑事责任：（一）不按照本条例规定制定破坏性地震应急预案的；（二）不按照破坏性地震应急预案的规定和抗震救灾指挥部的要求实施破坏性地震应急预案的；（三）违抗抗震救灾指挥部命令，拒不承担地震应急任务的；（四）阻挠抗震救灾指挥部紧急调用物资、人员或者占用场地的；（五）贪污、挪用、盗窃地震应急工作经费或者物资的；（六）有特定责任的国家工作人员在临震应急期或者震后应急期不坚守岗位，不及时掌握震情、灾情，临阵脱逃或者玩忽职守的；（七）在临震应急期或者震后应急期哄抢国家、集体或者公民的财产的；（八）阻碍抗震救灾人员执行职务或者进行破坏活动的；（九）不按照规定和实际情况报告灾情的；（十）散布谣言，扰乱社会秩序，影响破坏性地震应急工作的；（十一）有对破坏性地震应急工作造成危害的其他行为的。"2002 年《危险化学品安全管理条例》第 56 条规定："发生危险化学品事故，有关部门未依照本条例的规定履行职责，组织实施救援或者采取必要措施，减少事故损失，防止事故蔓延、扩大，或者拖延、推诿的，对负有责任的主管人员和其他直接责任人员……触犯刑律的，依照刑法关于滥用职权罪、玩忽职守罪或者其他罪的规定，依法追究刑事责任。"第 69 条规定："危险化学品单位发生危险化学品事故，未按照本条例的规定立即组织救援，或者不立即向负责危险化学品安全监督管理综合工作的部门和公安、环境保护、质检部门报告，造成严重后果的，对负有责任的主管人员和其他直接责任人员依照刑法关于国有公司、企业工作人员失职罪或者其他罪的规定，依法追究刑事责任。"2003 年《突发公共卫生事件应急条例》第 48 条规定："县级以上各级人民政府卫生行政主管部门和其他有关部门在突发事件调查、控制、医疗救治工作中玩忽职守、失职、渎职的……对主要负责人、负有责任的主管人员和其他责任人员……造成传染病传播、流行或者对社会公众健康造成其他严重危害后果的，……构成犯罪的，依法追究刑事责任。"第 49 条规定："县级以上各级人民政府有关部门拒不履行应急处理职责的……对主要负责人、负有责任的主管人员和其他责任人员……造成传染病传播、流行或者对社会公众健康造成其他严重危害后果的……构成犯罪的，依法追究刑事责任。"第 50 条规定："医疗卫生机构有下列行为之一的……造成传染病传播、流行或者对社会公众健康造成其他严重危害后果，构成犯罪的，依法追究刑事责任：（一）未依照本条例的规定履行报告职责，隐瞒、缓报或者谎报的；（二）未依照本条例的规定及时采取控制措施的；（三）未依照本条例的规定履行突发事件监测职责的；（四）拒绝接诊病人的；（五）拒不服从突发事件应急处理指挥部调度的。"第 51 条规定："在突发事件应急处理工作中，有关单位和个人未依照本条例的规定履行报告职责，隐瞒、缓报或者谎报，阻碍突发事件应急处理工作人员执行职务，拒绝国务院卫生行政主管部门或者其他有关部门指定的专业技术机构进入突发事件现场，或者不配合调查、采样、技术分析和检验的，对有关责任人员……构成犯罪的，依法追究刑事责任。"第 52 条规定："在突发事件发生期间，散布谣言、哄抬物价、欺骗消费者，扰乱社会秩序、市场秩序的……构成犯罪的，依法追究刑事责任。"2003 年《特种设备安全监察条例》规定："特种设备使用单位的主要负责人在本单位发生重大特种设备事故时，不立即组织抢救或者在事故调查处理期间擅离职守或者逃匿的……触犯刑律的，依照刑法关于重大责任事故罪或者其他罪的规定，依法追究刑事责任。特种设备使用单位的主要负责人对特种设备事故隐瞒不报、谎报或者拖延不报的，依照前款规定处罚。"2005年《防汛条例》第43条规定："有下列行为之一者……构成犯罪的，依法追究刑事责任：（一）拒不执行经批准的防御洪水方案、洪水调度方案，或者拒不执行有管辖权的防汛指挥机构的防汛调度方案或者防汛抢险指令的；（二）玩忽职守，或者在防汛抢险的紧要关头临阵逃脱的；（三）非法扒口决堤或者开闸的；（四）挪用、盗窃、贪污防汛或者救灾的钱款或者物资的；（五）阻碍防汛指挥机构工作人员依法执行职务的；（六）盗窃、毁损或者破坏堤防、护岸、闸坝等水工程建筑物和防汛工程设施以及水文监测、测量设施、气象测报设施、河岸地质监测设施、通信照明设施的；（七）其他危害防汛抢险工作的。"2005年《重大动物疫情应急条例》第42条规定："违反本条例规定，兽医主管部门及其所属的动物防疫监督机构有下列行为之一的……构成犯罪的，依法追究刑事责任：（一）不履行疫情报告职责，瞒报、谎报、迟报或者授意他人瞒报、谎报、迟报，阻碍他人报告重大动物疫情的；（二）在重大动物疫情报告期间，不采取临时隔离控制措施，导致动物疫情扩散的；（三）不及时划定疫点、疫区和受威胁区，不及时向本级人民政府提出应急处理建议，或者不按照规定对疫点、疫区和受威胁区采取预防、控制、扑灭措施的；（四）不向本级人民政府提出启动应急指挥系统、应急预案和对疫区的封锁建议的；（五）对动物扑杀、销毁不进行技术指导或者指导不力，或者不组织实施检验检疫、消毒、无害化处理和紧急免疫接种的；（六）其他不履行本条例规定的职责，导致动物疫病传播、流行，或者对养殖业生产安全和公众身体健康与生命安全造成严重危害的。"第43条规定："违反本条例规定，县级以上人民政府有关部门不履行应急处理职责，不执行对疫点、疫区和受威胁区采取的措施，或者对上级人民政府有关部门的疫情调查不予配合或者阻碍、拒绝的……构成犯罪的，依法追究刑事责任。"第 44 条规定："违反本条例规定，有关地方人民政府阻碍报告重大动物疫情，不履行应急处理职责，不按照规定对疫点、疫区和受威胁区采取预防、控制、扑灭措施，或者对上级人民政府有关部门的疫情调查不予配合或者阻碍、拒绝的……构成犯罪的，依法追究刑事责任。"第 45 条规定："截留、挪用重大动物疫情应急经费，或者侵占、挪用应急储备物资的……构成犯罪的，依法追究刑事责任。"第 48 条规定："在重大动物疫情发生期间，哄抬物价、欺骗消费者，散布谣言、扰乱社会秩序和市场秩序的……构成犯罪的，依法追究刑事责任。"2006 年 1 月《国家突发公共事件总体应急预案》规定："对迟报、谎报、瞒报和漏报突发公共事件重要情况或者应急管理工作中有其他失职、渎职行为的，依法对有关责任人给予行政处分；构成犯罪的，依法追究刑事责任。"2006 年《国务院关于全面加强应急管理工作的意见》规定："要进一步建立健全信息报告工作制度，明确信息报告的责任主体，对迟报、漏报甚至瞒报、谎报行为要依法追究责任。"、"要建立并落实责任追究制度，对有失职、渎职、玩忽职守等行为的，要依照法律法规追究责任。"2007 年《生产安全事故报告和调查处理条例》第 35 条规定："事故发生单位主要负责人有下列行为之一的……构成犯罪的，依法追究刑事责任：（一）不立即组织事故抢救的；（二）迟报或者漏报事故的。"第 36 条规定："事故发生单位及其有关人员有下列行为之一的……构成犯罪的，依法追究刑事责任：（一）谎报或者瞒报事故的；（二）伪造或者故意破坏事故现场的；（三）转移、隐匿资金、财产，或者销毁有关证据、资料的；……（六）事故发生后逃匿的。"第 39 条规定："有关地方人民政府、安全生产监督管理部门和负有安全生产监督管理职责的有关部门有下列行为之一的，……构成犯罪的，依法追究刑事责任：（一）不立即组织事故抢救的；（二）迟报、漏报、谎报或者瞒报事故的。"2007 年《突发事件应对法》第 68 条规定："违反本法规定，构成犯罪的，依法追究刑事责任。"2008 年《消防法》第 72 条规定：

"违反本法规定，构成犯罪的，依法追究刑事责任。"2009年《人民武装警察法》第34条规定："人民武装警察在执行任务中，不履行职责或者违抗上级决定、命令的，违反规定使用警械、武器的，或者有本法第十九条所列行为之一的……构成犯罪的，依法追究刑事责任。"2010年《自然灾害救助条例》第29条规定："行政机关工作人员违反本条例规定，有下列行为之一的……构成犯罪的，依法追究刑事责任：（一）迟报、谎报、瞒报自然灾害损失情况，造成后果的；（二）未及时组织受灾人员转移安置，或者在提供基本生活救助、组织恢复重建过程中工作不力，造成后果的；（三）截留、挪用、私分自然灾害救助款物或者捐赠款物的；（四）不及时归还征用的财产，或者不按照规定给予补偿的；（五）有滥用职权、玩忽职守、徇私舞弊的其他行为的。"第30条规定："采取虚报、隐瞒、伪造等手段，骗取自然灾害救助款物或者捐赠款物的，由县级以上人民政府民政部门责令限期退回违法所得的款物。"第31条规定："抢夺或者聚众哄抢自然灾害救助款物或者捐赠款物的，由县级以上人民政府民政部门责令停止违法行为；构成违反治安管理行为的，由公安机关依法给予治安管理处罚。"第32条规定："以暴力、威胁方法阻碍自然灾害救助工作人员依法执行职务，构成违反治安管理行为的，由公安机关依法给予治安管理处罚。"

我国司法机关也对公共危机应急管理和救援期间的刑事犯罪行为的法律适用公布了有关的司法解释。如《最高人民法院、最高人民检察院关于办理妨害预防、控制突发传染病疫情等灾害的刑事案件具体应用法律若干问题的解释》（法释〔2003〕8号）、《最高人民法院、最高人民检察院关于办理危害矿山生产安全刑事案件具体应用法律若干问题的解释》（法释〔2007〕5号）、《最高人民法院、最高人民检察院关于办理生产、销售假药、劣药刑事案件具体应用法律若干问题的解释》（法释〔2009〕9号）和《最高人民法院、最高人民检察院关于办理诈骗刑事案件具体应用法律若干问题的解释》（法释〔2011〕7号）。《最高人民法院、最高人民检察院关于办理危害矿山生产安全刑事案件具体应用法律若干问题的解释》（法释〔2007〕5号）第6条规定：在矿山生产安全事故发生后，负有报告职责的人员不报或者谎报事故情况，贻误事故抢救，具有下列情形之一的，应当认定为刑法第一百三十九条之一规定的"情节严重"：……（二）实施下列行为之一，致使不能及时有效开展事故抢救的：1. 决定不报、谎报事故情况或者指使、串通有关人员不报、谎报事故情况的；2. 在事故抢救期间擅离职守或者逃匿的；3. 伪造、破坏事故现场，或者转移、藏匿、毁灭遇难人员尸体，或者转移、藏匿受伤人员的；4. 毁灭、伪造、隐匿与事故有关的图纸、记录、计算机数据等资料以及其他证据的。第7条规定：在矿山生产安全事故发生后，实施本解释第六条规定的相关行为，帮助负有报告职责的人员不报或者谎报事故情况，贻误事故抢救的，对组织者或者积极参加者，依照刑法第一百三十九条之一的规定，以共犯论处。第9条规定：国家机关工作人员滥用职权或者玩忽职守，危害矿山生产安全，具有下列情形之一，致使公共财产、国家和人民利益遭受重大损失的，依照刑法第三百九十七条的规定定罪处罚：……（五）在矿山生产安全事故发生后，负有报告职责的国家机关工作人员不报或者谎报事故情况，贻误事故抢救的。《最高人民法院、最高人民检察院关于办理生产、销售假药、劣药刑事案件具体应用法律若干问题的解释》（法释〔2009〕9号）第7条规定：在自然灾害、事故灾难、公共卫生事件、社会安全事件等突发事件发生时期，生产、销售用于应对突发事件药品的假药、劣药的，依法从重处罚。第12条规定：危害矿山生产安全构成犯罪的人，在矿山生产安全事故发生后，积极组织、参与事故抢救的，可以酌情从轻处罚。《最高人民法院、最高人民检察院关于办理诈骗刑事案件具体应用法律若干问题的解释》（法释〔2011〕7号）第2条规定：诈骗公私财物达到本解释第一条规定的数额标准，具有下列情形之一的，可以依照刑法第二百六十六条的规定酌情从严惩处：……（二）诈骗救灾、抢险、防汛、优抚、扶贫、移民、救济、医疗款物的。

上述法律法规及司法解释的相关规定有的比较详细，有的比较笼统，仅是宣示性规定。从犯罪客体来看，公共危机应急管理和救援期间的犯罪以财产类犯罪、贪污贿赂和渎职类犯罪、妨害社会管理秩序类犯罪、危害公共安全犯罪居多，特别是财产类犯罪和贪污贿赂和渎职类犯罪是多发性和高发性犯罪，还有侵犯公民人身权利、民主权利的犯罪和破坏社会主义市场经济秩序的犯罪。对军人来说，危害国防利益的犯罪和军人违反职责罪并不多。从犯罪主体来所，各类犯罪都存在，自然人犯罪较多，其身份各异，有普通公民，也有国家公职人员和其他从事公务的人员，年龄阶段以青年为主，性别以男性为主，因国外单位和人员参加救援的比例非常少，所以几乎没有外国犯罪人；单位犯罪以国家机关、公司企业单位居多，社会团体极少。从犯罪的行为角度看，因为犯罪不同，犯罪行为也各式各样，差别较大，犯罪行为以作为为主，不作为较少。犯罪行为以盗窃、诈骗、故意毁坏财物、贪污、受贿、挪用公款、私分国有财产、滥用职权、玩忽职守、故意杀人、过失致人死亡、故意伤害、过失致人重伤、强奸、非法拘禁、拐卖妇女儿童、侵犯通信自由、遗弃、放火、破坏交通工具、破坏交通设施、破坏广播电视设施公用电信设施、交通肇事、重大责任事故、生产销售伪劣产品、生产销售有毒有害食品、信用卡保险等金融诈骗、串通投标、合同诈骗、非法转让倒卖土地使用权、挪用资金和特定款物、妨害公务、招摇撞骗、非法获取国家秘密、非法侵入计算机信息系统、聚众扰乱社会秩序、窝藏包庇、毁坏文物、妨害传染病防治、医疗事故、重大环境污染、阻碍军事行动、非法获取军事秘密、间谍等为主，分布于刑法分则各章节的犯罪。从犯罪形态上讲，犯罪既遂形态和未遂形态比犯罪预备和犯罪中止多。单独犯罪和共同犯罪都大量存在。在犯罪主观方面，都有犯罪故意和犯罪过失，犯罪故意中直接故意和间接故意都大量存在，犯罪过失中疏忽大意的过失较多。值得注意的问题是，上述应急管理和救援法律法规规定的犯罪行为，不一定都构成犯罪，如果构成犯罪，必须符合犯罪的构成要件，再者，根据《刑法》规定的罪刑法定原则，《刑法》没有明文规定为犯罪行为的，不得定罪处刑。因此，如果犯罪证据不足，也就不能追究行为人的刑事责任。对于这种情况，有两种途径可以解决：一是立法增设有关刑事犯罪的条款和罪名，以严厉打击和惩治应急管理和救援中的犯罪行为，为应急管理、救援和恢复重建创造良好的环境，保障应急管理、救援和恢复重建的顺利进行。这种方法包括全国人大及其常委会修订刑法、制定刑法修正案、制定单行刑法和发布刑法司法解释。二是由司法机关发布刑法条款如何适用的司法解释，以适应当时特殊环境下打击犯罪的需要。

5. 公共危机应急管理和救援的党纪政纪责任

党纪政纪责任分为党纪责任和政纪责任。违反党纪政纪的行为应给予党纪政纪处分，承担党纪政纪责任。予以党纪处分的就要承担党纪责任，予以政纪处分的就要承担政纪责任。党纪政纪处分，是指各级党委、政府及其主管部门，具有处分权的各级纪检监察机关，各派驻纪检监察机构等，依照党内法规或国家法律法规规定的权限、程序，对违纪的党员或国家公务人员作出的党纪政纪处分决定及处理建议而实施的一种制裁措施。党纪处分是纪律处分，是纪律检查委员会对党员的处罚；政纪处分是行政处分，是监察部门对公务员的处罚。政纪处分与组织处分或者说是组织处理密切相关。据中纪发〔2008〕19 号文件的精神，组织处理是指党组织按照干部管理权限，对涉嫌违犯党纪的党员干部，进行必要的岗位、职务调整的组织措施。组织处理的方式有三种：（1）停职：暂时停止履行职务，检查反省问题；（2）调整：调离工作岗位；（3）免职：免去或者建议免去担任的党内外领导职务。在实际工作中，组织处理还包括批评教育、通报批评、降职、责令辞职等，诫勉谈话也可以视为组织处理。组织处理由纪检机关与组织（人事）部门共同研究决定。组织处理和行政处理、党纪处分、司法处理是不同的概念，不能相互替换，但可以同时使用。

在我国，规定党纪政纪处分的法律有 2003 年《中国共产党纪律处分条例》、2007 年《中国共产党章程》等，它们都规定了抢险救灾期间违反党纪政纪行为的处理条款。2003 年《中国共产党纪律处分条例》第 9 条规定："党的纪律是党的各级组织和全体党员共同遵守的行为规范。党的组织和党员违反党章、党内法规、党的政策，违反国家法律、法规、政策和社会主义道德规范，危害党、国家和人民的利益的行为，依照本条例应当给予党的纪律处分的，都必须受到追究。"第 10 条规定："对党员的纪律处分种类：（一）警告；（二）严重警告；（三）撤销党内职务；（四）留党察看；（五）开除党籍。"第 83 条规定："党和国家工作人员或者经手、管理国家财物的人员中的共产党员，利用职务上的便利……贪污党费、社保基金和救灾、抢险、防汛、优抚、救济、扶贫、防疫款物的，依照前款规定从重或者加重处分，直至开除党籍。"第 94 条规定："党和国家工作人员或者受委托管理、经营国有财产的人员，利用职务上的便利……挪用党费、社保基金和救灾、抢险、防汛、优抚、扶贫、移民、救济、防疫款物的，依照前款规定从重或者加重处分，直至开除党籍。"第 100 条规定："国家机关、国家拨给经费的团体和事业单位……挪用党费、社保基金和救灾、抢险、防汛、优抚、扶贫、移民、救济、防疫款物的，依照前款规定从重或者加重处分，直至开除党籍。"第 131 条规定："在工作中违反有关规定或者不负责任，有下列情形之一，给党、国家和人民利益以及公共财产造成较大损失的，对负有直接责任者，给予警告或者严重警告处分。造成重大损失的，对负有直接责任者，给予撤销党内职务或者留党察看处分；负有主要领导责任者，给予严重警告或者撤销党内职务处分；负有重要领导责任者，给予警告、严重警告或者撤销党内职务处分……（三）在灾害、事故面前未采取必要和可能的措施，贻误时机，使本可以避免或者减少的损失未能避免或减少的。"第 176 条规定："中央军委可根据本条例，结合中国人民解放军和中国人民武装警察部队的实际情况，制定补充规定或者单项规定。"中国共产党第十七次全国代表大会部分修改，2007 年 10 月 21 日通过的《中国共产党章程》规定："党的纪律是党的各级组织和全体党员必须遵守的行为规则，是维护党的团结统一、完成党的任务的保证。党组织必须严格执行和维护党的纪律，共产党员必须自觉接受党的纪律的约束。""党组织对违犯党的纪律的党员，应当本着惩前毖后、治病救人的精神，按照错误性质和情节轻重，给予批评教育直至纪律处分。严重触犯刑律的党员必须开除党籍。党内严格禁止用违反党章和国家法律的手段对待党员，严格禁止打击报复和诬告陷害。违反这些规定的组织或个人必须受到党的纪律和国家法律的追究。""党的纪律处分有五种：警告、严重警告、撤销党内职务、留党察看、开除党籍。"

为了维护党的纪律和政治纪律，维护党的形象和政府形象，上述条例对公共危机应急管理和救援期间违反党纪政纪的责任作了规定，为打击违纪行为提供了法律依据。但是，上述规定如何在现实的工作中得到贯彻执行，如何真正地认真遵守，是问题的关键所在。除了予以处分外，就是依靠加强教育，依靠行为人本人。

6. 公共危机应急管理和救援的军纪责任

军纪就是军队的纪律、部队的纪律。纪律是军人的生命。没有纪律就没有战斗力。严明的纪律是我军建设的重要内容，是建设正规化、现代化革命军队不可缺少的组成部分，是部队坚强团结、集中统一和战无不胜的保证，是军队保持和提高战斗力、完成自己光荣使命的有力保证。军纪对于加强部队建设和完成历史使命都具有重要的地位和作用。

军队纪律是党和军队意志得以贯彻执行的可靠保证，是维护军队团结和提高战斗力的重要因素。我军的军纪主要规定在 2010 年《中国人民解放军纪律条令》、《中国共产党军队纪律检查委员会工作条例》等法规中。根据中国人民解放军纪律条令规定，我军纪律的基本内容有：执行中国共产党的路线、方针、政策；遵守国家的宪法、法律、法规；执行军队的条令、条例和规章制度；执行上级的命令和指示；执行三大纪律，八项注意。要求每个军人必须做到：听从指挥，令行禁止；严守岗位，履行职责；尊干爱兵，团结同志；军容严整，举止端正；提高警惕，保守秘密；爱护武器装备和公物；廉洁奉公，不谋私利；拥政爱民，保护群众利益；遵守社会公德，讲究文明礼貌；缴获归公，不虐待俘虏。

　　违反军纪的行为要受到军纪处分，承担军纪责任。处分的目的在于严明纪律，教育违纪者和部队，加强集中统一，巩固和提高部队战斗力。2003 年《中国共产党纪律处分条例》第 170 条规定："中央军委可根据本条例，结合中国人民解放军的实际情况，制定补充规定。"2009 年《人民武装警察法》第 34 条规定："人民武装警察在执行任务中，不履行职责或者违抗上级决定、命令的，违反规定使用警械、武器的，或者有本法第十九条所列行为之一的，按照中央军事委员会的有关规定给予纪律处分。"2010 年《中国人民解放军纪律条令》集中规定了军纪处分的目的、原则、项目、条件、权限和实施。

　　面对公共危机应急管理和抢险救援，军队包括解放军和武警部队，依照《突发事件应对法》、《军队参加抢险救灾条例》和军队内部的法律法规的规定派出大量的部队参加抢险救灾。在各种应急抢险中，不能排除发生违反军纪的行为。对于违反军纪的行为，除了依照其他有关法律法规给予相关处分、承担有关法律责任外，还应当严格依照军纪的规定，受到相应的处分。随着国际合作的加强，国外军队可能会进入我国参加公共危机处理和救援的行为，对违反我国法律和军队纪律的行为的处理，除了按照双方参加或签订的有关国际性、区域性和双边协议外，还应当积极立法，作出明确的规定。

　　在应对公共危机的过程中，港、澳、台地区应急救援力量都依据较为完备的法律进行救援。香港特别行政区政府要求指挥官和警员在公共危机的应急救援中，严格按照《警队条例》、《警察通例》执法，而在具体操作时则按照《程序手册》进行。《程序手册》是《警察通例》的实施细则。同时，香港警队在处理各种大型活动时，都事先制定出详细的《行动训令》（预案），且必须由行动的指挥官主持制定。《行动训令》均采用相同的格式，其内容一般分为形势、任务、执行、行政、补给、指挥、信号以及注意的问题，必要时辅助以地图加以说明。这使所有的指挥官与被指挥者在熟悉和掌握预案基本程序的前提下，可集中精力研究和了解预案的具体内容，便于统一认识。澳门特别行政区的常设应急救援组织管理机构是安全委员会，由行政长官担任主席。澳门特别行政区应急救援队伍体系以治安警察和消防队员为主。在处置需要跨部门协调的公共危机事件时，启动联合行动指挥部，通过设在警察总局的民防行动中心执行民防架构的指挥工作。根据检察总局局长授权，消防局局长担任联合行动指挥官。澳门特别行政区政府制订了详细的民防计划，各地根据民防计划，制定了相应的预案，并且每年演练一次以上。台湾地区目前执行紧急事件的主要规定有：灾害防救法、台湾地区防救自然灾害及善后处理办法、台湾地区重大灾害紧急应变处理要点、台湾地区政府紧急事件处理小组设置要点、台湾地区政府重大灾害紧急通报系统、台湾地区防灾作业手册及台湾地区风灾、震灾、火灾灾情搜集通报系统等。台湾地区执行防灾法规虽多，但主要执行依据是：自然灾害部分依据"台湾地区防救自然灾害及善后处理办法"处理；人为灾害部分依据"台湾地区重大灾害紧急应变处理要点"处理；突发事件方面依据"台湾地区政府紧急事件处理小组设置要点"处理。

第二章 公共危机应急管理和救援法律体系建设的内容

第一节 公共危机应急管理和救援法律体系建设的基本原则

公共危机应急管理和救援是公共行政的重要内容。公共危机应急救援是公共危机应急管理的有机组成部分，也是公共危机管理的主要内容。为有效应对公共危机事件，西方发达国家首先开展的工作就是建立和完善相应的法律制度，统一政府在应急管理中的职、权、责，确定依法管理的法制原则。我国以往在处理各种公共危机事件时，一般都建立在政府管理的基础上，人治色彩较浓，这样一旦重大公共危机事件出现，必然会出现各种各样的越权违法和侵害公民个人权利的行为。只有将公共危机管理置于国家宪法和法律的保障之下，才能从根本上保障政府公共危机处理工作的顺利进行，依法行政。① 公共危机应急管理和救援的法律原则是行政法原则的重要体现和具体展开。公共危机应急管理的基本法律原则是依法管理公共危机应遵循的基本法律原则；公共危机应急救援的基本法律原则也就是在公共危机应急救援中依法应遵循的基本法律原则。只有公共危机应急管理和救援符合法律的基本原则，才能将应急管理和救援纳入法治化轨道。就法治行政的一般要求而言，公共危机应急救援应遵循以下几项原则。

---

① 周晓丽著：《灾害性公共危机治理》，社会科学文献出版社 2008 年版，第 154 页。

一、合宪性原则

《宪法》规定了国家的根本制度、根本任务和国家生活的基本原则，规定了国家政权机关组织形式和公民的基本权利和义务。宪法是一切组织和个人的根本活动准则。《宪法》是国家的根本大法。《宪法》在内容上所具有的国家根本法的这一特点，决定了它的法律地位高于普通法，具有最高的法律地位和最高的法律效力。《宪法》是制定普通法律的依据，普通法律的内容都必须符合《宪法》的规定。一切法律、法规都不得同《宪法》相抵触，与《宪法》内容相抵触的法律无效。宪法具有以下作用：（1）保障国家权力有序运行，规范和制约国家权力。宪法通过赋予立法、行政、司法等国家机关公共权力，使国家权力在宪法设定的轨道上有序运行，避免国家权力缺位、越位和错位。（2）确认和保障公民基本权利。在人民主权原则下，宪法是人民共同意志的集中体现，人民通过宪法使自己的基本权利得到最明确的确认和最有效的保障。（3）调整国家最重要的社会关系，维护社会稳定和国家长治久安。在国家的各种社会关系中，最重要的关系是由宪法来规范和调整的，如国家与公民的关系、国家机关之间的关系、中央与地方的关系以及其他最重要的政治、经济、文化等方面的关系。在这个意义上，可以说宪法是社会稳定的调节器和安全阀，对于解决各种重大社会矛盾和冲突，保持社会稳定，维护国家长治久安，具有十分重要的意义。宪法的基本原则有人民主权原则、基本人权原则、权力制约原则、法治原则。法治原则又称依法治国，其基本含义是依法办事，按照法律来治理国家，建立秩序，任何组织或个人均不得有法外特权。法治原则是宪法的基本原则，也是宪法的根本要求。合宪就是符合宪法。合宪性就是符合宪法属性。

有学者指出："一个有能力的法治政府不仅能运用法律处理好常态下的社会秩序和有效地保护社会公众的权利，而且能够有效地依法处理好非常态情况下混乱的社会秩序并能保证公民的权利不受侵犯。因为法律把政府行使公共危机管理的各项权力紧紧地限制在宪法规定的范围之内，使其不能违背法律的要求，随意滥用职权、超越职权。"① 宪法是现代法治国家的根本大法，具有至高无上的权威，政府在任何情况下采取的措施必须有宪法上的授权，符合宪法的要求，应急状态也不例外。因此，应急管理及其救援力量法律法规的关键内容必须由宪法作出明确的规定。② 在宪法中规定紧急状态制度是一个国家依法办事、崇尚法治的表现，目的是通过宪法确立的紧急状态制度，明确有关国家机关在紧急状态下享有的紧急权力，保障公民的权利和自由。③ 这是社会主义法治国家尊重和保障人权的需要，人民政府不但要在平时日常的管理中坚持依法行政原则，尊重和保障人权，同样，在紧急状态时期也需要坚持依法处理各种重大突发事件，依法维护广大人民的根本利益。④

二、合法性原则

（一）合法性原则的概念和要求

行政合法性原则是指行政权力的设定、取得和行使必须依据法律，符合法律要求，不能与宪法和法律相抵触。行政主体必须严格遵循行政法律规范的要求，超越法定权限的行为无效，可能被纠正或撤销；行政主体应对其行政违法行为承担相应的法律责任。行政合法性原则的核心是：要求行政机关必须严格依法办事，即基于法定的事实、法定的权限、按照法定的程序进行。具体要求：（1）政府守法，依法行政，依法办事；（2）控制滥用自由裁量权；（3）政府对违

---

① 周晓丽著：《灾害性公共危机治理》，社会科学文献出版社 2008 年版，第 154 页。

② 郝永梅、孙斌、章昌顺、黄勇著：《公共安全应急管理指南》，气象出版社 2010 年版，第 84 页。

③ 曹康泰：《为确立紧急状态制度提供宪法依据》，载《中国人大》2004 年第 10 期，第 11 页。

④ 王毅：《论完善我国应急法律制度的宪法依据》，载《扬州大学学报》（人文社会科学版）2004 年第 3 期，第 71 页。

法、侵权行为承担法律责任；（4）保护人权，维护公民的合法权益、基本权利和自由。行政合法性原则包括实体合法和程序合法两方面的要求。

（二）行政合法性原则的内容

1. 行政主体职权法定

职权法定是指行政机关的职权必须由法律规定。职权法定的含义有：行使行政权的行政主体是由法律规定的，行政机关的职权是由法律授予的，行政机关的活动必须在法律规定的范围内进行。简言之，行使行政职权必须有法律依据，行使行政职权不得越权。行政机关的职权法定化有两种情形：一是由行政机关组织法规定，概括划定各机关的职责权限范围；二是由单行的实体法规定，某一具体事项由哪一级或哪一个行政机关管辖。

2. 具体行政行为依法实施

行政合法不仅要求行政机关制定行政规范要合法，而且实施具体行政行为要依法。行政机关的具体行政行为量大面宽，事无巨细，无处无时不在，且对公民的权利义务产生直接影响。与抽象行政行为相比，具体行政行为的行政主体层次低，数量多，情况复杂，执法人员素质不一，依法行政的观念有待加强，水平有待提高。因此，行政机关的具体行政行为必须有法律依据，根据法律规定作出。这也是行政合法性原则的主要内容，也是贯彻行政合法性原则的难点所在。（1）行政行为必须根据法律。行政权力必须基于法律的明确规定。（2）行政行为必须符合法律。第一，行政行为必须依据充分、确实的证据。第二，行政行为要符合法定权限：①任何行政职权都必须基于法律的授予才能存在。②任何行政职权的行使都必须依据法律、遵守法律。③任何行政职权的授予、委托及其运用都必须具有法律依据，符合法律精神。④任何违反上述三点的行政活动，非经事后法律认可，均为无效。第三，行政主体行使行政权力必须符合法定程序。

3. 行政主体行使行政职权必须遵守实体法律规范

（1）高层规范地位优越。在多层次立法体制的情况下，法律规范在效力等级上是有位阶层次的。在我国，法律规范等级的秩序依次为：宪法、法律、行政法规、地方性法规、规章。宪法具有最高法律效力，法律高于其他法律规范，上一层次的法律规范的效力高于下一层次的法律规范，各层次法律规范保持内部的和谐统一。高层规范地位优越性要求：在法律已有规定的情况下，行政法规、地方性法规和规章都不得与法律相抵触，下一位阶的法律不得与上一位阶的法律相抵触；在法律"空缺"的情况下，其他规范可以适用，一旦法律填补"空缺"，其他规范就要让位于法律。（2）法律保留事项行政主体不得涉内。凡属宪法、法律规定只能由法律规定的事项，或者只能由法律规定，或者必须在法律有明确授权的情况下，行政机关才有权在其所制定的行政规范中作出规定。这项规则，有的学者称之为法律保留原则。根据各国立法实践，法律保留还可以分为绝对保留和相对保留。绝对保留就是对于某事项的设定权归法律而且只归法律；任何其他国家机关不得行使，也不得授权给其他国家机关行使，比如，《行政处罚法》第 9 条规定："法律可以设定各种行政处罚。限制人身自由的行政处罚，只能由法律设定。"相对保留就是对于某事项的设定权本属法律，但法律可以通过授权由其他国家机关行使，如《行政处罚法》第 13 条第 2 款规定：尚未制定法律、法规的，前款规定的人民政府（即省级人民政府、省会所在地的市及较大的市的人民政府）制定的规章对违反行政管理秩序的行为，可以设定警告或者一定数量罚款的行政处罚，罚款的限额由省、自治区、直辖市人民代表大会常务委员会规定。

4. 行政主体行使行政职权必须遵守程序法律规范

行政主体行使行政权力必须依照法律规定的程序进行，符合法定程序。程序合法的一般要求是：（1）实行回避制度，行政机关不得成为审理自己案件的法官。（2）行政机关在处理案件时应给予当事人同等的辩论机会。（3）行政机关在决定对当事人不利的事项时，应预先通知当事人并给予其发表意见的机会。

5. 行使行政权是履行法定职责

从权利义务角度看，行政权的特点有二：（1）它是权力，权力和责任相对应。法律赋予行政机关行政权力，实际上同时规定了它应当承担的相应的行政责任。一方面它享有优越地位和拥有行政特权，但另一方面它又必须依法行使这些权力，不得滥用职权，行使权力造成损害要承担法律责任。（2）它是公权力，公权力不得放弃。行政机关的公权力与公民、法人的私权利不同，私权利可以行使也可以放弃。而行政机关的公权力是代表国家，它的权力涉及国家和公众利益，它的权力是职权同时也是职责，放弃职权，不依法行使职权，就是不履行义务，就是失职，应当受到法律的追究。

6. 行政主体对违法行使行政职权的行为承担法律责任

行政主体违法行使行政权力对国家、社会、单位和组织、公民个人造成人身伤亡和财产损失，损害国家利益、社会公共利益和个人利益的，都应当承担相应的法律责任，包括行政法律责任、民事法律责任和刑事法律责任以及党纪、军纪责任。

（三）公共危机应急管理和救援要遵循合法性原则

在公共危机应急管理和救援过程中，政府行政权力的行使要符合行政合法性原则。公共危机管理要依法行政、依法管理，公共危机应急救援也要依法行政、依法救援。公共危机应急救援工作必须要依靠完备的法律进行规范和保障，依据有关法律和行政法规加强管理，使应急救援工作规范化、制度化和法制化。各级应急管理和救援机构及其工作人员要依照法定权限和程序行使应急管理和救援的权力、履行职责，各应急救援队伍也要依法组建、组织和管理，依法制订应急救援预案，依照法定权力和法定程序实施应急救援，依法建构和实施保障体系，依法承担法律责任。

1. 公共危机管理和救援的权力有立法上的明确规定

在应急管理和救援状态下，政府行使的各种管理手段和救援措施应有法律上的明确规定，符合法律的要求。应急法律法规也要有具体的规定，确保应急状态下政府行使的行政紧急权力受到法律的保护。

2. 公共危机管理和救援实施主体由法律规定

通过立法，明确公共危机管理主体的地位、职权、法律责任，尤其是政府在行使紧急权力时的范围和边界。现代法治不允许法律对政府行为不加约束和限制，而任由政府在危机状态下任意设定自己行使何种权力；现代法治也不允许法律授予政府无边界、无限制的紧急处置权。

3. 公共危机管理和救援主体行使紧急权应遵循法定条件和法定程序

在公共危机状态下，危机管理和救援主体虽然享有比平时更多且更具强制性的权力，但权力的行使应囿于法律设定的条件范围之内。此外，危机管理和救援主体有权行使紧急权时还需符合法定程序。

4. 公共危机应急管理和救援状态下，管理和救援主体的权力与相对人的义务由法律界定

现代法治对公共危机状态下政府等管理和救援主体行为的规范主要有两个方面：一是确定其管理和紧急救援权力的范围和边界，防止其无限扩张紧急权力和滥用紧急权力；二是确定其处置紧急事件的职责范围，防止其应对紧急状态失职和不作为。与此同时，现代法治在充分保护公民合法权益时，也规定了公民应当履行的法定义务。尤其在公共危机状态下，相对于平常时期，公民的权利要受到克减，其应当履行更多的法律义务。[①]

5. 公共危机应急管理和救援状态下，管理和救援机构、组织和人员的责任追究法定化

应当尽快通过立法，明确公共危机状态下的各种管理和救援的法律主体的法律责任，防止因为法律责任制度不健全而导致临阵磨

---

① 宋超：《公共危机管理的法律规制》，载《中国行政管理》2006 年第 9 期，第 21 页。

枪现象的再次发生，防止救援不力或救援造成次生灾害或其他严重后果。

三、合理性原则

（一）合理性原则的概述

政府行政权力的行使要符合行政合理性原则。行政合理性行为要符合法理，合乎法律的精神，符合公平、正义。行政合理性原则是指行政主体行使行政权，特别是在行使自由裁量权①进行行政管理时，在内容上和形式上要做到客观、适度、理性，符合公正规则，即符合法律的基本精神和目的，具有客观、充分的事实根据和法律依据，与社会生活常理相一致。也就是说，行政合理性原则是指行政主体的行为不仅应按照法定条件、种类和幅度作出，且其行为应符合立法的意图和精神，符合公平正义等法律理性，符合全社会共同行为准则的社会公理。行政合理性原则要求行政主体的行为应当符合立法目的、出于正当考虑、合乎情理公德、彼此关系协调，否则应承担一定的后果。

法律作为一种规范，它的内容是抽象的、概括的，制定出来以后要保持一定的稳定性。法律不能频繁变动，更不能朝令夕改，否则就会失去法律的确定性和权威性。但是，法律处理的社会生活是具体的、形形色色的、易变的。因而，不可能存在天衣无缝、预先包括全部社会生活事实的法律。一句话，法律不是万能的，法律是有局限的。法律的这种局限在行政执法中一样存在。行政管理是一项范围广泛、内容复杂的活动，法律不可能对行政管理领域内的所有事项都作出具体的规定，在许多领域只能规定基本原则、基本规则，这样就给行政机关留下较大的自由裁量权。因此，如果在行政执法活动中只遵循执法合法性原则，并不能保证行政执法权的正当

---

① 自由裁量权就是指行政主体的自行决定权，是对行为的方式、范围、种类、幅度等的选择权。

行使，也无法保证行政法治的实现。执法合理性原则恰恰可以弥补这一缺陷。根据执法合理性原则，行政机关在法律规定的权限内，要根据具体情况使执法活动适当、合理、公正。为此，执法主体要平等对待行政相对人，对于实施了同样或类似行为的行政相对人应予公平对待处理，也就是平常所说的"相同情况、相同处理"。行使自由裁量权时要以法律精神为指导考虑相关因素，不考虑不相关的因素，尽可能照顾到各方利益，在对多方利益进行衡量时要做到合情合理。禁止偏袒、禁止谋私，严格控制自由裁量权的行使。对于法律只有原则规定，就应该以客观、充分的事实根据为基础，依据法律的基本精神和目的，遵循与社会生活常理相一致的原则，公平合理地处理。

（二）行政合理性原则的分类

1. 形式上的行政合理性

形式上的行政合理性是指行政主体实施行政行为的方式及程序应当合理公正。形式上不合理的行政行为，即使在内容上是合理、公正的，也可能导致人们对该行为内容上的公正性产生怀疑。形式上的行政合理性其意义和作用在于：（1）形式意义上的合理性对内容合理性具有一定的保障作用，尽管形式上的合理性与内容上的合理性没有必然联系，但形式上的合理性对防止内容的不公正有着积极的作用。比如，实行回避制度即可保证与行政后果具有利害关系的行政主体及其工作人员不介入有关行政活动，防止行政内容上的偏私，造成行政不公。（2）形式意义上的合理性是实现内容合理性的重要条件。如实行听证制度既可以为行政客体提供辩解和反驳的机会，也可以为行政主体提供一个了解情况、核对证据、听取意见的机会，以防止片面性和主观性，从而保证行政行为内容上的合理性。（3）形式意义上的合理性有利于提高行政内容合理性的说服力和可信度。行政主体实施行政行为做到形式合理公正，如听证、回避、不正当接触，可以消除行政客体及有关人员的怀疑心理，以配合、协助行政活动，从而有利于行政活动顺利有效地开展。

形式上的行政合理性内容比较广泛，主要包括：举行听证、利害关系回避、防止不正当接触等。

2. 内容上的行政合理性

内容上的行政合理性是指行政行为的适当性。内容上的合理性是行政合理性的实质，是形式上合理性所要达到的最终目的。内容上的行政合理性是针对行政自由裁量权提出的要求。行政自由裁量权是指行政机关的自行决定权，即对行为的方式、范围、种类、幅度等的选择权。由于社会生活的纷繁复杂及法律不可能达到绝对严密，行政自由裁量权的存在是必然的，但由于它较少受到法律的约束，所以，常常被滥用也是一个较为普遍的事实。我们既应当承认自由裁量权的作用，又应当加强对它的控制，内容上的行政合理性从实质方面对自由裁量行为提出了要求。行政合理性原则的内容，或者说，内容上的行政合理性要求：（1）行政行为必须符合法律的目的。（2）行政行为必须具有合理的动机。（3）行政行为的动机应符合行政目的。（4）行政行为应建立在正当考虑的基础上，必须要考虑相关的因素。（5）行政行为的内容应合乎情理。（6）行政行为合乎自由裁量的目的。（7）行政行为必须符合公正法则。公正观念有着客观的标准。在行政法中，其标准主要有以下四个：平等标准、比例法则、惯例、前后一致。

（三）行政合理性原则的要求

在自由裁量权行使中，准确体现法的精神和法的原则，具体要求如下。

1. 行政自由裁量权的行使必须符合法律的目的

任何法律的制定都是基于一定的社会需要，为了达到某种社会目的。因此，行政自由裁量权的行使不能背离法律目的，否则就将践踏立法的初衷。自由裁量背离法定目的的表现形式多样，如行政执法人员出于私人利益或所属的小团体利益行使行政自由裁量权，前者如恶意报复、歧视等，后者如行政处罚时为了避免行政争议，重过轻罚、轻过免罚或协商处罚等。这些行为由于违背了法律的最初目的，即使在表面上是合法的，仍然构成了更深层次上的"违法"，也就是违反了合理性原则。

2. 行政自由裁量权的行使必须符合法律的授权

行政自由裁量权是法律法规授予的，按照权责对称的原则，行政执法人员在行使自由裁量权时应当忠实于法律，享有法律授权的同时要承担相应的责任，而不能出于其他不合理的不正当的动机行使自由裁量权。因此，行政行为的实施必须符合法律授权的要求，而不能以执行法律的名义，将自己的主观意志甚至个人的偏见、歧视、好恶、故意等强加于公民或社会组织，更不能以权谋私、恶意报复。

3. 行政自由裁量权行使中对法律的解释必须符合法律的原意

在行使自由裁量权的时候，执法人员往往在相关法律条文处看到，"情节严重"、"情节较重"、"违法数额较大"、"违法数额较小"等模糊的规定，这时就需要执法人员对它们进行解释。行政合理性原则要求在行政自由裁量中对不确定的法律概念的解释必须符合法律文件的精神和价值目标，符合社会公认的基本原则。对不确定法律概念作任意扩大或缩小的解释或对不确定法律概念解释的前后不一致等都不符合法律的原意，都可能成为不合理的行政执法。

4. 行政自由裁量权的行使必须做到事实客观、依据充分

行政自由裁量权的行使中须做到事实客观、依据充分，将相关因素纳入考虑，不将不相关因素纳入考虑。相关因素是指与待处理事件有内在联系并可以作为决定根据的因素，也就是相关的客观事实以及事实与事实之间必然的客观联系。例如张三、李四因为打架被扭送到公安机关。执法人员在对他们进行处理的时候，就必须考虑打架的原因是什么。在这里，打架的原因就是相关因素。如果不考虑这一点，就是不合理的。不相关因素是与事件本身没有内在联系的、不能作为作出决定根据的因素。例如某人曾经因为盗窃被法院判处有期徒刑 3 年。刑满释放之后，他想重新做人，想办一个营

业执照。但是到工商局申请的时候，执法人员认为虽然他的申请符合法律的规定，但是考虑到他曾经是一个罪犯，便拒绝了他的申请。这就是考虑了不相关的因素。许多国家司法审查时都把自由裁量"将不相关因素纳入考虑"和"未将相关的因素纳入考虑"作出的行政决定行为，视作行政不合理行为予以撤销或变更。

5. 行政自由裁量权的行使必须符合法律的公正适用原则

法律设定行政自由裁量权的目的就在于使行政机关、执法人员根据具体情况、具体对象作出正确公正的选择和判断，从而更加准确地贯彻立法原委，而不是让行政机关执法人员在法律留给的空间内随心所欲。公正、公平是法律面前人人平等的体现，是社会生活的普遍要求，它要求公正地行使权力。行政机关无论在法律有具体规定的情形下，还是在法律没有具体规定的情形下，行使权力都必须符合公正这一法的一般原则。自由裁量行为的"不公正"、"过分"、"反复"、"恣意"等，都是不符合合理性原则的要求的。一般认为，公正的标准主要包括以下几个方面：（1）同等对等，即对于同样的情况平等地适用法律，对于同等的合法权益给予同等保护，对于需要给予处罚的同样行为应给予同等的处罚。（2）责罚相当，即行政机关所作的决定和相对人应该承担的责任成比例，例如行政处罚要罚当其过等。这一要求和我国刑法上罪刑相适应原则的精神是一致的。（3）前后一致，即在同等情况下，先前所作的行政行为和以后所作的行政行为基本相等，情况未变化就不能朝令夕改。（4）遵守惯例，惯例是经过实践检验为正确的既定做法，通常情况下没有充分理由行政机关应当遵守惯例。

6. 行政自由裁量权的行使必须符合执法的效率原则，注重法律效益

执法的效率原则是国家行政机关执行法律必须遵循的另一个主要原则。所谓执法的效率原则，就是指在保证依法合理行政的前提下，要求国家行政机关在对社会实行组织和管理过程中，能有效地发挥功能以取得最大的行政执法效益。法律效益包括法律的实施是否给人们或社会带来某种有效的利益和好处，法律的社会功能和社

会目的是否有效地实现及实现到什么程度。注重法律效益，要求适当地平衡一种行政措施对个人造成的损害与对社会获得的利益之间的关系，也禁止那些对个人的损害超过了对社会的利益的措施。

针对公共危机事件，政府要行使紧急权力实施各种不同的措施，各种救援力量也要采取各种救援方式和途径。为确保政府采取的措施符合实际情况以及救援力量采取救援的方法适当，应在应急管理和救援法律法规中对其作出严格的规定和限制，防止不切实际地运用紧急权和救援处置权，以免造成更大的危害后果，违背宪法和法律的基本要求。

四、应急性原则

行政应急性原则是现代行政法治原则的重要内容。政府行使公共行政权要符合行政应急性原则。行政应急性原则是指行政主体为保障重大公共利益和行政相对人根本利益，维护和及时恢复正常的经济与社会秩序，保障社会稳定协调发展，在面临重大突发事件等紧急情况下积极行使行政应急权，实施行政应急措施所遵循的标准和规则。

突发事件严重威胁、危害社会的整体利益，任何关于应急管理的制度设计都应当将有效地控制、消除危机作为基本出发点，以有利于控制和消除面临的现实威胁。因此，必须坚持效率优先，授予行政机关充分的权力，以有效整合社会各种资源，协调指挥社会各种力量，确保危机最大限度地得以控制和消除。行政应急性原则改变了一般法律规范确定的国家机关与公民之间的权利义务关系，将重心向国家机关倾斜，授权政府在第一时间采取紧急处置手段，有助于及时迅速有效地控制公共危机事态的发展。①

行政主体所采取的紧急措施既包括具有行政法上的具体规定的行为，也可包括一些没有具体法律规范甚至停止某些宪法权利和法

---

① 丁文喜著：《突发事件应对与公共危机管理》，光明日报出版社 2009 年版，第 191 页。

律权利、中断某些宪法和法律条款实施的行为。正由于公共危机管理法治适用上的临时性和预备性，实施过程具有很强的行政紧急性，因此，有必要确立政府在公共危机管理中的行政应急原则。①因此，在实施依法治国方略、全面推进依法行政的新形势下，我们应当按照宪政和行政法治的要求，加强应急法制建设，把应对重大突发事件的公共危机安全管理系统纳入法治化轨道；同时，在重大突发事件的政府管理过程中贯彻行政应急性原则，及时采取危机管理所需的各种行政应急措施（包括行政指导措施和行政指令措施），并予以充分可靠的权利救济，更加稳健地维护我国经济社会发展和人权保障所需的法律秩序，确保公民权利（特别是基本权利）获得更有效的保护，公共权力（特别是行政权力）能够更有效地行使，使二者能够兼顾协调持续发展。②

在公共危机状态下，政府拥有了较平时更为膨胀的权力，可能会导致腐败，侵犯公民的自由和权利，因此，行政应急性原则的运用需要有相应的法律救济机制作为保障。政府和有关部门、人员以及救援力量对公共危机应急管理和救援所采取的一切应急措施与行动必须符合行政应急性原则，在应急的范围、程序、权力、措施等方面进行应急管理和救援，并采取有关的相应应急补救措施，承担应急责任。

行政应急性原则改变了一般法律规范确定的国家机关与公民之间的权利义务关系，它与法治原则二者并不冲突，在性质上属于法治原则在应付突发事件领域的个别化。为防止行政恣意和滥用权力，现代行政法治对行政紧急行为也提出了现实性、专属性、程序性、适当性的要求，必须在法治的范围内展开。归根结底，应急性原则是在坚持法治原则的基础上兼顾并侧重行政应急效率的实现，

---

① 华学成：《公共危机管理法治化问题探究》，载《学海》2009年第6期，第105页。

② 莫于川：《公共危机管理与行政指导措施》，载《政治与法律》2004年第6期，第35页。

并没用脱离法治原则，而是法治原则的重要内容。①

五、比例原则

比例原则是现代民主宪政国家所奉行的基本法治原则。比例原则是一个广义的概念，包括了适当性原则（合目的性原则）、必要性原则（最小侵害原则）以及狭义的比例原则（公民、法人均衡性原则）。比例原则源于正义的请求，它在保护与平衡的意义上对个人利益与公共利益进行斟酌，以得到较为合理的结果，防止过分的、错误的立法与行政决定，尤其是要具体斟酌国家与公民利益在冲突状况下的失衡度。在危机状态下遵循比例原则，政府在公共危机管理过程中不能给公民造成过度的或不必要的侵害。因此，在政治文明意义上，比例原则是调整国家权力和公民个人权利之间关系应坚持的一项基本准则。比例原则在危机应对的适用，不但体现在行政紧急权力和处置措施的实施上，还体现在对紧急立法和突发事件（尤其是紧急状态）的确认或决定上。其一，在立法机关构建预备法制、进行应急立法时，就应该在授予行政机关紧急权力与限制公民权利之间、在应急效率与人权保障之间进行利益衡量，尽量达成二者的相对协调。其二，在紧急状态的确认或决定方面也需要遵循比例原则，它要求，决定进入紧急状态应当具有控制紧急危险的必要性和与紧急威胁危害程度相符合的适应性。对这一原则的适用可以有三个方面：分类、分级和分期制度。分类制度要求，决定进入紧急状态，要以威胁和危害性质和原因为根据。分级制度要求，按照社会危害程度、危害范围和各级政府的控制能力，将危机分为不同的等级，国家只能对最高等级的危机决定进入紧急状态。分期制度要求，国家按照威胁和危害发展阶段决定是否进入紧急状态。这一制度的前提是，即使是最高级别的危机事件，也有不同的发展阶段，例如发动期、发生期和缓解期。只应当在危害最为严重

① 丁文喜著：《突发事件应对与公共危机管理》，光明日报出版社 2009年版，第 192 页。

的发生期实行紧急状态，否则就可能导致国家紧急权力的滥用。①其三，行政紧急权力和处置措施的实施更要遵循比例原则。当行政机关在行使限制公民权利的紧急措施尤其是强制措施时，应当有助于有效控制或消除突发事件造成的危害这一公共目的，有悖于有效应急或与应急无关的限制性或禁止性措施就不能使用；在有多种达到应急效果保护公共利益的措施可以选择时，应采取对公民损害最小的措施；而如果为了应急所采取的处置措施将使公民权利受到过度的损害或损害了法定不得克减的权利（如生命权），那么就应放弃这种处置措施。与此相应，危机处置中，政府的紧急权力或紧急措施要有常规程序和紧急程序予以确认和限制，要有更完善的行政救济和法律救济制度以补偿受损权益和问责政府应急行为。可见，比例原则通过对紧急权力的制约来达到对个人权利的关怀与保障，其最核心最终极的价位目标就在于对权利的保障。这也正是比例原则的旺盛生命力之所在。②

公共危机状态下管理主体的紧急权力行使一定要符合比例原则，意欲强调管理主体施行紧急权力应兼顾管理目标的实现和保护相对人的权益，应该允许管理主体为了对付紧急危机情况时行使一定的自由裁量权，甚至"超出现行法律规范"，但这种超出也必须符合一定的比例，即手段与目的之间应有一定的相称性，避免手段过于激烈或严厉，造成不应有的损害。因此，必须通过立法使紧急权行使合法、正确、有效、可行、适合目的，其产生的副作用降至最低限度，真正实现私益与公益的和谐平衡。③

---

① 于安：《制定紧急状态法的基本问题（上）》，载《法学杂志》2004年第7期，第19页。

② 周海生：《公共危机应对中的公民义务权利限制及其保障》，载《实事求是》2010年第1期，第29—30页。

③ 宋超：《公共危机管理的法律规制》，载《中国行政管理》2006年第9期，第21页。

六、人权保障和救济原则

法律设定权利保障的最低限度，防止行政机关滥用行政裁量权来任意限制公民权利。在政府启动危机管理机制期间，政府通过宪法和法律所规定的行政紧急权可以采取各种危机管理措施来有效地对付公共紧急状态，特别是可以通过适当限制公民权利的方式来维护社会秩序。但是，为了保障政府依法行使危机管理权力，政府在启动危机管理机制后，仍然具有保护公民权利的职责。这种法律上的义务表现在不应该对那些公民依据宪法和法律所享有的基本人权加以不必要的限制。此外，对于因采取危机措施的需要，给公民的财产和权利造成损失的，也应当在事后给予必要的补偿。① 公共危机状态下，危机管理机关行使的紧急权力难免且有时有必要限制或克减公民的特定权利和自由。但行使这些特别权力时会对公民的基本人权造成极大的威胁。因此，为了防止政府等危机管理机关滥用应急权力，许多国家宪法和法律中都规定了即便是在紧急状态时期，某些公民的权利也不得因此受到限制，更不得予以剥夺，通过确立危机紧急状态时期的人权最低标准来监督管理主体行使应急管理权力的合法性。1966 年 12 月联合国大会通过的《公民权利和政治权利国际公约》第 4 条规定中就包含了社会紧急状态时缔约国政府行使应急管理权时不得克减的权利包括生命权，免予酷刑的权利，思想、良心和宗教的自由等。经过多年努力，国际法协会于1984 年通过并公布了《国际法协会危机状态下人权准则巴黎最低标准》，为各国制定危机管理法律提供了指导性准则。② 人权保障原则要求处置突发公共危机事件，必须坚持以人为本的原则，切实保障公民的权利。这一原则在公共危机管理中，根据不同的公共危

---

① 丁文喜著：《突发事件应对与公共危机管理》，光明日报出版社 2009年版，第 171 页。

② 宋超：《公共危机管理的法律规制》，载《中国行政管理》2006 年第9 期，第 22 页。

机类型具有不同的主要表现内容。一是在由于自然灾害引起的公共危机，主要是保障公民的生命权以及基本生存权，具体表现为政府应当做好危机期间公民生命安全以及基本生活的保障工作。任何时候都不得克减或剥夺公民的基本权利，例如，生命权、思想和良心自由等。二是在由于管理者的主观过错所引发的公共危机中，主要是保障公民的基本诉求。处置此类突发公共危机事件，必须尊重群众正当的利益诉求，切实维护群众的正当合法权益。三是人权保障原则要求处理公共危机事件，必须建立公民权利的救济机制。① 一方面，当政府紧急权由于违法或不当行使损害了公民、组织的合法权益应当予以赔偿。对于受到侵害的权利应当给予相应的救济，允许公民通过提起行政复议、行政诉讼、国家赔偿等程序维护自己的合法权益，并且对公民因合法紧急行政权的行使所造成的损失予以相应的补偿。如果损害是普遍而巨大的，政府可只提供有限的救济，如相当补偿、适当补偿等（但不得违背公平负担的原则）。另一方面，突发公共事件与紧急状态下，公民除了那些不可克减的基本人权外，还应享有知情权、监督权、紧急救助请求权、申请行政复议或提起行政诉讼权、补偿和赔偿请求权等。公民、组织同样可以通过行政复议或行政诉讼来保护自己的权益。建立必要的权利救济机制，不仅使公民在权利受到非正常或非法侵害时能得到相应的救济，而且能够促使政府依法或适当行使行政紧急权力，提高执法水平。②

七、依法维护国家、社会、公共利益和公民个人合法权益原则

我国是社会主义国家，各级政府是人民的政府，为人民服务是

---

① 华学成：《公共危机管理法治化问题探究》，载《学海》2009 年第 6 期，第 105 页。

② 王晓君：《政府公共危机管理的对策与原则》，载《山西高等学校社会科学学报》2006 年第 12 期，第 33 页。

各级人民政府的根本宗旨，维护公共安全既是政府的政治社会责任，也是政府的道德责任和法律责任。公共危机应急处置和救援属于政府对社会进行公共管理、为社会提供公共服务的重要组成部分，是政府的职能活动，其目的是保护国家、社会、集体和公民的生命和财产安全，维护社会秩序的稳定。在进行公共危机管理和救援过程中，政府可以依法行使紧急权，调动各种救援力量采取各种处置措施，包括以适当限制公民权利的方式来维护社会秩序。2006年《国家突发公共事件总体应急预案》规定："切实履行政府的社会管理和公共服务职能，把保障公众健康和生命财产安全作为首要任务，最大限度地减少突发公共事件及其造成的人员伤亡和危害。……依据有关法律和行政法规，加强应急管理，维护公众的合法权益，使应对突发公共事件的工作规范化、制度化、法制化。"2007年《突发事件应对法》第11条规定："有关人民政府及其部门采取的应对突发事件的措施……有多种措施可供选择的，应当选择有利于最大限度地保护公民、法人和其他组织权益的措施。"因此，在建设公共危机应急救援及其力量的法律体系时要最大限度地保障公民的权力特别是宪法和法律赋予的公民的基本权利。在公共危机应急救援力量体系建设的过程中，政府部门及其工作人员也要依据宪法和其他法律法规行使各项权力，把国家、社会、公共利益和公民个人合法权益放在重要位置，尽量协调它们之间的利益矛盾和冲突。因应急救援行动所采取的措施造成国家、社会、公共利益和公民生命、财产和权利损失或受到侵害的，应当及时给予必要的赔偿和补偿，对有关救援机构、组织和救援力量、人员追究应承担的法律责任。

八、依法承担法律责任原则

要保障政府实行危机管理权力符合宪法和法律的要求，必须建立与行使危机管理权力相对应的责任制度，这是各国政府危机管理法律制度所确立的重要法律原则之一。在公共危机事件中，政府行使行政紧急权力和公共危机应急救援力量进行紧急救援必须依法进行，不得非法使用和随意滥用，不得侵犯公民基本权利和无视公共利益。为了防止其发生，应在公共危机应急管理和救援的法律法规体系中建立与行使行政管理和救援、处置相对应的责任制度，构造权力与责任对等的平衡机制。公共危机应急管理部门的管理和组织、应急救援力量的行为和应急救援力量的应急救援过程应遵循一定的权限、手段和程序。如果组织、管理和救援没有法律依据、违反法定职权、违反法律程序组织和救援，其违法行为和违法造成损失的行为要承担相应的法律责任。政府在公共安全危机管理中如果没有履行自己应尽的义务，应当承担相应的法律责任，致使公民的生命和财产遭受损失的，公民可以向政府提起诉讼，要求政府进行赔偿。政府在公共安全危机管理中如果没有依法行事，也要依法承担相应的法律责任，甚至受到法律的制裁。① 对政府、相关机构和单位、组织、官员、工作人员和公民个人的违法犯罪行为，要追究相应的行政责任、民事责任、经济责任和纪律责任或军事责任，对于构成犯罪的，应依法追究刑事责任。

九、法律保留原则

凡属宪法、法律规定只能由法律规定的事项，或者只能由法律规定，或者必须在法律明确授权的情况下，行政机关才有权在其所制定的行政规范中作出规定。这一做法，学界称之为"法律保留原则"。根据我国及国外立法的实践，法律保留原则可作"绝对保留"与"相对保留"之分。"绝对保留"就是该事项的设定权只归法律，任何其他国家机关不得行使，且只由法律规定，不得授权其他国家机关。"相对保留"是该事项的设定权原属法律，但在某些情况下，法律可以通过授权，授予国家最高行政机关行使。法律保留原则的实施能保证最高立法机关对国家最重大问题的绝对决策

---

① 郭太生著：《公共安全危机管理》，中国人民公安大学出版社 2009 年版，第 88 页。

权，根本上保证国家的发展方向和对人民权利的权威保障。公共危机状态下管理主体往往采取诸多特殊性的强力措施。为了防止管理主体（尤其是政府）或者滥用紧急权力，或者玩忽职守、行政不作为，必须以法律来规范。由于其中势必要涉及"对公民政治权力的剥夺、限制人身自由的强制措施和处罚"，依《立法法》第8条的规定，这些就应当由全国人大及其常委会通过法律来规制。所以，《公共危机管理法》的制定权只能归属于全国人大及其常委会，不能由低层次的机关行使。当然，依据《公共危机管理法》的立法依据，有立法权的地方人大或各级政府制定实施细则仍为可行，但绝对不能对公民政治权利的剥夺和人身自由的强制措施及处罚进行创设性安排。①

十、信息公开原则

信息公开原则是行政程序的基本要求。处置突发公共危机事件，必须主动引导舆论，做到信息公开快速准确。② 通过立法明示危机信息发布主体只能是政府，任何社会组织对危机信息的研究预测、公告都应经由政府渠道。③ 面对突发公共危机事件，一些政府和部门即刻封锁消息或者出于各种目的不报、谎报、虚报、瞒报、缓报、迟报、漏报，对应急救援的队伍组织、组成、救援行动、救援过程、救援结果、公共危机事件造成的后果等，除了按照规定需要层级保密的以外，一概严守秘密，不予公开公布，引发了群众的猜疑和社会的恐慌，导致社会秩序一定程度的混乱，造成了不良影响，侵犯人民群众的知情权。公共危机事件威胁和危害的是国

---

① 宋超：《公共危机管理的法律规制》，载《中国行政管理》2006 年第 9 期，第 21 页。

② 华学成：《公共危机管理法治化问题探究》，载《学海》2009 年第 6 期，第 105 页。

③ 宋超：《公共危机管理的法律规制》，载《中国行政管理》2006 年第 9 期，第 21 页。

家、社会、人民群众集体和公民个人的生命和财产安全，公共危机应急救援不仅是政府和有关部门的事务，也是社会大众的事务。

公共危机管理和救援中坚持信息公开，对公共危机事件及救援力量等情况依法及时、正确、科学地进行发布、引导，批驳并反击谣言和错误的谬论，尊重人民群众的知情权，把人民群众欲知、想知和应知的救援信息及时、准确、完整地告知群众，一方面，要求各级机关在危机情况下，在法定的最低时限内按一定程序迅速及时汇报，力戒隐瞒真相、拖延不报，或者避重就轻、避实就虚，让政府行为透明化，抑制政府权力滥用的可能性，避免救援信息的传递失真，提高政府依法行政的公信力。另一方面，要求危机管理和救援机关及时以各种形式向社会公众公布事实真相，可以让公众最大限度地了解危机真相，及时做好应对危机准备；可以提高公众对政府行为的理解和配合，从而提高行政效率；可以增强群众的信息，集社会力量增援公共危机应急救援力量；可以有效避免和控制公共危机事件的升级、造成更严重的损失和不必要的后果。所以，除涉及国家秘密、个人隐私与商业秘密等依法需要保密的信息外，突发公共事件的信息以及整个应急处理过程的信息，如公共危机应急救援的组织和指挥、救援力量的组织和组成、救援行动方案和过程、救援联动和救援保障、救援结果等信息都要根据其危害程度、影响范围，随时通过相应的报纸、电视、广播、政府网站依法及时公开和公布，最大限度地保障公民的知情权得以实现，并争取公众对政府紧急措施的理解与配合。对弄虚作假、隐瞒真实情况的给予严肃处理。[①] 国家要依法加快建立应急救援及其救援力量建设的信息公开制度的建设，提高应急救援和救援力量的透明度，更好地促进应急救援力量的建设，提高救援的效率和效果。

① 王晓君：《政府公共危机管理的对策与原则》，载《山西高等学校社会科学学报》2006 年第 12 期，第 32 页。

十一、其他原则

公共危机应急管理和救援法律体系建设除了满足以上基本原则外，还仍遵循一些其他原则。

（一）严格遵守法定（特殊）程序原则

政府应对突发公共事件必须迅速、有力，并不意味着实施行政紧急权力的行使就不必遵循任何程序要求。为防止行政紧急权力被滥用，法律需要对各种紧急措施的适用条件及必须遵循的程序予以明确规范。只有在符合适用条件的前提下，某一具体的行政紧急权力才能行使，也只有按法律规定的程序行使，才能发生法律效力。例如可通过简易程序紧急出台某些政令和措施，或者对某些政令和措施的出台设置更高的事中或事后审查门槛。国家应对突发事件各专项预案几乎都有特别程序规定。①

（二）行政公开原则

行政公开原则的具体内涵包括三个方面：（1）行政决定公开；（2）行政程序公开；（3）行政信息公开。② 行政公开原则要求：（1）规范性文件的制定要公开，行政立法和行政政策公开。（2）已制定的规范性文件要让公众知晓。（3）行政信息、情报公开。（4）行政执法行为公开，执法行为的条件、标准、手续要公开。（5）相对人有关信息公开。（6）行政裁决和行政复议行为公开。（7）允许新闻媒介公开报道行政机关及其工作人员有关状况。

---

① 王晓君：《政府公共危机管理的对策与原则》，载《山西高等学校社会科学学报》2006 年第 12 期，第 32 页。

② 丁文喜著：《突发事件应对与公共危机管理》，光明日报出版社 2009年版，第 196—197 页。

（三） 行政公正原则

行政公正原则包括形式公正和实质（内容）公正两个方面。形式公正要求：利害关系回避、举行听证、防止不正当接触。内容公正要求：行政行为的动机应符合行政目的、行政行为的内容应合乎情理、行政行为要做到平等对待、行政行为应合乎自由裁量的目的。行政公正原则主要体现在：（1）依法办事，办事公道，不徇私情。（2）平等对待行政相对人，不歧视。（3）合理考虑相关因素，不专横武断。（4）回避，自己不做自己的法官。（5）不得单独与一方当事人接触。（6）不在事先未通过和听取相对人申请意见的情况下作出对其不利的行政行为。

（四） 行政效率原则

行政效率原则是指行政法律制度要以较小的经济耗费获取最大的社会效果，即行政机关在行使其职能时，要力争以尽可能快的时间，尽可能少的人员，尽可能低的经济耗费，办尽可能多的事，取得尽可能大的社会、经济效益。

效益本是经济学的概念，后来被导入法学，并成为法律追求的基本价值之一。在行政法中确立效率原则，是由国家资源的有限性和行政管理的复杂性、多变性决定的。一方面，国家对行政活动、行政立法活动以及行政救济活动的资源投入是有限的，如果不贯彻效率原则，很难达到行政法治的预期目标。另一方面，行政管理复杂多变，行政法要能及时适应这种变化，必须考虑效益的要求。当然，这一原则可能会与我们前面提到的合法性及合理性原则发生冲突，这时候，首先要考虑前两个原则，因为保障公民的自由、权利比确保依法行政的整体价值更高。行政效率原则要求：（1）行政行为的实施应严格遵循法定步骤、顺序和时限。（2）行政机关应严格遵循法定编制。（3）行政行为的实施应从多个方案中选择最佳方案。（4）行政机构组织精干。（5）加强行政决策、行政行为的成本—效益分析。

（五） 时效原则

政府危机管理往往会以限制公民权利为前提，所以，从保障公民权利的角度出发，各国宪法和法律都对政府实行危机管理的期限作了必要的规定。一般来说，政府采取危机管理措施都必须控制在一定期限内，过了一定期限仍需要采取危机措施的，必须通过法律规定的形式来延长。这一制度可以有效地防止政府利用实施应急管理的便利，滥用或者超越职权，给公民的权利保护造成危害。①

（六） 高度集中统一原则

公共危机应急救援应当依法在党和政府的统一领导下开展。公共危机应急救援力量是党和政府领导下的救援力量，公共危机应急救援只有在党和政府的统一领导下才能最大化地保护国家、社会和公民的生命财产安全及其他合法利益。公共危机应急救援应高度服从党和政府的统一领导、管理和指挥。对党和政府的命令，公共危机应急救援力量要坚决贯彻执行，救援中保持一致的行动和协调。

（七） 接受法律监督原则

公共危机应急管理和救援除了要依法进行之外，涉及公共危机管理的组织、机构设置、人员、权力行使、救援队伍的建设、救援的开展和进行等都要接受法律监督机关、有关部门、单位、组织、人民群众和公民个人的监督，依法维护国家、社会和公民的合法权益，对公民的人身权和公民、法人及其他组织、社会和国家的财产权的侵犯，要依法承担法律责任，予以赔偿、补偿、行政处分、党纪政纪军纪处分，甚至刑事处分。

总之，在现代法治社会中，政府危机管理受到来自法治原则的各个方面的限制，其核心就是政府不能随意行使危机管理权力，政

---

① 丁文喜著：《突发事件应对与公共危机管理》，光明日报出版社 2009年版，第 172 页。

府危机管理必须以依法行政原则为基础，做到既有效又合法，特别是必须符合宪法所确立的保护公民权利的基本宗旨和要求。[①]

第二节　公共危机应急管理和救援
　　　　法律体系建设的主要内容

一、公共危机应急管理和救援法制

依法治国、依法行政是党领导人民治理国家的基本战略，政府的所有管理行为，包括危机治理必须依法进行。法治是政府进行危机管理的必由之路。无论是常态还是危机状态下，政府行为法制化是政府实施有效治理的基本原则，政府在紧急状态下的行政应急权力也是法律授权的结果。[②]

公共危机应急法制，即突发事件应急法制（简称应急法制），是公共危机应对机制的法律保障体系，是指一个国家或地区针对突发事件及其引起的紧急情况制定或认可的处理国家权力之间、国家权力与公民权利之间、公民权利之间的各种社会关系的法律规范和原则的总称。公共危机应急法制属于非常态法制，一个现代法治国家，为防止突发事件的巨大冲击力导致整个国家生活与社会秩序的全面失控，需要运用行政紧急权力并实施应急法律规范，以有效控制和消除危机，恢复正常的社会生活秩序和法律秩序，维护和平衡社会公共利益与公民合法权益，这称为公共危机应急管理机制，这一机制的法律保障体系就是应急法制。应急法制的作用在于调整突发事件应急处置过程中，国家权力之间、国家权力和公民权利之间、公民权利之间的各种社会关系，为防范和处理突发事件提供制

---

① 丁文喜著：《突发事件应对与公共危机管理》，光明日报出版社 2009 年版，第 172 页。

② 刘卫：《我国公共危机管理机制探索》，载《湖北社会科学》2005 年第 8 期，第 39 页。

度层面上的保障。①

作为预防、调控、处置危机的法律手段，相对于正常状态下的法制，公共危机应急法制有着许多不同的特点：（1）权力优先性。例如可以限制或暂停某些先定或法定公民权利的行使。（2）紧急处置性。即便没有针对某种特殊情况的具体法律规定，行政机关也可进行紧急处置，以防止公共利益和公民权利受到更多损失。（3）程序特殊性。例如可通过简易程序紧急出台某些政令和措施，或者对某些政令和措施的出台设置更高的事中或事后审查要求。（4）社会配合性。在非常时期有关组织和个人有义务配合行政紧急权力的行使，并提供各种必要帮助。（5）救济有限性。依法行使行政紧急权力造成行政相对人合法权益的损害，政府可提供有限的救济，但不言而喻也具有对公民权利造成严重伤害的可能性。②

启动危机管理法律机制的条件：一是危机事实的存在；二是危险要迫在眉睫；三是有必要采取危机措施；四是对需要采取政府危机管理措施的紧急状态应当通过合法程序加以确认，并且通过合法的程序予以宣布。③

二、加强公共危机应急管理和救援法制化建设的必要性

法制建设是应急管理和救援体系建设的基础和保障，也是开展各项应急管理和救援活动的根本依据。政府必须加强应急法制建设，建立固定的对付突发事件的应急中心、协调机构和专业化的抢险救援队伍，明确各级政府及主管部门在救援工作中的职能、权

---

① 李娟：《我国公共危机应急法制建设研究》，载《长江工程职业技术学院学报》2010 年第 9 期，第 43 页。

② 李娟：《我国公共危机应急法制建设研究》，载《长江工程职业技术学院学报》2010 年第 9 期，第 44 页。

③ 丁文喜著：《突发事件应对与公共危机管理》，光明日报出版社 2009 年版，第 175 页。

限、责任和义务，把社会紧急救援工作纳入法制化轨道。①

第一，公共危机应急管理和救援法制化是由我国依法治国的基本方略决定的。我国要建设法治社会，依法治国是党领导人民治理国家的基本方略。政府的所有管理行为，包括危机管理，理所当然必须依法进行，不能背离依法治国的方略。②

第二，公共危机应急法制化是依法进行危机管理和救援的客观需要。需要政府进行危机管理的突发事件，一般具有突发性强、影响面广等特点，如果处理不及时或者不妥善，都将会造成极大的社会危害。因此，必须运用具有高度的权威，具有科学、稳妥而又为最广大人民所接受的办法来处理这样的问题。实践证明，这样的权威只能是法治的权威，这样的办法也只能来自于法治。政府只有依法处理突发事件，才能克服随意性、盲目性，使危机得到妥善处理。③

第三，公共危机管理和救援法制化是有效和有序应对危机的手段。应对危机的手段有多种，包括政治、行政、法律、军事、经济等手段，其中，法律手段是最基本最主要的手段。它不仅自身是预防、调控、处置危机的关键，而且还贯穿于其他各种手段之中，并规范其他各种手段的运用。在现代日益复杂多变的危机中，传统性的一般号召与行政动员式的应对措施显然乏力，而法制化的危机处理手段更为有效和有序，为处理危机提供了程式化的有效手段。同时，应对突发事件的法律制度也为处理危机提供了合理性，从而增强了其有效性，增强了人们的认同感。④

① 方江源、徐彤：《建立和完善以消防为主干的社会救援体系的思考》，载《消防技术与产品信息》2006年第3期，第43页。

② 王仁富：《我国公共危机应急法制现状及完善》，载《淮海工学院学报》2006年第2期，第30页。

③ 王仁富：《我国公共危机应急法制现状及完善》，载《淮海工学院学报》2006年第2期，第30页。

④ 李娟：《我国公共危机应急法制建设研究》，载《长江工程职业技术学院学报》2010年第9期，第44页。

第四，公共危机应急法制化是避免法治危机、保障人权所必需的。公共危机不仅会对经济、社会造成巨大的冲击，更可能构成对法治的严重冲击。应急状态中权利的极度扩张可能会偏离甚至背离法治的基本轨道，成为滋生专制的契机。应急状态中权利的过度压缩，可能会偏离甚至背离人权的底线原则。如果缺乏一种应急法制的保障，那么在面临危机时，法制很可能难以维系。紧急状态下政府能否坚持法制，公共权利在危机应对中，能否尊重和保障基本人权，是衡量一个国家法治水平的重要标志。① 危机管理和救援的法制化能详细规范在紧急状态时期政府与公民之间的关系，以保障政府在紧急状态下充分、有效地行使行政权力，同时也很好地限制政府的行政紧急权力，保护公民的一些基本的权利不因紧急状态的发生而遭到侵害，从而提高危机管理效率，减少灾害损失。通过建立统一、规范和专门针对公共危机处置的法律，使政府在应对公共危机的过程有法律依据，同时也可以约束政府的权力，规范政府的行为，防止地方政府以应对突发事件的名义，随意损害公民的合法权利。②

第五，公共危机应急法制化是当今各国实践经验的科学总结。近十几年，全球各类突发公共事件不断发生，如何科学应对和及时、有效地处理，是当今各国政府都必须面对的一个重大课题。我国是世界上遭受自然灾害最严重的国家之一，灾害种类多、频度高，区域性、季节性强，特别是当现代建设进入转型阶段，改革和发展处于关键时期，工业化、城市化加速发展，新情况、新问题层出不穷，重大自然灾害、重大事故灾难、重大公共卫生事件和社会安全事件时有发生。这些都迫切要求我们建立健全突发公共事件应急机制、体制和法制，进一步提高预防和处置突发公共危机事件的

①　李娟：《我国公共危机应急法制建设研究》，载《长江工程职业技术学院学报》2010年第9期，第44页。

②　李玉平：《公共危机视阈下的政府执行力研究》，载《知识经济》2010年第5期，第73页。

能力。另外，社会高度依存致使危机增多，全球化更加速了危机的蔓延，城市化使人类生态环境日益恶化，政府管理不完善导致社会危机加剧等因素，都使得加强公共危机法制化成为必要。实践证明，将危机管理纳入法制化轨道，有利于保证突发事件应对措施的正当性和有效性，从而做到既有效控制和克服危机，又能够将国家和社会应对危机的代价降到最低。①

三、公共危机应急管理和救援建设的法律依据

（一）宪法依据

现行宪法没有对公共危机、应急管理、应急救援及其有关制度作出明确规定，仅就紧急状态的决定和宣布机关作出了规定，没有确立统一的紧急状态制度，没有对适用于各类突发事件引起的紧急状态进行统一规定。与之相关，现行宪法对戒严、动员和战争状态等几个问题也仅作了原则规定。因此，要在宪法体系中规定公共危机应急救援的管理、救援和公共危机应急救援力量建设，在《宪法》中要明确国家对公共危机治理的基本精神，体现对公共危机应急救援力量的规定，为紧急状态法治化提供宪法依据。

（二）法律依据

公共危机应急管理和救援的法律依据可以分为基本法律依据和一般法律依据，其中包括军事法律依据。

基本法律是全国人民代表大会会议通过的法律，在我国有《民法通则》、《物权法》、《刑法》、《民事诉讼法》、《行政诉讼法》、《刑事诉讼法》、《立法法》、《民族区域自治法》、《选举法》、《全国人民代表大会组织法》、《国务院组织法》、《香港特别行政区基本法》、《澳门特别行政区基本法》、《国籍法》、《反分裂国家

---

① 李娟：《我国公共危机应急法制建设研究》，载《长江工程职业技术学院学报》2010 年第 9 期，第 44 页。

法》等。在我国基本法律中，没有关于公共危机应急管理和救援的明确规定。相关的规定如《刑法》对"战时"的概念的规定："本章所称战时，是指国家宣布进入战争状态、部队受领作战任务或者遭敌突然袭击时。部队执行戒严任务或者处置突发暴力事件时，以战时论。"《刑法》对"战时"的规定仅适用于军人违反职责的刑事犯罪和刑罚。因此，我国全国人大常委会应制定公共危机应急管理和救援的基本法律，如"紧急状态法"或者"公共危机应急管理法"等。

一般法律是全国人大常委会制定的法律。军队是参与处置国家公共危机突发事件的重要力量，在各种突发事件处置中发挥了重要作用，因此，有关军事法律也在一般法律范围内。公共危机应急管理和救援的一般法律依据数量较多，类型多样，涉及社会各个领域。公共危机应急管理和救援的一般法律可以分为一般性法律（基本性法律）、专门性法律和其他相关性法律。一般性法律（基本性法律）就是 2007 年颁布实施的应对一般性突发事件的基本法《突发事件应对法》。专门性法律如《职业病防治法》、《传染病防治法》、《水污染防治法》、《大气污染防治法》、《戒严法》、《防震减灾法》、《防沙治沙法》、《防洪法》等。其他相关性法律不是关于公共突发事件预防、应对和救援的专门立法，只是其部分条款与公共突发事件的管理、应对和救援相关，内容相对简单，但具有很强的针对性，如自然灾害类的《水法》、《森林法》、《气象法》、《草原法》、《环境保护法》、《海洋环境保护法》，事故灾难类的《矿山安全法》、《消防法》、《劳动法》、《煤炭法》、《安全生产法》，公共卫生事件类的《食品卫生法》、《国境卫生检疫法》、《动物防疫法》，社会安全事件类的《国家安全法》、《监狱法》、《人民警察法》、《国防法》、《预备役军官法》、《兵役法》、《人民防空法》、《人民武装警察法》、《国防动员法》、《行政强制法》等。

2007 年 8 月 30 日第十届全国人民代表大会常务委员会第 29 次会议通过、11 月 1 日实施《突发事件应对法》。本法第 7 条规定：

"县级人民政府对本行政区域内突发事件的应对工作负责……突发事件发生后，发生地县级人民政府应当立即采取措施控制事态发展，组织开展应急救援和处置工作……"第 8 条第 2 款规定："县级以上地方各级人民政府设立由本级人民政府主要负责人、相关部门负责人、驻当地中国人民解放军和中国人民武装警察部队有关负责人组成的突发事件应急指挥机构，统一领导、协调本级人民政府各有关部门和下级人民政府开展突发事件应对工作。"第 11 条规定："有关人民政府及其部门采取的应对突发事件的措施……公民、法人和其他组织有义务参与突发事件应对工作。"第 14 条规定："中国人民解放军、中国人民武装警察部队和民兵组织依照本法和其他有关法律、行政法规、军事法规的规定以及国务院、中央军事委员会的命令，参加突发事件的应急救援和处置工作。"第 26 条规定："县级以上人民政府应当整合应急资源，建立或者确定综合性应急救援队伍。人民政府有关部门可以根据实际需要设立专业应急救援队伍。县级以上人民政府及其有关部门可以建立由成年志愿者组成的应急救援队伍。单位应当建立由本单位职工组成的专职或者兼职应急救援队伍。县级以上人民政府应当加强专业应急救援队伍与非专业应急救援队伍的合作，联合培训、联合演练，提高合成应急、协同应急的能力。"第 28 条规定："中国人民解放军、中国人民武装警察部队和民兵组织应当有计划地组织开展应急救援的专门训练。"

1998 年 4 月 29 日通过、2008 年 10 月 28 日第十一届全国人民代表大会常务委员会第五次会议修订的《消防法》第 35 条规定："各级人民政府应当加强消防组织建设，根据经济社会发展的需要，建立多种形式的消防组织，加强消防技术人才培养，增强火灾预防、扑救和应急救援的能力。"第 36 条规定："县级以上地方人民政府应当按照国家规定建立公安消防队、专职消防队，并按照国家标准配备消防装备，承担火灾扑救工作。乡镇人民政府应当根据当地经济发展和消防工作的需要，建立专职消防队、志愿消防队，承担火灾扑救工作。"第 37 条规定："公安消防队、专职消防队按照国家规定承担重大灾害事故和其他以抢救人员生命为主的应急救援工作。"第 38 条规定："公安消防队、专职消防队应当充分发挥火灾扑救和应急救援专业力量的骨干作用；按照国家规定，组织实施专业技能训练，配备并维护保养装备器材，提高火灾扑救和应急救援的能力。"第 46 条规定："公安消防队、专职消防队参加火灾以外的其他重大灾害事故的应急救援工作，由县级以上人民政府统一领导。"

2009 年 8 月 27 日第十一届全国人民代表大会常务委员会第十次会议通过并实施的《人民武装警察法》第 2 条规定："人民武装警察部队担负国家赋予的安全保卫任务以及防卫作战、抢险救灾、参加国家经济建设等任务。"第 7 条规定："人民武装警察部队执行下列安全保卫任务：……（七）参加处置暴乱、骚乱、严重暴力犯罪事件、恐怖袭击事件和其他社会安全事件；（八）国家赋予的其他安全保卫任务。"第 16 条规定："人民武装警察部队执行防卫作战、抢险救灾、参加国家经济建设等任务，依照有关法律、行政法规和国务院、中央军事委员会的有关规定执行。"第 18 条规定："人民武装警察遇到公民人身、财产安全受到侵犯或者处于其他危难情形，应当及时救助。"

（三）行政法规规章依据

1. 行政法规依据

行政法规是国务院或者中央军委或者国务院和中央军委共同制定的规范性文件，如条例、办法、规定、规则、意见、通知、条令、法律解释等。

行政法规层面的专门性或者单行性立法数量最多，如《森林防火条例》、《草原防火条例》、《仓库防火安全管理规则》、《高层居民住宅防火管理规定》、《公共娱乐场所消防安全管理规定》、《传染病防治法实施办法》、《核电厂核事故应急管理条例》、《核电厂核事故应急报告制度》、《核事故辐射影响越境应急管理规定》、《核电厂核事故应急演习管理规定》、《核事故医学应急管理规定》、

《铁路行车事故救援规则》、《民航运输机应急救援规则》、《化学事故应急救援管理办法》、《破坏性地震应急条例》、《地震监测设施和地震观测环境保护条例》、《地质灾害防治条例》、《地质灾害管理办法》、《水库大坝安全管理条例》、《水土保护工作条例》、《黄河重大水污染应急调查处理规定》、《黄河水量调度突发事件应急处置规定》、《建设工程质量管理条例》、《国务院关于特大安全生产事故行政责任追究的规定》、《国务院关于预防煤矿生产安全事故的特别规定》、《矿山安全法实施条例》、《生产经营单位安全培训规定》、《企事业单位内部治安保卫条例》、《危险化学品安全管理条例》、《特种设备安全监察条例》、《突发公共卫生事件应急条例》、《建设工程安全生产管理条例》、《铁路运输安全保护条例》、《军队参加抢险救灾条例》、《防汛条例》、《重大动物疫情应急条例》、《生产安全事故报告和调查处理条例》以及针对 2008 年汶川大地震后面临的艰巨而又复杂的灾后重建工作所制定的区域性立法《汶川地震灾后恢复重建条例》、《自然灾害救助条例》、《军队处置突发事件应急指挥规定》等。

2003 年春，面对突如其来的非典型性肺炎（SARS）疫情，2003 年 5 月 7 日，国务院会议原则紧急通过出台了《突发公共卫生事件应急条例》，并于 5 月 9 日正式公布实施。《突发公共卫生事件应急条例》第 3 条规定："突发事件发生后，国务院设立全国突发事件应急处理指挥部，由国务院有关部门和军队有关部门组成，国务院主管领导人担任总指挥，负责对全国突发事件应急处理的统一领导、统一指挥。国务院卫生行政主管部门和其他有关部门，在各自的职责范围内做好突发事件应急处理的有关工作。"第 4 条规定："突发事件发生后，省、自治区、直辖市人民政府成立地方突发事件应急处理指挥部，省、自治区、直辖市人民政府主要领导人担任总指挥，负责领导、指挥本行政区域内突发事件应急处理工作。县级以上地方人民政府卫生行政主管部门，具体负责组织突发事件的调查、控制和医疗救治工作。县级以上地方人民政府有关部门，在各自的职责范围内做好突发事件应急处理的有关工作。"第 8 条规定："国务院有关部门和县级以上地方人民政府及其有关部门，应当建立严格的突发事件防范和应急处理责任制，切实履行各自的职责，保证突发事件应急处理工作的正常进行。"第 32 条规定："突发事件发生后，国务院有关部门和县级以上地方人民政府及其有关部门，应当保证突发事件应急处理所需的医疗救护设备、救治药品、医疗器械等物资的生产、供应；铁路、交通、民用航空行政主管部门应当保证及时运送。"第 53 条规定："中国人民解放军、武装警察部队医疗卫生机构参与突发事件应急处理的，依照本条例的规定和军队的相关规定执行。"

2003 年 11 月 12 日国务院第 28 次常务会议通过、自 2004 年 2 月 1 日起施行的《建设工程安全生产管理条例》规定："施工单位应当制定本单位生产安全事故应急救援预案，建立应急救援组织或者配备应急救援人员，配备必要的应急救援器材、设备，并定期组织演练。""工程总承包单位和分包单位按照应急救援预案，各自建立应急救援组织或者配备应急救援人员，配备救援器材、设备，并定期组织演练。"

2005 年 6 月 7 日国务院、中央军事委员会公布、7 月 1 日起施行的《军队参加抢险救灾条例》（国务院、中央军事委员会令第 436 号）第 2 条第 1 款规定："军队是抢险救灾的突击力量，执行国家赋予的抢险救灾任务是军队的重要使命。"第 17 条规定："中国人民武装警察部队参加抢险救灾，参照本条例执行。"

2005 年 7 月 15 日发布并实施的《防汛条例》第 5 条第 2 款规定："中国人民解放军和武装警察部队是防汛抗洪的重要力量。"第 10 条第 2 款规定："河道管理机构和其他防洪工程管理单位可以结合平时的管理任务，组织本单位的防汛抢险队伍，作为紧急抢险的骨干力量。"第 25 条规定："在汛期，水利、电力、气象、海洋、农林等部门的水文站、雨量站，必须及时准确地向各级防汛指挥部提供实时水文信息；气象部门必须及时向各级防汛指挥部提供有关天气预报和实时气象信息；水文部门必须及时向各级防汛指挥部提供有关水文预报；海洋部门必须及时向沿海地区防汛指挥部提供风暴潮预报。"第28条规定："在汛期，公路、铁路、航运、民航等部门应当及时运送防汛抢险人员和物资；电力部门应当保证防汛用电。"第29条规定："在汛期，电力调度通信设施必须服从防汛工作需要；邮电部门必须保证汛情和防汛指令的及时、准确传递，电视、广播、公路、铁路、航运、民航、公安、林业、石油等部门应当运用本部门的通信工具优先为防汛抗洪服务。电视、广播、新闻单位应当根据人民政府防汛指挥部提供的汛情，及时向公众发布防汛信息。"第36条规定："在发生洪水灾害的地区，物资、商业、供销、农业、公路、铁路、航运、民航等部门应当做好抢险救灾物资的供应和运输；民政、卫生、教育等部门应当做好灾区群众的生活供给、医疗防疫、学校复课以及恢复生产等救灾工作；水利、电力、邮电、公路等部门应当做好所管辖的水毁工程的修复工作。"

2005年11月16日国务院第113次常务会议通过、18日公布并施行的《重大动物疫情应急条例》第13条规定："县级以上地方人民政府根据重大动物疫情应急需要，可以成立应急预备队，在重大动物疫情应急指挥部的指挥下，具体承担疫情的控制和扑灭任务。应急预备队由当地兽医行政管理人员、动物防疫工作人员、有关专家、执业兽医等组成；必要时，可以组织动员社会上有一定专业知识的人员参加。公安机关、中国人民武装警察部队应当依法协助其执行任务。"第36条第2款规定："中国人民解放军、中国人民武装警察部队应当支持配合驻地人民政府做好重大动物疫情的应急工作。"

2007年3月28日国务院第172次常务会议通过，4月9日公布，6月1日起施行的《生产安全事故报告和调查处理条例》第15条规定："事故发生地有关地方人民政府、安全生产监督管理部门和负有安全生产监督管理职责的有关部门接到事故报告后，其负责人应当立即赶赴事故现场，组织事故救援。"

2010年11月，中央军委批准发布的《军队处置突发事件应急指挥规定》对军队参加维护社会稳定及处置其他各类突发事件的组织指挥、力量使用、综合保障和军地协调等问题作出明确规定。

2. 行政规章依据

行政规章是国务院各部委，或者中央军委各总部、各军兵种、各大军区、武警总部，或者国务院各部委和中央军委各总部、各军兵种、各大军区、武警总部等共同制定的实施细则、办法、通知、条令、解释等。行政规章有：2003 年 5 月 12 日卫生部公布的《传染性非典型肺炎防治管理办法》、2006 年 7 月国家安全生产监督管理局发布的《生产安全特大事故和重大未遂伤亡事故信息处置办法（试行）》、《国家安全监督管理总局关于建设国家矿山危险化学品应急救援基地的通知》、《民政部关于加强突发灾害应急救助联动工作的通知》、公安机关内部的《公安机关人民警察内务条令》、《武装警察部队处置突发事件规定》等。

（四）　其他规范性文件和政策依据

其他规范性文件包括地方性法规、地方性规章、地方性规范性文件、国家政策、地方政策、行政解释和司法解释等，甚至报告、公告、宣言、白皮书、纲要等都可以看作是国家和政府政策的体现、指向或说明。各地方根据法律、行政法规等又颁布了适用于本行政区域的地方立法。地方性法规数量最为庞大，规章的数量相对较少。地方性法规与规章的立法多数是实施性立法。目前，为了应对和处置各类公共危机事件，我国各省（市、自治区）、各大中城市根据本地区实际情况，针对公共危机事件也制定了一些地方性法规，地方各级政府也纷纷出台了应急性规章和其他规范性文件，如各省都制定了"关于重大安全生产事故行政责任追究的规定"方面的法规，2002 年《南宁市社会应急联动规定（试行）》、2008 年《山西省地震应急救援规定》、2004 年《河北省建设工程质量安全事故应急救援管理规定》。

此外，从国务院到各部委、地方各级人民政府还以"意见"、"通知"等形式下发了大量内部文件，如 2006 年《国家突发公共事件总体应急预案》、2006 年《国务院关于全面加强应急管理工作的意见》、2006 年《国务院关于进一步加强消防工作的意见》（国发〔2006〕15 号）、2006 年《国务院办公厅关于加强基层应急管理工作的意见》、2009 年国务院办公厅《关于加强基层应急队伍建设的意见》（国办发〔2009〕59 号）、2010 年《国务院关于进一步加强防震减灾工作的意见》（国发〔2010〕18 号）、《关于加强地震重点监视区的地震救灾工作的意见》，1996 年公安部《关于做好预防和处置毒气事件、化学品爆炸等特种灾害事故工作的通知》，2003 年《北京防治传染性非典型肺炎应急预案》、2005 年《浙江省突发公共事件总体应急预案》、《青海人民政府突发公共事件总体应急预案》、《乌鲁木齐市人民政府办公厅关于印发乌鲁木齐市生活必需品应急预案的通知》，2006 年中央军委批准的《军队处置突发事件总体应急预案》、中央军委《军队非战争军事行动能力建设规划》、总参谋部《军队应急专业力量建设方案》，等等。这些"意见"、"通知"、"预案"、"规划"、"计划"、"方案"、"纲要"、"公告"、"报告"、"说明"、"宣言"、"白皮书"等都可以归结为是国家、政府的政策或者是政策的表现。

自 1995 年日本东京地铁"沙林"事件后，我国消防部队就开始逐步发展特勤力量，承担抢险救援任务。1995 年 2 月，国务院办公厅批转了公安部《消防改革与发展纲要》，其明确指出："为了发挥消防队伍出动迅速、人员技能、器材装备方面的优势，更好地为经济建设和社会服务，消防队伍除承担防火监督和灭火任务外，还要积极参加其他灾害事故的抢险救援，使消防部队成为紧急处置各种灾害事故、抢险救援的突击队伍。"1996 年 11 月，公安部发出《关于做好预防和处置毒气事件、化学品爆炸等特种灾害事故工作的通知》，第一次明确消防部队承担毒气和化学事故处置任务，要求消防部队加强战备执勤，配备特种装备和开展专业训练，承担毒气和化学事故的现场处置任务。2002 年，公安部在成都召开的公安消防部队抢险救援工作会议上专门提出了强化公安消防部队抢险救援职能的要求。

国务院办公厅于 2003 年 12 月成立了国务院办公厅应急预案工

作小组，负责制订、修改国家突发公共事件应急预案。经过多方共同努力，应急预案编制工作于 2005 年基本完成，包括《国家突发公共事件总体应急预案》和 25 件专项预案、80 件部门预案，共计 106 件。2005 年 1 月 26 日，国务院第 79 次常务会议原则通过《国家突发公共事件总体应急预案》。重庆、浙江、海南、河南、广西、云南、新疆、湖南等省、自治区也先后颁布了地方性的"突发公共事件总体应急预案"，2005 年 2 月，全国应急预案框架体系已初步形成。2006 年 1 月 8 日，国务院发布《国家突发公共事件总体应急预案》，国务院有关部门已编制了国家专项预案和部门预案；全国各省、自治区、直辖市的省级突发公共事件总体应急预案均已编制完成。目前，全国所有省、市、自治区和市、县都制定了自己的应急预案和规章制度。

2006 年 1 月 8 日国务院发布的《国家突发公共事件总体应急预案》规定："公安（消防）、医疗卫生、地震救援、海上搜救、矿山救护、森林消防、防洪抢险、核与辐射、环境监控、危险化学品事故救援、铁路事故、民航事故、基础信息网络和重要信息系统事故处置，以及水、电、油、气等工程抢险救援队伍是应急救援的专业队伍和骨干力量……中国人民解放军和中国人民武装警察部队是处置突发公共事件的骨干和突击力量，按照有关规定参加应急处置工作。"

2006 年 5 月 10 日，国务院发布的《国务院关于进一步加强消防工作的意见》（国发〔2006〕15 号）第（九）项指出："大力发展多种形式的消防队伍。地方各级人民政府要根据经济社会发展需要，大力发展以公安消防队为主体的多种形式消防队伍。未设立公安消防队的城市人民政府应当按照国家规定的消防站建设标准，抓紧建立公安消防队、专职消防队；乡（镇）人民政府可以根据当地经济发展和消防工作的需要，建立专职消防队、义务消防队。"第（十）项指出："充分发挥公安消防队作为应急抢险救援专业力量的骨干作用。公安消防队在地方各级人民政府统一领导下，除完成火灾扑救任务外，要积极参加以抢救人员生命为主的危险化学品泄漏、道路交通事故、地震及其次生灾害、建筑坍塌、重大安全生产事故、空难、爆炸及恐怖事件和群众遇险事件的救援工作，并参与配合处置水旱灾害、气象灾害、地质灾害、森林、草原火灾等自然灾害，矿山、水上事故，重大环境污染、核与辐射事故和突发公共卫生事件。"

2006 年 6 月 15 日国务院发布的《国务院关于全面加强应急管理工作的意见》（国发〔2006〕24 号）在"工作目标"中指出："……加强应急管理机构和应急救援队伍建设……形成政府主导、部门协调、军地结合、全社会共同参与的应急管理工作格局。"在"加强应急救援队伍建设"中规定："建立充分发挥公安消防、特警以及武警、解放军、预备役民兵的骨干作用，各专业应急救援队伍各负其责、互为补充，企业专兼职救援队伍和社会志愿者共同参与的应急救援体系。……建立应急救援专家队伍，充分发挥专家学者的专业特长和技术优势。逐步建立社会化的应急救援机制，大中型企业特别是高危行业企业要建立专职或者兼职应急救援队伍，并积极参与社会应急救援。"在"构建全社会共同参与的应急管理工作格局"部分规定："全面加强应急管理工作，需要紧紧依靠群众，军地结合，动员社会各方面力量积极参与。要切实发挥工会、共青团、妇联等人民团体在动员群众、宣传教育、社会监督等方面的作用，重视培育和发展社会应急管理中介组织。鼓励公民、法人和其他社会组织为应对突发公共事件提供资金、物资捐赠和技术支持。"

2006 年 11 月中央军委批准的《军队处置突发事件总体应急预案》使人民解放军和武警部队参加突发事件处置行动有了纲领性文件和准则。《军队处置突发事件总体应急预案》既与国家应急预案相互衔接又自成一体。它是国家应急总体预案的一个重要组成部分，对军队参加国家组织的处置行动首次进行了规范。它为军队参与处置重大突发事件提供了有效的依据，又针对军队担负的职能任务制订了若干个分预案，可独立开展行动又自成一体。它规定处置军事冲突突发事件、协助地方维护社会稳定、参与处置重大恐怖破坏事件、参加地方抢险救灾、参与处置突发公共安全事件5大任务，是军队参加处置突发事件行动的基本任务。2009年1月，中国组建以军队力量为主体的抗洪抢险应急部队、地震灾害紧急救援队、核生化应急救援队、空中紧急运输服务队、交通应急抢险队、海上应急搜救队、应急机动通信保障队、医疗防疫救援队8支国家级应急专业力量，兵力规模5万人。2009年7月，武警水电、交通部队3.1万人被纳入国家应急救援力量体系。各军区会同有关省（自治区、直辖市）组建省级应急专业力量……参加政府组织的国际灾难救援行动，履行国际人道主义义务，是中国武装力量义不容辞的责任。近年来，中国武装力量积极协助中国政府有关部门向受灾国提供救援物资，派出专业力量参加国际灾难救援行动。2011年3月发布的《2010年中国的国防》指出："中国的武装力量……坚决完成抢险救灾等急难险重任务，保护人民群众生命财产安全……陆军……加强抢险救灾应急专业力量建设，综合作战保障能力和遂行非战争军事行动任务能力进一步提高……空军……组织完成国家重大活动空中安保及抢险救灾、国际救援、应急空运等非战争军事行动任务……中国武装力量依照法律规定参加维护社会秩序行动，主要是在地方党委、政府统一领导下，配合公安力量维护正常的社会秩序，保障人民群众安居乐业。武警部队是国家处置公共突发事件的骨干和突击力量……参加国家建设事业和参加抢险救灾，是宪法和法律赋予中国武装力量的重要任务……中国武装力量是抢险救灾的突击力量。"

2009年10月，国务院办公厅发布的《关于加强基层应急队伍建设的意见》（国办发〔2009〕59号）对全面建设县级综合性应急救援队伍指出："各县级人民政府要以公安消防队伍及其他优势专业应急救援队伍为依托，建立或确定'一专多能'的县级综合性应急救援队伍，在相关突发事件发生后，立即开展救援处置工作。"

2010年6月9日国务院发布了《国务院关于进一步加强防震减灾工作的意见》（国发〔2010〕18号）在"大力推进地震应急

救援能力建设"部分指出："加强地震灾害救援力量建设。加强国家和省级地震灾害紧急救援队伍建设，完善装备保障，提高远程机动能力，满足同时开展多点和跨区域实施救援任务的需求。建立健全军地地震应急救援协调机制，充分发挥解放军、武警部队在抗震救灾中作用。加强以公安消防队伍及其他优势专业应急救援队伍为依托的综合应急救援队伍建设，提高医疗、交通运输、矿山、危险化学品等相关行业专业应急救援队伍抗震救灾能力。积极推进地震应急救援志愿者队伍和社会动员机制建设，规范有序地发挥志愿者和民间救援力量的作用。"

另外，有关应对各种公共危机的各类行政解释和司法解释也可以认为是公共危机应急管理和救援在法律上的依据。如针对公共卫生事件，2003 年 5 月 14 日最高人民法院、最高人民检察院就联合发布了《关于办理妨害预防、控制突发传染病疫情等灾害的刑事案件具体应用法律若干问题的解释》，明确了打击与突发传染病疫情等灾害相关的犯罪行为的适用依据。

上述法律法规政策都对发生的危害公共安全的公共危机事件的应急管理和救援进行了相应的规定，作出了部署、提出了要求，其实施和执行对于提高全社会应对包括自然灾害在内的公共危机突发事件的能力，及时有效控制、减轻和消除公共危机突发应急事件引起的严重社会危害，保护人民生命财产安全具有重要的指导意义。可以说，迄今为止，我国法律、法规对紧急状态下如何采取紧急措施，如何调整政府与公民之间的关系以及社会公众之间的关系，基本上建立了一套有效的紧急状态法律制度，不论是自然灾害导致的紧急状态，还是人为原因导致的紧急状态，政府都能够依据相应的法律、法规来采取必要的措施，来应对各种公共危机问题，维护正常的社会秩序。①

---

① 郭济著：《政府应急管理实务》，中共中央党校出版社 2004 年版，第 81 页。

四、公共危机应急管理和救援的法律组织体系

(一) 公共危机应急管理和救援的法律主体

如前所述，法律主体即法律关系主体，包括自然人和单位组织。根据法律关系的不同，法律主体基本上可以分为宪法主体、民事法律主体、行政法律主体、刑事法律主体、经济法律主体、国际法律主体等。行政法律主体可以分为行政主体和行政相对人。行政主体分为行政机关和法律法规授权的组织两类。能够作为行政主体的行政机关有：国务院、国务院的组成部门、国务院直属机构、国务院各部 (委) 管理的国家局、地方各级人民政府、地方各级人民政府职能部门、地方人民政府的派出机关。行政机关的公务员是在各级行政机关中担任一定行政职务，行使行政权力，执行行政公务的人员。无论是国家机关，还是公民 、法人或其他组织以及外国人、无国籍人、外国组织，都可以作为行政法律关系的行政相对方主体。

在公共危机应急管理和救援中，应急管理和救援行为的法律主体有国家、政府、政府部门、政府应急办、公务人员、公司、企业、事业单位、救援队伍 (包括消防队伍和其他救援队伍)、其他社会单位、组织和团体、公民个人和国际组织、外国国家和地区、外国组织及其人员、外国公民 (包括无国籍人和多国籍人)。根据应急管理和救援的进程、阶段以及从事的行为，这些应急管理和救援主体可以分为管理主体、组织主体、指挥主体、运行主体、救援力量主体、保障主体等。公共危机治理主体由政府、民间组织、企业、媒体、公民组成，他们按照一定的规则和程序，共同参与公共危机治理，扮演好自己的角色，发挥出各自的优势。在多元主体结构中，政府是公共危机治理的主导力量，也是核心主体；民间组织是公共危机治理的重要力量，也是联系政府与公民的纽带；企业和公民是公共危机治理的基础；媒体是公共危机治理的重要媒介，也

是政府与其他主体合作互助信息平台的主要搭建者。①

2003 年《突发公共卫生事件应急条例》、2005 年《军队参加抢险救灾条例》、2006 年《国家突发公共事件总体应急预案》、2006 年《国务院关于全面加强应急管理工作的意见》、2007 年《突发事件应对法》、2008 年新《消防法》、2009 年《关于加强基层应急队伍建设的意见》、2010 年《自然灾害救助条例》等我国公共危机突发事件应急管理法律法规规章和相关文件对应急管理和救援的法律主体作了规定，其规定的法律主体有领导机构国务院，工作机构国务院有关部门，应急管理机构和应急指挥机构，国家减灾委员会，军事机关，各级突发事件应急处理指挥部，专家组，中国人民解放军和中国人民武装警察部队以及预备役民兵，省军区（卫戍区、警备区）、军分区（警备区）、县（市、市辖区）人民武装部，公安消防机构和消防部队，综合性应急救援队伍、专业应急救援队、志愿者队伍，自然灾害救助应急综合协调机构，相关国家工作人员，乡镇、社区、企事业单位、社会团体，宣传、教育、文化、广电、新闻出版单位和组织，公民、法人和其他组织，居民委员会、村民委员会、企业、事业单位，新闻媒体，各级各类学校等。这些不同的法律主体具有以下特点：（1）上述应急管理和救援的法律主体是由不同效力、不同层次、不同位阶的法律法规规章和文件规定的；（2）上述应急管理和救援的法律主体几乎包括了法律上所有的主体；（3）上述应急管理和救援的法律主体种类繁多、层次多样、称谓不一、相互重复和交叉；（4）上述应急管理和救援的法律主体的权力职责、权利义务各异，不同的法律主体享有不同的法律权力、权利，负有不同的法律职责和法律义务；（5）上述应急管理和救援的法律主体有的权力职责、权利义务不明确、不具体，没有规定或者规定笼统，如某些社会组织、社会团体；（6）上述应急管理和救援的法律主体有的权力职责、权利义务不

---

① 罗重谱：《公共危机治理主体的多元化及结构分析》，载《攀登》2010 年第 4 期，第 65 页。

统一、不对应，有的法律主体只有权力、职权和权利，没有义务，有的法律主体只有义务和责任，没有职权和权利，如志愿者个人及志愿组织、志愿队伍；（7）有的法律主体是临时性的，具有不固定性，它因应急启动而临时成立，也因应急结束而随时撤销，如某些应急管理机构和应急指挥机构、派出的工作组、各级突发事件应急处理指挥部、专家组、综合性应急救援队伍等；（8）上述有关法律和文件对国际组织、外国国家和地区、外国组织及其人员、外国公民（包括无国籍人和多国籍人）、外国军队参与应急管理和救援没有明确规定，更没有规定其享有的权力、权利和义务以及法律责任。

因为我国公共危机应急管理和救援法律不健全不完善，所有的应急管理和救援相关法律都没有完全明确上述公共危机应急管理和救援法律主体。公共危机应急管理和救援法律主体尚需明确。只有将公共危机应急管理和救援纳入法治化、规范化、制度化、常态化轨道，才能保证公共危机应急管理和救援的顺利展开，保证公共危机应急管理和救援的健康发展。

1. 制定一部高层次、权威的公共危机应急管理和救援的统一法律，制定相关制度。立法明确公共危机应急管理和救援的法律主体，包括哪些种类，明确不同的法律主体其应有的权力、职权、权利和义务、职责、责任。

2. 设立全国统一的专门处置公共危机的常设综合组织协调机构，并以法制化的形式明确其法律地位、组成、职权，在危机来临时，该机构具有调动一切机构和人员的权力，统一组织协调整个应对措施；并在地方政府中设立相应部门，承担预警和快速反应的职责。我国在公共危机管理组织体系的设计上，存在主体不明确的问题。从指挥层面看，到目前为止，我国还没有一个直接履行组织、协调、指挥、领导为一体的统一的管理公共危机的政府职能部门。另外，我国目前的公共危机管理主要依赖各级地方政府的现有行政机构，公共危机发生时，各级行政机构就根据危机的类别建立起相关的临时机构，在中央政府的领导下全面负责灾害的救援工作。而公共危机一旦解决，这些临时机构也宣告解散，没有建立起公共危机管理的长效机制，实现公共危机管理的常规化。[①] 我国目前的公共危机事件管理机构一般由临时成立的工作小组负责。这种临时成立的工作小组不具有连续性，公共危机事件处理后的经验不能有效保留，不能通过实践、积累和学习来提高政府处理公共危机的能力和管理能力。因此，要成立全国统一的公共危机事件管理和应急部门，内设营救救援力量指挥机构。就现行危机管理体制而言，我国的危机管理主体包括国务院、国务院应急管理办公室、各部委、各级地方政府及专家组。近年来，危机管理体制因为缺乏强有力的常设管理机构，在危机出现时往往各自为政，难以保证各职能部门及上下级政府间统一高效协同运作。所以，伴随着危机管理主体的法治化，必然要对其危机管理职权及相应的管理客体的服从义务作出规定，必须建立全国统一的危机管理常设机构，专职负责预防和准备、应对决策、危机后重建等工作。以法定方式赋予其独立地位，明确规定其性质、职能、权限、运作程序、资金来源等。相应地，各级地方政府也应顺势建立类似的常设机构，以利于地域性危机管理，并承担预警及迅捷执行上级决策之职责。作为危机管理法的核心要素，在政府体系内部，应当明确并细化各级政府、政府各部门之间在危机事件应对过程中的权力，针对不同的危机时间和紧急状态，由危机管理常设机关与相应的职能部门负责牵头建立一个职能明确、权责分明、组织健全、运作迅捷、统一高效的危机管理体制，并以法制化方式予以确立和巩固。其中，在纵向关系即中央和地方政府及地方上下级政府之间，以"统一领导，分级管理"为原则明确各级政府之间的职责；在横向关系即不同职能部门之间，也应将其在危机管理中的职责和权限予以明确，纠正现行危机管理

---

① 刘彪:《我国公共危机管理面临的挑战与对策——对 2008 年雪灾的反思》，载《合肥学院学报》2009 年第 2 期，第 82—85 页。

体制对政府职能规定不全面、不明确、缺乏相互衔接和协调等弊端。①

3. 重视社团组织、团体和志愿者等民间、社会力量的参与，将之纳入公共危机突发事件应对制度框架中。从参与层面上看，社会力量参与不够。我国当前的公共危机管理方式仍处在传统的"强政府、弱社会"模式之下，只有自上而下的国家力量和政府总动员，缺乏横向的包括基金会、慈善机构、各种志愿者组织等非政府组织的参与。由于对民间慈善尚未形成制度性组织安排，社会自助能力相当脆弱，公众自愿援手不知伸向何处。民间组织化资源的匮乏，自然使分散的单个的慈悲之心难以变成现实的救助力量。②突发事件是人类面临的共同灾难，应调动个人、社会、国家、国际的全部力量，将损失降低至最少，以最低的成本化解危机。政府是危机应对的主力和中心，民间组织是重要的协助力量，民间力量的崛起并不能取代政府的作用。政府应在灾后重建中发挥主导作用，把握大的格局，这不存在争议。问题是在此前提条件下我们应当如何组织和发挥社会力量在灾后重建工作中的作用。美国在其《联邦灾害救助和突发事件救助法》中对非政府组织在灾害应对和救助中的工作、与政府之间关系有非常明确的规定。政府通过一定机制引导民间力量积极、有序参与灾后重建工作也是日本和我国台湾地区在灾后重建工作中的一项成功经验。灾后重建是一项巨大工程，仅凭政府之力无法完成，有的工作如心理干预等由志愿者来做更为合适。政府、社团、个人应当有各自更能发挥作用的领域。汶川地震中志愿者和非政府组织所发挥的积极作用得到了人们的肯定，但由于没有纳入现行应对制度框架中，因此也造成了自由、无序、资源被浪费等问题。在未来的立法中如何将来自民间的力量有

---

① 袁达松：《危机管理的法治化——兼论危机管理法学的建构与应用》，载《政治与法律》2007 年第 2 期，第 148—149 页。

② 刘彪：《我国公共危机管理面临的挑战与对策——对 2008 年雪灾的反思》，载《合肥学院学报》2009 年第 2 期，第 82—85 页。

效纳入制度框架中是我们应当重视的一个问题。①

在公共危机突发事件应急管理和救援中，志愿者是非常重要的主要力量。首先，因为他们地理上的便利性，特别是在交通、信息中断，专业救援人员无法迅速到达现场的情况下，灾区附近的志愿者或潜在的志愿者，往往能够最先到达现场，有时候，志愿者本人甚至就是突发事件中的当事人。所以，他们能够迅速展开救援等应对工作，从而最大限度地减少受灾者的生命和财产损失。其次，包括政府在内的任何一个公共组织的力量无法单独满足突发事件应急管理的所有需求，志愿者是对紧急状态下专业应急救援队伍的及时补充，他们能够提供救援、清理现场、安置灾民、医疗陪护和运送物资等服务。② 实践证明，志愿者组织在危机管理中发挥着非常重要的作用：志愿者迅速反应，弥补了政府的局限性；志愿者人数众多，弥补了灾害性公共危机管理中人力资源的匮乏；志愿者服务的多样性弥补了专业性组织的不足。③ 因此，大力培育健康有序发展的志愿者组织，有利于政府整合社会资源，进而提高政府的危机管理能力，维护社会和国家的稳定。

4. 立法规范公民个人在公共危机管理和救援中的权利义务，明确其法律地位，积极发挥其应有的作用。对危机管理中可能涉及的非政府主体如法人、自然人或其他组织，也应该尽可能在危机管理法中予以规范，以适度行政授权方式充分发挥他们的危机应对积极性，这对危机管理主体的队伍壮大和管理能力的提高有着非常重要的作用。④ 国家要重视公民个人在危机应对和处理中的个人参与

---

① 王万华：《略论我国社会预警和应急管理法律体系的现状及其完善》，载《行政法学研究》2009 年第 2 期，第 8 页。

② 宋劲松：《建立志愿者参与突发事件的新机制》，载《法制日报》2011 年 2 月 23 日第 12 版。

③ 卢少波、张锐：《建立非正式志愿者有序参与灾害性公共危机管理机制》，载《学理论》2010 年第 17 期，第 71 页。

④ 袁达松：《危机管理的法治化——兼论危机管理法学的建构与应用》，载《政治与法律》2007 年第 2 期，第 149 页。

的力量，加强对其参与的引导，重视其资金的参与、物资的参与、劳力和技术的参与、信息的参与等。

5. 立法明确国际组织和外国组织及其个人的参与。随之公共危机全球化、世界化的趋势，面对某些危机事件，一国已经难以完全应对。为了将损失降到最低，加强全球合作已经是应对公共危机事件的有效途径。在世界上，我国是一个自然灾害等公共危机事件多发的国家之一。为了加强国际合作，当较大和巨大的公共危机事件特别是自然类、卫生类灾害发生时，不免会有国际组织或外国组织及其个人要求或者受邀来我国参加援助。但我国法律法规和相关文件未对国际组织、外国国家和地区、外国组织及其人员、外国公民（包括无国籍人和多国籍人）、外国军队参与应急管理和救援作出明确的规定，更没有规定其享有的权力、权利和义务以及法律责任。因此，我国立法应有预测性，超前立法，以应对未来外国参与公共危机事件处置的各种行为。

（二）公共危机应急管理和救援法律主体的职权和职责

公共危机应急管理和救援法律主体的行为主要是行政行为，因此其职权、权利和义务、职责也是围绕行政行为展开的。在行政法律关系中，作为行政主体的国务院、国务院的组成部门、国务院直属机构、国务院各部委管理的国家局、地方各级人民政府、地方各级人民政府职能部门、地方人民政府的派出机关享有法律赋予的行政职权。行政职权包括行政立法权、行政决策权、行政决定权、行政命令权、行政执行权、行政处罚权（行政制裁权）、行政强制执行权、行政司法权（行政调解、仲裁 、裁决和复议）。行政相对人（行政相对方）是行政行为被管理方。在行政法律关系中，行政相对人的权利有：申请权、参与权、了解权、批评建议权、申诉、控告、检举权、陈述、申辩权、申请复议权、提起行政诉讼权、请求行政赔偿权、抵制违法行政行为权。行政相对人的义务有：服从行政管理的义务、协助公务的义务、维护公益的义务、接受行政监督的义务、提供真实信息的义务、遵守法定程序的义务。

《突发事件应对法》及其他有关应急管理和救援的法律、法规、规章等也规定了某些应急管理和救援法律主体的法定职权、职责和任务及其应承担的法律责任，包括应急管理权、指挥权、强制权以及各种应急救援队伍的职权和任务等。

1. 立法规定的职权和职责

（1）政府

在公共危机事件应急管理和救援中，政府处于重要的地位，政府是危机管理和救援的领导者和指挥者。政府通过内部权力的划分以及对外的授权形成若干大大小小的权力主体。政府具有处理公共危机事件的最高决策权，能够有效地指挥相关部门，调配相关资源，协调各方面的冲突，对各部门和机构的救援进行指挥和监督。

国务院是突发公共事件应急管理工作的最高行政领导机构。在国务院总理领导下，通过国务院常务会议和国家相关突发公共事件应急指挥机构，负责突发公共事件的应急管理工作；必要时，派出国务院工作组指导有关工作。国务院办公厅设国务院应急管理办公室，履行值守应急、信息汇总和综合协调职责，发挥运转枢纽作用。地方各级人民政府是本行政区域突发公共事件应急管理工作的行政领导机构，负责本行政区域各类突发公共事件的应对工作。

我国现有公共危机应急管理和救援的法律法规和文件对政府在应急中的职责规定了其领导权、组织权、决定权、命令权、采取措施权、指挥权、协调权、调动权、指导权、协助权、处置权、征用权和补偿义务、应急预案体系制定和修改权、危险预防权、建立应急救援队伍的职权和职责、应急培训和演练职责、保护应急救援人员的职责、应急宣传职责、应急经费保障权、应急储备保障职责、应急通信保障职责、应急监测与预警职责、突发事件信息发布职责、事后恢复与重建职责、应急宣传教育职责、国际合作与交流职责等权力和义务。

2003年《突发公共卫生事件应急条例》第 3 条第 1 款规定："突发事件发生后，国务院设立全国突发事件应急处理指挥部，由国务院有关部门和军队有关部门组成，国务院主管领导人担任总指

挥，负责对全国突发事件应急处理的统一领导、统一指挥。"第 4
条第 1 款规定："突发事件发生后，省、自治区、直辖市人民政府
成立地方突发事件应急处理指挥部，省、自治区、直辖市人民政府
主要领导人担任总指挥，负责领导、指挥本行政区域内突发事件应
急处理工作。"第 8 条规定："国务院有关部门和县级以上地方人
民政府及其有关部门，应当建立严格的突发事件防范和应急处理责
任制，切实履行各自的职责，保证突发事件应急处理工作的正常
进行。"

2006 年 1 月《国家突发公共事件总体应急预案》规定："统一
领导，分级负责。在党中央、国务院的统一领导下，建立健全分类
管理、分级负责，条块结合、属地管理为主的应急管理体制，在各
级党委领导下，实行行政领导责任制，充分发挥专业应急指挥机构
的作用。""地方各级人民政府和有关部门、单位要加强应急救援
队伍的业务培训和应急演练，建立联动协调机制……各地区、各部
门要结合实际，有计划、有重点地组织有关部门对相关预案进行演
练。""要保证所需突发公共事件应急准备和救援工作资金。""建
立健全应急通信、应急广播电视保障工作体系，完善公用通信网，
建立有线和无线相结合、基础电信网络与机动通信系统相配套的应
急通信系统，确保通信畅通。""各地区、各部门要针对各种可能
发生的突发公共事件，完善预测预警机制，建立预测预警系统，开
展风险分析，做到早发现、早报告、早处置。""加强宣传和培训
教育工作，提高公众自救、互救和应对各类突发公共事件的综合素
质。""增进国际间的交流与合作"。2006 年《国务院关于全面加
强应急管理工作的意见》在"加强应急管理体制和机制建设"部
分规定："国务院是全国应急管理工作的最高行政领导机关，国务
院各有关部门依据有关法律、行政法规和各自职责，负责相关类别
突发公共事件的应急管理工作。地方各级人民政府是本行政区域应
急管理工作的行政领导机关，要根据《国家总体应急预案》的要
求和应对各类突发公共事件的需要，结合实际明确应急管理的指挥
机构、办事机构及其职责。各专项应急指挥机构要进一步强化职

责，充分发挥在相关领域应对突发公共事件的作用。加强各地区、各部门以及各级各类应急管理机构的协调联动，积极推进资源整合和信息共享。加快突发公共事件预测预警、信息报告、应急响应、恢复重建及调查评估等机制建设。研究建立保险、社会捐赠等方面参与、支持应急管理工作的机制，充分发挥其在突发公共事件预防与处置等方面的作用。"在"进一步加强对应急管理工作的领导"部分规定："地方各级人民政府要在党委领导下，建立和完善突发公共事件应急处置工作责任制，并将落实情况纳入干部政绩考核的内容，特别要抓好市（地）、县（区）两级领导干部责任的落实。各地区、各部门要加强沟通协调，理顺关系，明确职责，搞好条块之间的衔接和配合。建立和完善应对突发公共事件部际联席会议制度，加强部门之间的协调配合，定期研究解决有关问题。各级领导干部要不断增强处置突发公共事件的能力，深入一线，加强组织指挥。""促进各行业和领域安全防范措施的落实。"在"开展对各类突发公共事件风险隐患的普查和监控"部分规定："各地区、各有关部门要组织力量认真开展风险隐患普查工作，全面掌握本行政区域、本行业和领域各类风险隐患情况，建立分级、分类管理制度，落实综合防范和处置措施，实行动态管理和监控，加强地区、部门之间的协调配合。……要经常开展风险隐患的排查，及时解决存在的问题。""积极开展应急管理培训。""加强应急救援队伍建设"。在"加大对应急管理的资金投入力度"部分规定："根据《国家总体应急预案》的规定，各级财政部门要按照现行事权、财权划分原则，分级负担公共安全工作以及预防与处置突发公共事件中需由政府负担的经费，并纳入本级财政年度预算，健全应急资金拨付制度。对规划布局内的重大建设项目给予重点支持。支持地方应急管理工作，建立完善财政专项转移支付制度。建立健全国家、地方、企业、社会相结合的应急保障资金投入机制，适应应急队伍、装备、交通、通信、物资储备等方面建设与更新维护资金的要求。建立企业安全生产的长效投入机制，增强高危行业企业安全保障和应急救援能力。研究建立应对突发公共事件社会资源依法征用与补偿办法。""加强各类应急资源的管理"。"加强突发公共事件的信息报告和预警工作。"在"做好信息发布和舆论引导工作"部分规定:"要高度重视突发公共事件的信息发布、舆论引导和舆情分析工作,加强对相关信息的核实、审查和管理,为积极稳妥地处置突发公共事件营造良好的舆论环境。坚持及时准确、主动引导的原则和正面宣传为主的方针,完善政府信息发布制度和新闻发言人制度,建立健全重大突发公共事件新闻报道快速反应机制、舆情收集和分析机制,把握正确的舆论导向。加强对信息发布、新闻报道工作的组织协调和归口管理,周密安排、精心组织信息发布工作,充分发挥中央和省级主要新闻媒体的舆论引导作用。新闻单位要严格遵守国家有关法律法规和新闻宣传纪律,不断提高新闻报道水平,自觉维护改革发展稳定的大局。"在"大力宣传普及公共安全和应急防护知识"部分规定:"加强应急管理科普宣教工作,提高社会公众维护公共安全意识和应对突发公共事件能力。深入宣传各类应急预案,全面普及预防、避险、自救、互救、减灾等知识和技能,逐步推广应急识别系统。尽快把公共安全和应急防护知识纳入学校教学内容,编制中小学公共安全教育指导纲要和适应全日制各级各类教育需要的公共安全教育读本,安排相应的课程或课时。要在各种招考和资格认证考试中逐步增加公共安全内容。充分运用各种现代传播手段,扩大应急管理科普宣教工作覆盖面。新闻媒体应无偿开展突发公共事件预防与处置、自救与互救知识的公益宣传,并支持社会各界发挥应急管理科普宣传作用。"在"开展国际交流与合作"部分规定:"加强与有关国家、地区及国际组织在应急管理领域的沟通与合作,参与有关国际组织并积极发挥作用,共同应对各类跨国或世界性突发公共事件。大力宣传我国在应对突发公共事件、加强应急管理方面的政策措施和成功做法,积极参与国际应急救援活动,向国际社会展示我国的良好形象。密切跟踪研究国际应急管理发展的动态和趋势,参与公共安全领域重大国际项目研究与合作,学习、借鉴有关国家在灾害预防、紧急处置和应急体系建设等方面的有益经验,促进我国应急管理工作水平的提高。"

2007 年《突发事件应对法》第 7 条第 1 款规定："县级人民政府对本行政区域内突发事件的应对工作负责；涉及两个以上行政区域的，由有关行政区域共同的上一级人民政府负责，或者由各有关行政区域的上一级人民政府共同负责。"第 8 条规定："国务院在总理领导下研究、决定和部署特别重大突发事件的应对工作……县级以上地方各级人民政府设立由本级人民政府主要负责人、相关部门负责人、驻当地中国人民解放军和中国人民武装警察部队有关负责人组成的突发事件应急指挥机构，统一领导、协调本级人民政府各有关部门和下级人民政府开展突发事件应对工作……上级人民政府主管部门应当在各自职责范围内，指导、协助下级人民政府及其相应部门做好有关突发事件的应对工作。"第 9 条规定："国务院和县级以上地方各级人民政府是突发事件应对工作的行政领导机关，其办事机构及具体职责由国务院规定。"第 10 条规定："有关人民政府及其部门作出的应对突发事件的决定、命令，应当及时公布。"第 11 条规定："有关人民政府及其部门采取的应对突发事件的措施，应当与突发事件可能造成的社会危害的性质、程度和范围相适应……"第 12 条规定："有关人民政府及其部门为应对突发事件，可以征用单位和个人的财产。被征用的财产在使用完毕或者突发事件应急处置工作结束后，应当及时返还。财产被征用或者征用后毁损、灭失的，应当给予补偿。"第 15 条规定："中华人民共和国政府在突发事件的预防、监测与预警、应急处置与救援、事后恢复与重建等方面，同外国政府和有关国际组织开展合作与交流。"第 17 条规定："国家建立健全突发事件应急预案体系。国务院制定国家突发事件总体应急预案，组织制定国家突发事件专项应急预案……地方各级人民政府和县级以上地方各级人民政府有关部门根据有关法律、法规、规章、上级人民政府及其有关部门的应急预案以及本地区的实际情况，制定相应的突发事件应急预案。应急预案制定机关应当根据实际需要和情势变化，适时修订应急预案。应急预案的制定、修订程序由国务院规定。"第 20 条规定："县级人民政府应当对本行政区域内容易引发自然灾害、事故灾难和公共卫生事件的危险源、危险区域进行调查、登记、风险评估，定期进行检查、监控，并责令有关单位采取安全防范措施。省级和设区的市级人民政府应当对本行政区域内容易引发特别重大、重大突发事件的危险源、危险区域进行调查、登记、风险评估，组织进行检查、监控，并责令有关单位采取安全防范措施。县级以上地方各级人民政府按照本法规定登记的危险源、危险区域，应当按照国家规定及时向社会公布。"第25条规定："县级以上人民政府应当建立健全突发事件应急管理培训制度，对人民政府及其有关部门负有处置突发事件职责的工作人员定期进行培训。"第26条规定："县级以上人民政府应当整合应急资源，建立或者确定综合性应急救援队伍。人民政府有关部门可以根据实际需要设立专业应急救援队伍。县级以上人民政府及其有关部门可以建立由成年志愿者组成的应急救援队伍。单位应当建立由本单位职工组成的专职或者兼职应急救援队伍。县级以上人民政府应当加强专业应急救援队伍与非专业应急救援队伍的合作，联合培训、联合演练，提高合成应急、协同应急的能力。"第27条规定："国务院有关部门、县级以上地方各级人民政府及其有关部门、有关单位应当为专业应急救援人员购买人身意外伤害保险，配备必要的防护装备和器材，减少应急救援人员的人身风险。"第29条规定："县级人民政府及其有关部门、乡级人民政府、街道办事处应当组织开展应急知识的宣传普及活动和必要的应急演练。"第31条规定："国务院和县级以上地方各级人民政府应当采取财政措施，保障突发事件应对工作所需经费。"第32条规定："国家建立健全应急物资储备保障制度，完善重要应急物资的监管、生产、储备、调拨和紧急配送体系。设区的市级以上人民政府和突发事件易发、多发地区的县级人民政府应当建立应急救援物资、生活必需品和应急处置装备的储备制度。县级以上地方各级人民政府应当根据本地区的实际情况，与有关企业签订协议，保障应急救援物资、生活必需品和应急处置装备的生产、供给。"第33条规定："国家建立健全应急通信保障体系，完善公用通信网，建立有线与无线相结合、基础电信网络与机动通信系统相配套的应急通信系统，确保突发事件应对工作的通信畅通。"第37条规定："国务院建立全国统一的突发事件信息系统……"第38条规定：县级以上人民政府及其有关部门、专业机构应当通过多种途径收集突发事件信息……"第39条规定："地方各级人民政府应当按照国家有关规定向上级人民政府报送突发事件信息……"第41条规定："国家建立健全突发事件监测制度……"第42条规定："国家建立健全突发事件预警制度。"第48条规定："突发事件发生后，履行统一领导职责或者组织处置突发事件的人民政府应当针对其性质、特点和危害程度，立即组织有关部门，调动应急救援队伍和社会力量，依照本章的规定和有关法律、法规、规章的规定采取应急处置措施。"第49条和第50条则详细规定了政府应对突发事件采取的各类应对措施。第52条规定："履行统一领导职责或者组织处置突发事件的人民政府，必要时可以向单位和个人征用应急救援所需设备、设施、场地、交通工具和其他物资……"第53条规定："履行统一领导职责或者组织处置突发事件的人民政府，应当按照有关规定统一、准确、及时发布有关突发事件事态发展和应急处置工作的信息。"第58条至第62条规定了事后恢复与重建职责。

2008年《消防法》第3条规定："国务院领导全国的消防工作。地方各级人民政府负责本行政区域内的消防工作。"第6条第1款规定："各级人民政府应当组织开展经常性的消防宣传教育，提高公民的消防安全意识。"

2009年国务院办公厅《关于加强基层应急队伍建设的意见》指出："全面建设县级综合性应急救援队伍。""地方各级人民政府是推进基层应急队伍建设工作的责任主体。县级人民政府要对县级综合性应急救援队伍和专业应急救援队伍建设进行规划，确定各街道、乡镇综合性应急救援队伍和专业应急救援队伍的数量和规模。各有关部门要强化支持政策的研究并加强指导，加强对基层应急队伍建设的督促检查。""县乡级人民政府及其有关部门要切实加强基层综合队伍、专业队伍和志愿者队伍之间的协调配合，建立健全相关应急预案，完善工作制度，实现信息共享和应急联动。""加强与专业队伍互动演练，提高队伍综合应急能力。""经常性地开展应急培训，提高队伍的综合素质和应急保障能力。""经常性地组织各类队伍开展联合培训和演练，形成有效处置突发事件的合力。""加大基层应急队伍经费保障力度。县、乡两级综合性应急救援队伍和有关专业应急救援队伍建设与工作经费要纳入同级财政预算。按照政府补助、组建单位自筹、社会捐赠相结合等方式，建立基层应急救援队伍经费渠道。"

2010年《自然灾害救助条例》规定："县级以上地方人民政府及其有关部门应当根据有关法律、法规、规章，上级人民政府及其有关部门的应急预案以及本行政区域的自然灾害风险调查情况，制定相应的自然灾害救助应急预案。""自然灾害救助工作实行各级人民政府行政领导负责制。国家减灾委员会负责组织、领导全国的自然灾害救助工作，协调开展重大自然灾害救助活动。""县级以上人民政府或者人民政府的自然灾害救助应急综合协调机构应当根据自然灾害预警预报启动预警响应，采取下列一项或者多项措施……""自然灾害发生并达到自然灾害救助应急预案启动条件的，县级以上人民政府或者人民政府的自然灾害救助应急综合协调机构应当及时启动自然灾害救助应急响应，采取下列一项或者多项措施……""县级以上地方人民政府应当加强自然灾害救助人员的队伍建设和业务培训。""县级以上人民政府财政部门、民政部门负责自然灾害救助资金的分配、管理并监督使用情况。"

（2）政府应急办

国务院办公厅设国务院应急管理办公室，履行值守应急、信息汇总和综合协调职责，发挥运转枢纽作用。地方各级政府设置了相对应的应急管理办公室。在应急状态下，负责落实国务院、各级政府的有关决策，具体协调各部门、各地区的应急救援行动，收集和分析各方面的重大信息并提出对策建议。在常态状态下，负责组织编制总体应急计划和预案，指导应急培训、演练和宣传教育工作，进行综合风险评估和预测，具体协调各方关系等工作。公共危机应急管理和救援的法律法规和其他有关文件对应急管理机构的设置、职责进行了规定。2006 年 1 月《国家突发公共事件总体应急预案》规定："国务院办公厅设国务院应急管理办公室，履行值守应急、信息汇总和综合协调职责，发挥运转枢纽作用。"2007 年《突发事件应对法》第 8 条规定："国务院在总理领导下研究、决定和部署特别重大突发事件的应对工作；根据实际需要，设立国家突发事件应急指挥机构，负责突发事件应对工作；必要时，国务院可以派出工作组指导有关工作。……根据实际需要，设立相关类别突发事件应急指挥机构，组织、协调、指挥突发事件应对工作。上级人民政府主管部门应当在各自职责范围内，指导、协助下级人民政府及其相应部门做好有关突发事件的应对工作。"当前，应急办应重点考虑如何加强组织、协调，提高应急管理的整体效能。

（3）政府其他组成部门

国务院有关部门依据有关法律、行政法规和各自职责，负责相关类别突发公共事件的应急管理工作。具体负责相关类别的突发公共事件专项和部门应急预案的起草与实施，贯彻落实国务院有关决定事项。地方各级人民政府是本行政区域突发公共事件应急管理工作的行政领导机构，负责本行政区域各类突发公共事件的应对工作。

公共危机应急管理和救援的法律法规与文件对政府组成部门在应急中的职责作了规定，规定了其领导权、指导权、协助权、决定权、命令权、采取措施权、征用权和补偿义务、应急预案体系制定和修改权、建立应急救援队伍的职权和职责、保护应急救援人员的职责、应急宣传职责、应急演练职责、应急教育职责、维持秩序权、保护公共安全的权力、新闻媒体管理权、心理干预职责等。

1995 年《人民警察法》总则和第 21 条对人民警察维护社会秩序的任务和参加抢险救援工作作了规定。公安机关参与公共危机应急救援是政府的职能所需，是人民公安机关和人民警察的法定职责和义务决定的，是公安机关的优势和特点要求的，是公共危机应急特征的需要，是公共危机所造成的灾害性后果和影响决定的。作为应急救援力量之一的公安机关，其职责主要是进行应急管理工作，如维护公共危机现场以及相关场所的秩序、保护现场、组织群众疏散、管理新闻媒体、处理受害人、对公共危机所引起的社会反应与社会心理进行调查评价和控制、保护重要设施、目标和贵重财物、物品的安全，以及采取法律规定的其他措施。

2003 年《突发公共卫生事件应急条例》第 3 条第 2 款规定："国务院卫生行政主管部门和其他有关部门，在各自的职责范围内做好突发事件应急处理的有关工作。"第 4 条第 2 款、第 3 款规定："县级以上地方人民政府卫生行政主管部门，具体负责组织突发事件的调查、控制和医疗救治工作。县级以上地方人民政府有关部门，在各自的职责范围内做好突发事件应急处理的有关工作。"第 8 条规定："国务院有关部门和县级以上地方人民政府及其有关部门，应当建立严格的突发事件防范和应急处理责任制，切实履行各自的职责，保证突发事件应急处理工作的正常进行。"

2006 年《国务院关于全面加强应急管理工作的意见》规定了"进一步加强对应急管理工作的领导"和"构建全社会共同参与的应急管理工作格局"。在"加强应急预案体系建设和管理"部分规定："各地区、各部门要根据《国家总体应急预案》，抓紧编制修订本地区、本行业和领域的各类预案，并加强对预案编制工作的领导和督促检查。""加强应急救援队伍建设。"在"大力宣传普及公共安全和应急防护知识"部分规定："加强应急管理科普宣教工作，提高社会公众维护公共安全意识和应对突发公共事件能力。……尽快把公共安全和应急防护知识纳入学校教学内容，编制中小学公共安全教育指导纲要和适应全日制各级各类教育需要的公共安全教育读本，安排相应的课程或课时。要在各种招考和资格认证考试中逐步增加公共安全内容。充分运用各种现代传播手段，扩大应急管理科普宣教工作覆盖面。"

2007 年《突发事件应对法》第 7 条第 4 款规定："法律、行政法规规定由国务院有关部门对突发事件的应对工作负责的，从其规定；地方人民政府应当积极配合并提供必要的支持。"第 8 条第 3 款规定："上级人民政府主管部门应当在各自职责范围内，指导、协助下级人民政府及其相应部门做好有关突发事件的应对工作。"

第 10 条规定："有关人民政府及其部门作出的应对突发事件的决定、命令，应当及时公布。"第 11 条规定："有关人民政府及其部门采取的应对突发事件的措施，应当与突发事件可能造成的社会危害的性质、程度和范围相适应……"第 12 条规定："有关人民政府及其部门为应对突发事件，可以征用单位和个人的财产。被征用的财产在使用完毕或者突发事件应急处置工作结束后，应当及时返还。财产被征用或者征用后毁损、灭失的，应当给予补偿。"第 17 条第 2 款至第 4 款规定："……国务院有关部门根据各自的职责和国务院相关应急预案，制定国家突发事件部门应急预案。地方各级人民政府和县级以上地方各级人民政府有关部门根据有关法律、法规、规章、上级人民政府及其有关部门的应急预案以及本地区的实际情况，制定相应的突发事件应急预案。应急预案制定机关应当根据实际需要和情势变化，适时修订应急预案。应急预案的制定、修订程序由国务院规定。"第 26 条第 2 款规定："县级以上人民政府及其有关部门可以建立由成年志愿者组成的应急救援队伍。单位应当建立由本单位职工组成的专职或者兼职应急救援队伍。"第 27 条规定："国务院有关部门、县级以上地方各级人民政府及其有关部门、有关单位应当为专业应急救援人员购买人身意外伤害保险，配备必要的防护装备和器材，减少应急救援人员的人身风险。"第 29 条规定："县级人民政府及其有关部门、乡级人民政府、街道办事处应当组织开展应急知识的宣传普及活动和必要的应急演练。"第 30 条第 2 款规定："教育主管部门应当对学校开展应急知识教育进行指导和监督。"第 52 条规定："履行统一领导职责或者组织处置突发事件的人民政府，必要时可以向单位和个人征用应急救援所需设备、设施、场地、交通工具和其他物资……"

2008 年《消防法》第 4 条第 1 款规定："国务院公安部门对全国的消防工作实施监督管理。"第 6 条第 3 款规定："公安机关及其消防机构应当加强消防法律、法规的宣传，并督促、指导、协助有关单位做好消防宣传教育工作。"第 6 条第 4 款规定："教育、人力资源行政主管部门和学校、有关职业培训机构应当将消防知识纳入教育、教学、培训的内容。"

（4）公安消防机构和消防队伍

公安消防机构是政府公安部门的组成部分，对消防救援实施管理和监督。公共消防队伍是公共危机应急救援的骨干力量、突击力量和专业救援力量。有关应急的法律法规等规定了其应急救援的领导权、组织权、指挥权、调动权、协调权、参加救援的权力和义务等权力及职责。如 2006 年《国务院关于全面加强应急管理工作的意见》在"加强应急救援队伍建设"部分规定："落实'十一五'规划有关安全生产应急救援、国家灾害应急救援体系建设的重点工程。建立充分发挥公安消防、特警以及武警、解放军、预备役民兵的骨干作用，各专业应急救援队伍各负其责、互为补充，企业专兼职救援队伍和社会志愿者共同参与的应急救援体系。"2007 年《突发事件应对法》第 8 条第 2 款规定："县级以上地方各级人民政府设立由本级人民政府主要负责人、相关部门负责人、驻当地中国人民解放军和中国人民武装警察部队有关负责人组成的突发事件应急指挥机构，统一领导、协调本级人民政府各有关部门和下级人民政府开展突发事件应对工作；根据实际需要，设立相关类别突发事件应急指挥机构，组织、协调、指挥突发事件应对工作。"第 14 条规定："中国人民解放军、中国人民武装警察部队和民兵组织依照本法和其他有关法律、行政法规、军事法规的规定以及国务院、中央军事委员会的命令，参加突发事件的应急救援和处置工作。"2008 年《消防法》第 4 条第 1 款规定："国务院公安部门对全国的消防工作实施监督管理。"第 37 条规定："公安消防队、专职消防队按照国家规定承担重大灾害事故和其他以抢救人员生命为主的应急救援工作。"第 38 条规定："公安消防队、专职消防队应当充分发挥火灾扑救和应急救援专业力量的骨干作用……提高火灾扑救和应急救援的能力。"第 41 条规定："机关、团体、企业、事业等单位以及村民委员会、居民委员会根据需要，建立志愿消防队等多种形式的消防组织，开展群众性自防自救工作。"第 42 条规定："公安机关消防机构应当对专职消防队、志愿消防队等消防组织进行业务指导；根据扑救火灾的需要，可以调动指挥专职消防队参加火灾扑救工作。"第 45 条规定："公安机关消防机构统一组织和指挥火灾现场扑救，应当优先保障遇险人员的生命安全。火灾现场总指挥根据扑救火灾的需要，有权决定下列事项……"第 46 条规定："公安消防队、专职消防队参加火灾以外的其他重大灾害事故的应急救援工作，由县级以上人民政府统一领导。"

各省市县要以公安消防队伍为依托，建立或确定"一专多能"的以消防队伍为骨干的应急救援队伍，在相关突发事件发生后，立即开展救援处置工作。以消防队伍为骨干的应急救援队伍除承担消防工作以外，同时承担综合性应急救援任务，包括地震等自然灾害，建筑施工事故、道路交通事故、空难等生产安全事故，恐怖袭击、群众遇险等社会安全事件的抢险救援任务，同时协助有关专业队伍做好水旱灾害、气象灾害、地质灾害、森林草原火灾、生物灾害、矿山事故、危险化学品事故、水上事故、环境污染、核与辐射事故和突发公共卫生事件等突发事件的抢险救援工作。

（5）其他救援队伍

其他救援队伍包括防洪防汛抗旱抢险、气象灾害、地质灾害、卫生应急、交管、医疗卫生、人防、地震救援、石化、水电气、通信、民政、环保、气象、海上搜救、矿山救护、森林消防、核与辐射、环境监控、危险化学品事故救援、铁路事故、民航事故、基础信息网络和重要信息系统事故处置以及水、电、油、气等工程抢险救援队伍，还包括解放军、武警部队和预备役部队、民兵等武装力量。各类型的救援救护队都有相关的领导部门和行业部门。相关应急法律法规和文件规定了其对公共危机应急管理和救援的领导权、组织权、指挥权、参加权、协调权、保障权、建立应急救援队伍的职责、应急抢险救援队伍建设职责、应急救援专门训练的职责、参与制定预案权、应急经费保障权、宣传报道管理权等。

2003 年《突发公共卫生事件应急条例》第 53 条规定："中国人民解放军、武装警察部队医疗卫生机构参与突发事件应急处理的，依照本条例的规定和军队的相关规定执行。"

2005 年《军队参加抢险救灾条例》规定："军队是抢险救灾的突击力量，执行国家赋予的抢险救灾任务是军队的重要使命。各级人民政府和军事机关应当按照本条例的规定，做好军队参加抢险救灾的组织、指挥、协调、保障等工作。""军队参加抢险救灾主要担负下列任务：（一）解救、转移或者疏散受困人员；（二）保护重要目标安全；（三）抢救、运送重要物资；（四）参加道路（桥梁、隧道）抢修、海上搜救、核生化救援、疫情控制、医疗救护等专业抢险；（五）排除或者控制其他危重险情、灾情。必要时，军队可以协助地方人民政府开展灾后重建等工作。""县级以上地方人民政府组建的抢险救灾指挥机构，应当有当地同级军事机关的负责人参加；当地有驻军部队的，还应当有驻军部队的负责人参加。""军队参加抢险救灾应当在人民政府的统一领导下进行，具体任务由抢险救灾指挥机构赋予，部队的抢险救灾行动由军队负责指挥。""县级以上地方人民政府应当向当地军事机关及时通报有关险情、灾情的信息。""省军区（卫戍区、警备区）、军分区（警备区）、县（市、市辖区）人民武装部应当及时掌握当地有关险情、灾情信息，办理当地人民政府提出的军队参加抢险救灾事宜，做好人民政府与执行抢险救灾任务的部队之间的协调工作。""在经常发生险情、灾情的地方，县级以上地方人民政府应当组织军地双方进行实地勘察和抢险救灾演习、训练。""有关军事机关应当制定参加抢险救灾预案，组织部队开展必要的抢险救灾训练。""军队参加国务院组织的抢险救灾所耗费用由中央财政负担。军队参加地方人民政府组织的抢险救灾所耗费用由地方财政负担。""军队参加重大抢险救灾行动的宣传报道，由国家和军队有关主管部门统一组织实施。新闻单位采访、报道军队参加抢险救灾行动，应当遵守国家和军队的有关规定。"

2006 年《国务院关于全面加强应急管理工作的意见》在"加强应急救援队伍建设"部分规定："建立充分发挥公安消防、特警以及武警、解放军、预备役民兵的骨干作用，各专业应急救援队伍各负其责、互为补充，企业专兼职救援队伍和社会志愿者共同参与的应急救援体系。加强各类应急抢险救援队伍建设，改善技术装备，强化培训演练，提高应急救援能力。"

2007 年《突发事件应对法》第 8 条第 2 款规定："县级以上地方各级人民政府设立由本级人民政府主要负责人、相关部门负责人、驻当地中国人民解放军和中国人民武装警察部队有关负责人组成的突发事件应急指挥机构，统一领导、协调本级人民政府各有关部门和下级人民政府开展突发事件应对工作；根据实际需要，设立相关类别突发事件应急指挥机构，组织、协调、指挥突发事件应对工作。"第 14 条规定："中国人民解放军、中国人民武装警察部队和民兵组织依照本法和其他有关法律、行政法规、军事法规的规定以及国务院、中央军事委员会的命令，参加突发事件的应急救援和处置工作。"第 26 条第 2 款规定："单位应当建立由本单位职工组成的专职或者兼职应急救援队伍。"第 28 条规定："中国人民解放军、中国人民武装警察部队和民兵组织应当有计划地组织开展应急救援的专门训练。"

（6）专家组

国务院和各应急管理机构建立各类专业人才库，可以根据实际需要聘请有关专家组成专家组，为应急管理提供决策建议，必要时参加突发公共事件的应急处置工作。

（7）社会其他单位、个人

社会其他单位、个人包括各企事业单位、民间组织、志愿者、其他社会组织（如殡葬组织、文艺团体、心理咨询组织、宗教组织、慈善组织等）、国际援助（外国国家和地区、外国组织、国际组织、外国专家、外国个人）。社会其他单位、组织和个人是公共危机应急救援力量的有机组成部分。这类救援力量可以为应急救援提供特殊的专业和技术支持，可以提供辅助性的工作以弥补人力的不足，可以为受害者提供精神上的理解、安慰和关心。我国有关应急法律法规和文件规定了其中部分组织和个人的应急参加、预防、应急演练、宣传、教育的权利和义务。如 2006 年 1 月《国家突发公共事件总体应急预案》规定："充分动员和发挥乡镇、社区、企事业单位、社会团体和志愿者队伍的作用，依靠公众力量，形成统一指挥、反应灵敏、功能齐全、协调有序、运转高效的应急管理机制……加强宣传和培训教育工作，提高公众自救、互救和应对各类突发公共事件的综合素质……宣传、教育、文化、广电、新闻出版等有关部门要通过图书、报刊、音像制品和电子出版物、广播、电视、网络等，广泛宣传应急法律法规和预防、避险、自救、互救、减灾等常识，增强公众的忧患意识、社会责任意识和自救、互救能力。各有关方面要有计划地对应急救援和管理人员进行培训，提高其专业技能。"2006 年《国务院关于全面加强应急管理工作的意见》在"加强应急救援队伍建设"部分规定："逐步建立社会化的应急救援机制，大中型企业特别是高危行业企业要建立专职或者兼职应急救援队伍，并积极参与社会应急救援；研究制订动员和鼓励志愿者参与应急救援工作的办法，加强对志愿者队伍的招募、组织和培训。"2007 年《突发事件应对法》第 11 条第 2 款规定："公民、法人和其他组织有义务参与突发事件应对工作。"第 22 条规定："所有单位应当建立健全安全管理制度，定期检查本单位各项安全防范措施的落实情况……"第 29 条第 2 款和第 3 款规定："居民委员会、村民委员会、企业事业单位应当根据所在地人民政府的要求，结合各自的实际情况，开展有关突发事件应急知识的宣传普及活动和必要的应急演练。新闻媒体应当无偿开展突发事件预防与应急、自救与互救知识的公益宣传。"第 30 条规定："各级各类学校应当把应急知识教育纳入教学内容，对学生进行应急知识教育，培养学生的安全意识和自救与互救能力。教育主管部门应当对学校开展应急知识教育进行指导和监督。"第 55 条规定："突发事件发生地的居民委员会、村民委员会和其他组织应当按照当地人民政府的决定、命令，进行宣传动员，组织群众开展自救和互救，协助维护社会秩序。"第 57 条规定："突发事件发生地的公民应当服从人民政府、居民委员会、村民委员会或者所属单位的指挥和安排，配合人民政府采取的应急处置措施，积极参加应急救援工作，协助维护社会秩序。"2008 年《消防法》第 6 条第 2 款、第 5 款、第 6

款、第 7 款规定："机关、团体、企业、事业等单位，应当加强对本单位人员的消防宣传教育。……新闻、广播、电视等有关单位，应当有针对性地面向社会进行消防宣传教育。工会、共产主义青年团、妇女联合会等团体应当结合各自工作对象的特点，组织开展消防宣传教育。村民委员会、居民委员会应当协助人民政府以及公安机关等部门，加强消防宣传教育。"

2. 职权职责建设

公共危机管理和救援的法律主体包括国家机关和政府相关部门、非政府公共部门、公司企业、其他社会组织和公民个人。在权力结构上，除了政府之外，非政府组织、企业组织以及公民个人，都在公共危机治理的结构中同时拥有权力、能力和责任，形成一种权力与责任对等、制度化常规化的多元治理结构。多元合作主体的地位并不是完全平等的，政府依然占据着优势。其他社会行为主体在作为公共事务治理的参与者的同时，还保留着作为普通社会行为主体的角色，仍要接受政府的管理。作为公共管理者的政府，对突发性公共事件和可能的或潜在的公共危机这类不确定性事件做出快速反应，以防范系统性风险和更大的公共危机的出现。尽管政府对于这类不确定性事件不具备完全制止和阻挡其发生的绝对能力，但是，政府作为公共事务的管理者，具备制度建设的特殊权力，可以通过制度化的社会安全防范机制的设计和执行，通过建立风险预警防范和风险应急机制，动用足够大量的资金和人力，可以在一定程度上防范和降低这类不确定性事件的负面影响，将危害降低到最小限度。所以，突发性公共事务需要在政府的统一领导和协调指挥下，消除潜在的公共危机，保护和实现公共利益。无论自主权利的形成，还是合作秩序的供给和维护，政府都起到难以替代的作用。此外，从国际经验看，在突发性公共事务中，政府具有其他社会组织和个人客观上不可能具备的总体协调能力、巨大财力支持能力和法制强权约束等特殊的国家权力。所以，在处理突发性公共事务中，政府理所当然地成为主角，来保护国家和人民的安全。作为非政府主体的各个参与力量是以自组织的状态存在。非政府主体在公共领域秩序中处于协作的位置，即在不与现行法律和政策相冲突的大前提之下，机动有序地参与公共危机管理的治理，这样才能达到结构上的最大优化，形成持续长效的良性系统。①

目前，对以上应急救援主体，以《突发事件应对法》为代表的应急管理和救援的法律主要规定的还是政府、政府相关各部门及应急救援队伍的法定职权与职责，而其他管理和救援主体的职权责、权利、义务等并不明确。总之，我国没有对公共危机应急救援的各种法律主体和力量的法定职权与职责制定统一的法律规定，各种救援力量归属不同的部门，部门相互独立且服从不同的领导人员，各自为政，政府间、不同职能部门间的应急救援关系未能从立法的角度加以明确。公共危机管理法制化建设的基本内容应该有：（1）通过危机状态法和其他有关法律确定政府紧急权力的范围和边界。（2）通过危机状态法和其他有关法律确定政府的职责。（3）通过危机状态法和其他有关法律确定政府行使紧急权力的条件。（4）通过危机状态法和其他有关法律确定政府行使紧急权力的程序。（5）通过各种相应法律规定政府行使紧急权力的目的。②（6）通过各种相应法律法规明确各种法律主体的权力、职权、权利和义务、职责、责任，规范相互之间的权利义务关系，建立完善的公共危机应急管理和救援的法律体系，将公共危机应急管理和救援法治化建设步入正轨。

第一，我国应加快公共危机管理法制化建设的进程，建立统一高效的公共危机应急管理和救援的组织管理、决策、指挥、协调系统，进一步增强预防和处理公共危机事件的主动性和能力。应尽快通过制定相关法律，建立国家主管应急救援的机构即应急救援应急指挥中心，地方各级政府成立相应的应急救援应急指挥中心，负责

① 杨玲：《公共危机管理多元参与消防应急救援》，载《第十届中国科协年会论文集（一）》2008年版，第1102页。

② 丁文喜著：《突发事件应对与公共危机管理》，光明日报出版社2009年版，第172—174页。

统一组织管理、指挥和协调处理各类突发公共危机事件，从而形成全国统一、联动、高效、权威的系统。各级应急救援指挥中心的职责主要有：一是接受公共危机应急救援的报警；二是根据情况性质和紧急程度分派系统、相关部门和救援队伍处理；三是对于重大公共危机事件，组织领导各有关部门进行及时决策、指挥和救援；四是对公共危机事件的过程和结果进行监督、追踪和反馈。

第二，完善社会力量参与管理和救援的法律和机制。我国当前关于危机管理的法律制度正处于建立和完善的初级阶段，在已经公布实施的一系列用于危机处置的法律文件中，尚没有关于肯定和支持公众参与政府危机管理以及参与的职责、途径方面比较明确的法律规定。公众参与法制化的缺乏，使公众和各种社会组织的参与不被政府决策机构所重视，公众即使有参与的愿望也无法实现。随着当代中国社会参与积极性的逐渐高涨，社会力量参与危机管理的制度供给速度已经远远跟不上实践的需求，因此，建立制度化的参与机制已经成为当务之急。《消防法》、《突发事件应对法》、《国务院办公厅关于加强基层应急管理工作的意见》等法规和文件，更多强调的是在应对突发公共事件的过程中政府的主导作用、公安消防部队的主力军地位，社会力量共同参与的模式还比较模糊。《消防法》仅在第二章第 41 条、第 42 条有提到"建立志愿消防队等多种形式的消防组织，开展群众性自防自救工作"，并未对消防应急救援中其他参与的非消防组织的行为和参与模式有所规限。①

五、公共危机应急管理和救援法律关系

如前所述，在公共危机应急管理和救援的整个过程中，法律主体之间的法律关系主要有行政法律关系和民事法律关系，还有经济法律关系，还可能存在衍生性的刑事法律关系，特别是表现为大量的行政法律关系。这种多种法律关系并存的情况致使法律主体之间

① 杨玲：《公共危机管理多元参与消防应急救援》，载《第十届中国科协年会论文集（一）》2008 年版，第 1108 页。

的法律关系非常复杂，并且呈立体型、层次型存在。应急管理和救援法律主体之间的法律关系包括以下主体之间的关系：国家、政府、政府职能部门、政府应急办、政府工作人员、公司、企业、事业单位、救援队伍（包括消防队伍和其他救援队伍）、其他社会团体和组织、公民个人和外国国家和地区、国际组织及其人员、外国公民（无国籍人和多国籍人）之间相互的行政、民事、经济、刑事和国际法律关系。当然，国际法律关系只在个别法律主体之间存在。公共危机应急管理和救援的行为主要是行政行为，其有管理行为、组织行为、指挥行为、运行行为、救援行为、保障行为等，行为不同，法律主体之间的权利义务等法律关系也不同，不同的行为产生不同的法律关系，因此，相应地会存在管理与被管理的关系、组织与被组织的关系、指挥与被指挥的关系、救援与被救援的关系、保障与被保障的关系等，这些不同类型的法律关系又可分为许许多多的具体的法律关系。就政府、政府各部门的管理行为和紧急处置权力行使行为来说，主要是应急管理关系；对各种应急救援队伍的救援行为而言，主要是救援关系。消防队伍存在与政府、政府职能部门、政府应急办、政府工作人员、公司、企业、事业单位、其他救援队伍、其他社会团体和组织、公民个人、外国国家和地区、国际组织及其人员、外国公民（无国籍人和多国籍人）之间的法律关系，主要是与政府、政府职能部门、政府应急办、其他救援队伍之间的法律关系。在消防队伍内部分为消防部队、专业消防队、志愿消防队之间的法律关系。单就消防部队来说，存在公安消防总队（支队、大队、中队）与公安消防特勤部队之间的法律关系，公安消防总队（支队、大队、中队）与综合应急救援总队（支队、大队、中队）之间的法律关系，公安消防特勤部队与综合应急救援队之间的法律关系，公安消防总队、支队、大队、中队相互之间的法律关系。

　　我国有关法律法规和文件对上述法律主体之间的法律关系作出了明文规定，如2006年《国务院关于全面加强应急管理工作的意见》在"加强应急管理体制和机制建设"部分规定："国务院是全国应急管理工作的最高行政领导机关，国务院各有关部门依据有关法律、行政法规和各自职责，负责相关类别突发公共事件的应急管理工作。地方各级人民政府是本行政区域应急管理工作的行政领导机关，要根据《国家总体应急预案》的要求和应对各类突发公共事件的需要，结合实际明确应急管理的指挥机构、办事机构及其职责。各专项应急指挥机构要进一步强化职责，充分发挥在相关领域应对突发公共事件的作用。加强各地区、各部门以及各级各类应急管理机构的协调联动，积极推进资源整合和信息共享。"在"全力做好应急处置和善后工作"部分规定："地方各级人民政府和国务院有关部门要依照预案规定及时采取相关应急响应措施。按照属地管理为主的原则，事发地人民政府负有统一组织领导应急处置工作的职责，要积极调动有关救援队伍和力量开展救援工作，采取必要措施，防止发生次生、衍生灾害事件，并做好受影响群众的基本生活保障和事故现场环境评估工作。"但是，公共危机应急管理和救援法律主体之间的关系存在许多问题：（1）规定法律关系的法律法规之间存在矛盾、不统一，导致法律权利义务关系也不一致；（2）不同法律主体本身的权利与义务不统一、权力与职责不统一；（3）不同法律主体之间的权利和义务、权力和职责不明确，不具体；（4）有的法律主体只享有权利、权力，没有职责和义务，有的法律主体只有义务和责任，没有职权和权利；（5）国际、国外法律关系没有相关规定。因此，公共危机应急管理和救援法律主体之间的法律关系的调整需要明确法律依据。根据我国的实际情况，推进政府应急机制法制化进程，主要明确以下几个方面的权利与义务关系。

第一，完善突发事件应对组织的制度建设，明确中央与地方各自的权责，同时将行政机关之间的横向协调与合作制度化。突发事件的应对通常需要快速反应，通过立法将不同机关的职责明晰化是有效应对的前提。我国立法中对机关之间的关系通常采用原则性规定，中央与地方、地方政府之间、部门之间等的关系没有制度化。即便是《汶川重建条例》对中央与地方在灾后重建工作中的权责分配也仍然延续了现行多数立法原则性规定的做法，没有作出制度性安排，"条条"与"块块"的关系没有得到很好的解决。应当在以后的立法中完善突发事件应对中的行政协助制度，包括将行政协助明确为被请求机关的义务、协助发生的情形、协助产生的费用负担、协助产生的法律责任承担等问题。①

第二，要依法明确各级应急指挥组织和各级政府职能部门的权力与责任，明确应急救援三种关系，整合救援资源，完善联动救援机制。要依法规范各级政府的应急组织指挥系统、各级政府应急指挥部的组成人员、各级指挥部最高指挥长的人选。各级政府的职能部门是政府行使职权的重要机构，必须依法纳入紧急状态下政府应急机制的法律规范范围，把它作为政府应急机制的重要组成部分，依法赋予其在紧急状态下在本职责领域的紧急行政处置权，依法维护其在本职责范围内履行紧急状态行政处置权的权威，并把其紧急状态行政处置权严格置于同级政府紧急状态应急机构的绝对领导之下。②

目前，有关部门、行业系统分别组建了各自的专业救援队伍，有公安消防部队、防汛抗旱、气象灾害、地质灾害、矿山、危险化学品、卫生应急、重大动物疫情等应急队伍以及驻地武警部队等，但是都存在救援资源分散、职能单一、指挥协调困难、难以发挥整体效能等问题。从 2009 年开始，各地分别依托公安消防部队组建综合应急救援队，主要是想解决上述问题，但在实际工作中，很多地方只是多挂了一块牌子，没有真正实现救援资源大整合。组建综合应急救援队伍应该以维护人民利益为立足点和出发点，由各级人民政府牵头，各部门行业协调配合，创新工作模式，突破现有的机制体制，真正建立一套由政府统一领导、部门联动紧密、资源配置

①　王万华：《略论我国社会预警和应急管理法律体系的现状及其完善》，载《行政法学研究》2009 年第 2 期，第 8 页。

②　夏琼：《建立公共危机应急管理体系的思考》，载《长江大学学报（社会科学版）》2005 年第 5 期，第 82 页。

合理、装备配备精良、勤务保障有力的应急救援队伍体系，实现应急救援调度指挥一体化、实战训练一体化、灾害处置一体化、应急保障一体化。①

除《紧急状态法》、《国家突发公共事件总体应急预案》之外，还应注重加强应急救援体系建设的立法工作，为建立符合国情、利国利民的应急救援力量体系提供法律保障，重点明确三种关系：一是明确主体关系。建立一支党委、政府直接领导下的专业应急救援队伍，立足常规、常备、综合、攻坚的职能定位，推进主体建设。对现有各种应急救援力量进行"大重组"，除专门领域（如军队）、特种技能要求（如核事故处理）以外的应急救援力量一律予以撤并，以便集中人、财、物资源，建好政府应急救援队。二是明确结构关系。以预案建设为基础，形成"以政府应急救援队为主体、以专业救援力量为补充、以其他公共救援力量为基础"的"层次性"构架，这也符合政府应急管理中的分级管理原则。三是明确指挥关系。建立和健全统一指挥、功能齐全、反应灵敏、运转高效的政府应急救援指挥中心。同时，加强应急机构队伍和应急救援体系、应急平台建设，整合各类应急资源，协调联动机制，将紧急突发情况的第一信号传递到政府的神经中枢，由指挥中心将应急救援的第一指令传达到政府应急救援队和相关救援力量。对重大应急救援行动进行全程监控，前后方协同指挥，才能真正将应急救援融为整体，极大地提高快速反应能力和联动作战能力。②

公安消防部队作为社会应急救援的主体，并不等于包揽一切，承担所有突发公共事件的救援任务。平时，它负责研究和组织制订

---

① 程向东：《从日本防灾减灾救灾工作中受到的启示》，2010 年 10 月 19 日。

② 付立兵：《政府应急救援体系建设中公安消防部队职能定位的实践与研讨》，载《中国西部科技》2006 年第 26 期，第 76 页；付立兵：《应急救援体系建设中消防部队的职能定位》，载 http://www.cpd.com.cn/gb/newspaper/2007 – 01/22/content_ 721146.htm，2011 – 05 – 08。

预案，教育训练，协调各类专业救援队伍的关系。发生灾害事故时，凡影响到社会秩序和公共安全，影响人民生活，危及人民安全，需要政府出面解决的问题，如发生水灾、地震、化学泄漏、建筑物倒塌等灾害事故，则由各级政府应急救援中心直接调用，参与组织应急救援，并负责调度其他救援力量。凡不影响全局的灾害事故，如水下打捞、燃气泄漏等事故抢修、一般性交通事故等，各级应急救援中心则通告专业救援队伍，由其实施救援。①

第三，明确政府与军队的关系。军队是我国突发事件应对中的重要力量，如何处理好军队与应急机关的关系，是必须解决的问题，但由于各种因素的存在，迄今未能在立法中解决这个难题，但这是未来立法中必须面对的一个问题。②

第四，要依法明确各个社会组织和社会公众的权利和义务。在紧急状态下，这既有利于各级政府职能部门执行任务，又能避免公民的权利受到侵害。制定政策和法律鼓励和保护志愿者及其队伍参与应急救援，充分利用其技术和专业资源，维护其合法权益，并制定相应的管理措施，进行分类并注册，签订协议，统一培训和专业训练。企事业单位、社团、公民个人与其他单位特别是政府和应急救援力量之间的法律关系也需要明确。

六、公共危机应急管理和救援的法律保障

（一）公共危机应急管理和救援保障的法律规定

如前所述，我国公共危机应急管理和救援力量的法律保障包括人力资源的法律保障、经费法律保障、物资器材装备法律保障、宣传法律保障、技术法律保障、信息法律保障、协调法律保障、救援

---

① 李宝萍、张倩：《关于应急救援力量体制的思考》，载《第十届中国科协年会论文集（一）》2008 年版，第 571 页。

② 王万华：《略论我国社会预警和应急管理法律体系的现状及其完善》，载《行政法学研究》2009 年第 2 期，第 8 页。

措施和程序以及救济的法律保障等。我国公共危机应急管理和救援的法律法规和文件对应急法律保障作了相关规定。

1. 人力资源法律保障

2003 年《突发公共卫生事件应急条例》第 6 条规定:"县级以上各级人民政府应当组织开展防治突发事件相关科学研究,建立突发事件应急流行病学调查、传染源隔离、医疗救护、现场处置、监督检查、监测检验、卫生防护等有关物资、设备、设施、技术与人才资源储备,所需经费列入本级政府财政预算。"第 9 条规定:"县级以上各级人民政府及其卫生行政主管部门,应当对参加突发事件应急处理的医疗卫生人员,给予适当补助和保健津贴;对参加突发事件应急处理作出贡献的人员,给予表彰和奖励;对因参与应急处理工作致病、致残、死亡的人员,按照国家有关规定,给予相应的补助和抚恤。"2005 年《军队参加抢险救灾条例》第 16 条规定:"对在执行抢险救灾任务中……对死亡或者致残的人员,按照国家有关规定给予抚恤优待。"2006 年《国务院关于全面加强应急管理工作的意见》在"积极开展应急管理培训"部分规定:"各地区、各有关部门要制订应急管理的培训规划和培训大纲,明确培训内容、标准和方式,充分运用多种方法和手段,做好应急管理培训工作,并加强培训资质管理。积极开展对地方和部门各级领导干部应急指挥和处置能力的培训,并纳入各级党校和行政学院培训内容。加强各单位从业人员安全知识和操作规程培训……"在"建立公共安全科技支撑体系"部分规定:"按照《国家中长期科学和技术发展规划纲要》的要求,高度重视利用科技手段提高应对突发公共事件的能力,通过国家科技计划和科学基金等,对突发公共事件应急管理的基础理论、应用和关键技术研究给予支持,并在大专院校、科研院所加强公共安全与应急管理学科、专业建设,大力培养公共安全科技人才。"2007 年《突发事件应对法》第 36 条规定:"国家鼓励、扶持具备相应条件的教学科研机构培养应急管理专门人才,鼓励、扶持教学科研机构和有关企业研究开发用于突发事件预防、监测、预警、应急处置与救援的新技术、新设备和新工具。"2008 年《消防法》第 6 条第 4 款规定："教育、人力资源行政主管部门和学校、有关职业培训机构应当将消防知识纳入教育、教学、培训的内容。"第 34 条规定："消防产品质量认证、消防设施检测、消防安全监测等消防技术服务机构和执业人员，应当依法获得相应的资质、资格；依照法律、行政法规、国家标准、行业标准和执业准则，接受委托提供消防技术服务，并对服务质量负责。"第 50 条规定："对因参加扑救火灾或者应急救援受伤、致残或者死亡的人员，按照国家有关规定给予医疗、抚恤。"2009 年国务院办公厅《关于加强基层应急队伍建设的意见》指出，要"认真研究解决基层应急队伍工作中的实际困难，落实基层应急救援队员医疗、工伤、抚恤，以及应急车辆执行应急救援任务时的免交过路费等政策措施。"

上述法律法规等要求建立公共危机应急管理和救援的人才资源储备，鼓励、扶持教学科研，积极开展应急管理培训，大力培养公共安全科技人才和应急管理专门人才，对参加突发事件应急处理的人员给予适当补助和保健津贴，或者表彰和奖励，或者相应的补助和抚恤。

2. 经费法律保障

2003 年《突发公共卫生事件应急条例》第 6 条规定："县级以上各级人民政府应当组织开展防治突发事件相关科学研究，建立突发事件应急流行病学调查、传染源隔离、医疗救护、现场处置、监督检查、监测检验、卫生防护等有关物资、设备、设施、技术与人才资源储备，所需经费列入本级政府财政预算。国家对边远贫困地区突发事件应急工作给予财政支持。"20 世纪末，我国公共财政基本框架确立，长期以来一直被压缩控制的公安消防部队经费由此成为财政支出保障的重点。在这个大背景下，特别是 2003 年第二十次全国公安工作会议的召开，中共中央印发《关于进一步加强和改进公安工作的决定》（中发〔2003〕13 号），给公安消防部队经费保障工作带来了前所未有的发展机遇，公安消防部队经费保障一系列规范和加强公安消防经费管理的法规、措施相继出台，对公安消防经费保障产生了积极而深远的影响。① 2005 年《军队参加抢险救灾条例》第 13 条规定："军队参加国务院组织的抢险救灾所耗费用由中央财政负担。军队参加地方人民政府组织的抢险救灾所耗费用由地方财政负担。"2006 年 1 月《国家突发公共事件总体应急预案》提出："要保证所需突发公共事件应急准备和救援工作资金。对受突发公共事件影响较大的行业、企事业单位和个人要及时研究提出相应的补偿或救助政策。鼓励自然人、法人或者其他组织（包括国际组织）按照《中华人民共和国公益事业捐赠法》等有关法律、法规的规定进行捐赠和援助。"2006 年《国务院关于全面加强应急管理工作的意见》在"加大对应急管理的资金投入力度"部分规定："根据《国家总体应急预案》的规定，各级财政部门要按照现行事权、财权划分原则，分级负担公共安全工作以及预防与处置突发公共事件中需由政府负担的经费，并纳入本级财政年度预算，健全应急资金拨付制度。对规划布局内的重大建设项目给予重点支持。支持地方应急管理工作，建立完善财政专项转移支付制度。建立健全国家、地方、企业、社会相结合的应急保障资金投入机制，适应应急队伍、装备、交通、通信、物资储备等方面建设与更新维护资金的要求。建立企业安全生产的长效投入机制，增强高危行业企业安全保障和应急救援能力。研究建立应对突发公共事件社会资源依法征用与补偿办法。"2007 年《突发事件应对法》第 31 条规定："国务院和县级以上地方各级人民政府应当采取财政措施，保障突发事件应对工作所需经费。"第 34 条规定："国家鼓励公民、法人和其他组织为人民政府应对突发事件工作提供物资、资金、技术支持和捐赠。"第 35 条规定："国家发展保险事业，建立国家财政支持的巨灾风险保险体系，并鼓励单位和公民参加保

---

① 于松岩：《公安经费保障存在的问题及解决对策》，载《公安研究》2008 年第 9 期，第 57—61 页、第 70 页。顾建一：《从汶川地震经费保障看未来应急救援经费保障体系建设》，载《军事经济研究》2008 年第 12 期，第 64—66 页。

险。"2008 年《消防法》第 33 条规定："国家鼓励、引导公众聚集场所和生产、储存、运输、销售易燃易爆危险品的企业投保火灾公众责任保险；鼓励保险公司承保火灾公众责任保险。"第 49 条规定："公安消防队、专职消防队扑救火灾、应急救援，不得收取任何费用。单位专职消防队、志愿消防队参加扑救外单位火灾所损耗的燃料、灭火剂和器材、装备等，由火灾发生地的人民政府给予补偿。"2009 年国务院办公厅《关于加强基层应急队伍建设的意见》指出，要"加大基层应急队伍经费保障力度。县、乡两级综合性应急救援队伍和有关专业应急救援队伍建设与工作经费要纳入同级财政预算。按照政府补助、组建单位自筹、社会捐赠相结合等方式，建立基层应急救援队伍经费渠道"。

上述法律法规和规范性文件规定了建立突发事件应急储备所需经费列入政府财政预算、保证应急准备和救援所需的工作资金、补偿或救助、捐赠和援助、加大对应急管理的资金投入力度、健全应急资金拨付制度、建立完善财政专项转移支付制度、建立健全应急保障资金投入机制、建立依法征用与补偿办法、建立巨灾风险保险体系等内容。

3. 物资器材装备法律保障

2003 年《突发公共卫生事件应急条例》第 6 条规定："县级以上各级人民政府应当组织开展防治突发事件相关科学研究，建立突发事件应急流行病学调查、传染源隔离、医疗救护、现场处置、监督检查、监测检验、卫生防护等有关物资、设备、设施、技术与人才资源储备，所需经费列入本级政府财政预算。"第 16 条规定："国务院有关部门和县级以上地方人民政府及其有关部门，应当根据突发事件应急预案的要求，保证应急设施、设备、救治药品和医疗器械等物资储备。"第 17 条第 1 款规定："县级以上各级人民政府应当加强急救医疗服务网络的建设，配备相应的医疗救治药物、技术、设备和人员，提高医疗卫生机构应对各类突发事件的救治能力。"2005 年《军队参加抢险救灾条例》规定："军队参加抢险救灾时，当地人民政府应当提供必要的装备、物资、器材等保障，派出专业技术人员指导部队的抢险救灾行动。""军队执行抢险救灾任务所需要的燃油，由执行抢险救灾任务的部队和当地人民政府共同组织保障。"2006 年 1 月《国家突发公共事件总体应急预案》规定："要建立健全应急物资监测网络、预警体系和应急物资生产、储备、调拨及紧急配送体系，完善应急工作程序，确保应急所需物资和生活用品的及时供应，并加强对物资储备的监督管理，及时予以补充和更新。"2007 年《突发事件应对法》第 24 条第 2 款规定："有关单位应当定期检测、维护其报警装置和应急救援设备、设施，使其处于良好状态，确保正常使用。"第 27 条规定："国务院有关部门、县级以上地方各级人民政府及其有关部门、有关单位应当为专业应急救援人员购买人身意外伤害保险，配备必要的防护装备和器材，减少应急救援人员的人身风险。"第 32 条规定："国家建立健全应急物资储备保障制度，完善重要应急物资的监管、生产、储备、调拨和紧急配送体系。设区的市级以上人民政府和突发事件易发、多发地区的县级人民政府应当建立应急救援物资、生活必需品和应急处置装备的储备制度。县级以上地方各级人民政府应当根据本地区的实际情况，与有关企业签订协议，保障应急救援物资、生活必需品和应急处置装备的生产、供给。"第 36 条规定："国家……鼓励、扶持教学科研机构和有关企业研究开发用于突发事件预防、监测、预警、应急处置与救援的新技术、新设备和新工具。"2008 年《消防法》第 7 条第 1 款规定："国家鼓励、支持消防科学研究和技术创新，推广使用先进的消防和应急救援技术、设备；鼓励、支持社会力量开展消防公益活动。"第 48 条规定："消防车、消防艇以及消防器材、装备和设施，不得用于与消防和应急救援工作无关的事项。"2006 年《国务院关于全面加强应急管理工作的意见》在"加强各类应急资源的管理"部分规定："建立国家、地方和基层单位应急资源储备制度，在对现有各类应急资源普查和有效整合的基础上，统筹规划应急处置所需物料、装备、通信器材、生活用品等物资和紧急避难场所，以及运输能力、通信能力、生产能力和有关技术、信息的储备。加强对储备物资的动态管理，……合理规划建设国家重要应急物资储备库……"2009 年国务院办公厅《关于加强基层应急队伍建设的意见》指出，要"建立健全基层应急队伍与其他各类应急队伍及装备统一调度、快速运送、合理调配、密切协作的工作机制，经常性地组织各类队伍开展联合培训和演练，形成有效处置突发事件的合力"，"研究制订基层应急救援队伍装备标准并配备必要装备。"

上述法律法规和规范性文件规定了建立应急突发事件应急设备装备设施器械等物资的储备保障制度，建立健全应急物资监测网络和监管、生产、储备、调拨、紧急配送体系，物资储备的补充和更新，应急救援设备、设施的检测、维护，建设应急物资储备库，应急救援队伍装备标准和配备等内容。

4. 协调法律保障

公共危机应急管理和救援相关法律法规和规范性文件也对军队应急协调、各级各地各部门的沟通协调和配合、联动、资源整合、信息共享进行了规定。如 2005 年《军队参加抢险救灾条例》规定："各级人民政府和军事机关应当按照本条例的规定，做好军队参加抢险救灾的组织、指挥、协调、保障等工作。""县级以上地方人民政府组建的抢险救灾指挥机构，应当有当地同级军事机关的负责人参加；当地有驻军部队的，还应当有驻军部队的负责人参加。""军队参加抢险救灾应当在人民政府的统一领导下进行，具体任务由抢险救灾指挥机构赋予，部队的抢险救灾行动由军队负责指挥。""县级以上地方人民政府应当向当地军事机关及时通报有关险情、灾情的信息。""省军区（卫戍区、警备区）、军分区（警备区）、县（市、市辖区）人民武装部应当及时掌握当地有关险情、灾情信息，办理当地人民政府提出的军队参加抢险救灾事宜，做好人民政府与执行抢险救灾任务的部队之间的协调工作。"2006年《国务院关于全面加强应急管理工作的意见》规定："各地区、各部门要加强沟通协调，理顺关系，明确职责，搞好条块之间的衔接和配合。建立和完善应对突发公共事件部际联席会议制度，加强部门之间的协调配合，定期研究解决有关问题"、"加强各地区、各部门以及各级各类应急管理机构的协调联动，积极推进资源整合和信息共享"、"建设各级人民政府组织协调、有关部门分工负责的各类突发公共事件预警系统"、"地方各级人民政府和有关部门要加强对基层应急管理工作的指导和检查，及时协调解决人力、物力、财力等方面的问题"。

5. 法律强制措施、法定程序、法律责任、法律救济、法律监督等方面的保障

公共危机应急管理和救援相关法律法规及规范性文件对应急行政强制措施、应急程序、应急监督等方面进行了规定，应急法律责任和应急法律救济在其他内容已有论述，此处不再累述。

法律强制措施的规定有：2003 年《突发公共卫生事件应急条例》第 33 条规定："根据突发事件应急处理的需要，突发事件应急处理指挥部有权紧急调集人员、储备的物资、交通工具以及相关设施、设备；必要时，对人员进行疏散或者隔离，并可以依法对传染病疫区实行封锁。"第 34 条规定："突发事件应急处理指挥部根据突发事件应急处理的需要，可以对食物和水源采取控制措施。县级以上地方人民政府卫生行政主管部门应当对突发事件现场等采取控制措施，宣传突发事件防治知识，及时对易受感染的人群和其他易受损害的人群采取应急接种、预防性投药、群体防护等措施。"第 37 条规定："对新发现的突发传染病、不明原因的群体性疾病、重大食物和职业中毒事件，国务院卫生行政主管部门应当尽快组织力量制定相关的技术标准、规范和控制措施。"第 38 条规定："交通工具上发现根据国务院卫生行政主管部门的规定需要采取应急控制措施的传染病病人、疑似传染病病人，其负责人应当以最快的方式通知前方停靠点，并向交通工具的营运单位报告。……卫生行政主管部门接到报告后，应当立即组织有关人员采取相应的医学处置措施。交通工具上的传染病病人密切接触者，……根据各自的职责，依照传染病防治法律、行政法规的规定，采取控制措施。涉及国境口岸和入出境的人员、交通工具、货物、集装箱、行李、邮包等需要采取传染病应急控制措施的，依照国境卫生检疫法律、行政

法规的规定办理。"第 44 条规定："在突发事件中需要接受隔离治疗、医学观察措施的病人、疑似病人和传染病病人密切接触者在卫生行政主管部门或者有关机构采取医学措施时应当予以配合；拒绝配合的，由公安机关依法协助强制执行。"

法律程序方面的规定有：2007 年《突发事件应对法》第 13 条规定："因采取突发事件应对措施，诉讼、行政复议、仲裁活动不能正常进行的，适用有关时效中止和程序中止的规定，但法律另有规定的除外。"2009 年国务院办公厅《关于加强基层应急队伍建设的意见》指出："认真研究解决基层应急队伍工作中的实际困难，落实基层应急救援队员医疗、工伤、抚恤，以及应急车辆执行应急救援任务时的免交过路费等政策措施。"

法律监督方面的内容包括抢险救灾费用的审核、应急保障资金使用和效果的监管和评估、政府向人大的备案和工作报告、损失评估、公安等部门的监督和检查、社会和个人的监督、检举和控告、举报制度、应急工作的督察、检查和指导、责任追究等内容。具体规定有：2005 年《军队参加抢险救灾条例》规定："抢险救灾任务完成后，军队有关部门应当及时统计军队执行抢险救灾任务所耗费用，报抢险救灾指挥机构审核。"2006 年《国家突发公共事件总体应急预案》规定："要对突发公共事件财政应急保障资金的使用和效果进行监管和评估。"2007 年《突发事件应对法》第 16 条规定："县级以上人民政府作出应对突发事件的决定、命令，应当报本级人民代表大会常务委员会备案；突发事件应急处置工作结束后，应当向本级人民代表大会常务委员会作出专项工作报告。"第 59 条规定："突发事件应急处置工作结束后，履行统一领导职责的人民政府应当立即组织对突发事件造成的损失进行评估，组织受影响地区尽快恢复生产、生活、工作和社会秩序，制定恢复重建计划，并向上一级人民政府报告。"2008 年《消防法》第 4 条第 1 款规定："国务院公安部门对全国的消防工作实施监督管理。县级以上地方人民政府公安机关对本行政区域内的消防工作实施监督管理，并由本级人民政府公安机关消防机构负责实施。"第 52 条规定："地方各级人民政府应当落实消防工作责任制，对本级人民政府有关部门履行消防安全职责的情况进行监督检查。"第 53 条第 1 款规定："公安机关消防机构应当对机关、团体、企业、事业等单位遵守消防法律、法规的情况依法进行监督检查。"第 57 条规定："公安机关消防机构及其工作人员执行职务，应当自觉接受社会和公民的监督。任何单位和个人都有权对公安机关消防机构及其工作人员在执法中的违法行为进行检举、控告。收到检举、控告的机关，应当按照职责及时查处。"2003 年《突发公共卫生事件应急条例》第 24条第 1 款和第 2 款规定："国家建立突发事件举报制度，公布统一的突发事件报告、举报电话。任何单位和个人有权向人民政府及其有关部门报告突发事件隐患，有权向上级人民政府及其有关部门举报地方人民政府及其有关部门不履行突发事件应急处理职责，或者不按照规定履行职责的情况。接到报告、举报的有关人民政府及其有关部门，应当立即组织对突发事件隐患、不履行或者不按照规定履行突发事件应急处理职责的情况进行调查处理。"第 28 条规定："全国突发事件应急处理指挥部对突发事件应急处理工作进行督察和指导，地方各级人民政府及其有关部门应当予以配合。省、自治区、直辖市突发事件应急处理指挥部对本行政区域内突发事件应急处理工作进行督察和指导。"2006 年《国务院关于全面加强应急管理工作的意见》规定："各级人民政府及有关部门要依照有关法律法规及时开展事故调查处理工作，查明原因，依法依纪处理责任人员，总结事故教训，制订整改措施并督促落实。"2009 年国务院办公厅《关于加强基层应急队伍建设的意见》指出："各有关部门要强化支持政策的研究并加强指导，加强对基层应急队伍建设的督促检查。"

（二）公共危机应急管理和救援法律保障存在的问题

从上述法律法规和有关文件对应急人力资源、经费、物资器材装备、协调、信息、法律强制措施、法定程序、法律监督保障等方面的法律规定来看，我国公共危机应急管理和救援法律保障还存在以下问题。

第一，缺乏统一的应急管理法律保障体系。目前，我国虽然制定了包括《戒严法》、《防洪法》、《防震减灾法》等在内的紧急状态法律，但《宪法》中没有关于应对紧急状态的明确规定，对于突发事件的公共财政应急反应，仅在《预算法》的第七章"预算调整"中有一些规定。不统一、不完善的应急管理法律制度，不仅导致政府部门应急管理权责不明，影响着紧急状态下统一指挥的效果，而且不利于发挥公共财政应对突发事件的特有功能，从很大程度上制约着政府对突发事件的回应效率和恢复工作的有序进行。[1] 在我国，《突发事件应对法》等法律仅仅提出了应急保障的总体目标，却缺乏实现这些目标的具体措施以及必要的约束性手段，用于应急融资的商业工具在法律上更是付诸阙如，实践中也呈现空白。因此，尽快填补上述空白，是完善应急法的另一重点。[2]

第二，从法制规范上看，应急保障缺乏系统化的法制规范。我国应急救援保障体系主要依据《突发事件应对法》、《国务院关于全面加强应急管理工作的意见》、《消防法》、《关于加强基层应急队伍建设的意见》、《军队参加抢险救灾条例》以及《国家突发事件总体应急预案》等法律法规文件中，针对于各部门之间动态协调的保障规范没有法制化，应急保障体系管理缺乏法律支持。

第三，现有法律法规条款笼统，制度存在缺失。应急保障人力资源如何培养和培训、补助或抚恤的标准、经费如何拨付和转移、如何建立风险保险体系、物资器材装备调拨数量和配送程序、应急物资储备库的建设、军地和政府各部门如何协调和联动、法律监督的后果以及责任的追究程序等都没有相关实施细则或办法予以规定，没有建立相关法律制度，现有法律规定又不明确、不具体，缺

---

① 管泽锋、郑佳、李科：《构建公共财政下的政府应急管理保障机制》，载《山西财政税务专科学校学报》2009 年第 2 期，第 8 页。

② 林鸿潮著：《公共应急管理机制的法治化》，华中科技大学出版社2009 年版，第 15 页。

乏可操作性，执行性差。例如，面对突发事件，按照什么样的程序启动应急处理机制、中央和地方政府之间如何进行财力分担、中央政府如何向地方政府提供援助、应急资金支出如何进行有效管理等方面，我国尚未形成完整、具体并可操作的预先制度安排。[1] 经费供需军地协调机制方面，虽然 2005 年国务院和中央军委联合颁发了《军队参加抢险救灾条例》，但在具体执行过程中，还是存在供需衔接不够顺畅的地方，一是采购缺乏统一规划；二是接收单位缺乏经费使用拨付计划，资金不能及时保障到位。[2]

（三）公共危机应急管理和救援法律保障的完善

我国还没有建立一个针对各类公共危机事件的人力、资金、卫生、设备、保险、协调、信息、技术、法律等综合的公共危机应急保障体系，很难应对公共危机事件特别是重大灾害事件的冲击。未雨绸缪，只有建立起全方位的应急保障机制，全面整合社会资源，建立完备的危机保障系统，才能在公共危机发生后，迅速集中全社会的力量来应对灾难，保证应急救灾工作的顺利开展，这对于灾后重建和恢复也有极其重要的意义。法律保障应主要在以下几个方面进行完善。

1. 人力资源法律保障的完善

公共危机应急管理和救援的管理水平与救援能力以及效果如何，取决于管理和救援人员素质的高低。消防、公安、交管、医疗卫生、市政、人防、地震、防汛、矿山、石化、水电气、通信、民政、环保、气象等部门和行业队伍都是抢险救援队伍。要进一步优化、强化以消防等专业队伍为主体、群众性队伍为辅助的应急救援网络。各类救援队伍要合理部署，并合理配备各类先进的救援装备

---

① 李万伟、管泽锋、郑佳：《公共财政背景下应急管理保障机制的建构》，载《商业现代化》2009 年第 3 期（下旬），第 78 页。

② 顾建一：《从汶川地震经费保障看未来应急救援经费保障体系建设》，载《军事经济研究》2008 年第 12 期，第 64—66 页。

器材和通信、交通工具。应定期组织跨部门、跨行业的综合性演练和训练，以加强组织协同和专业保障，提高救援队伍的快速反应和协同应急救援的能力，确保队伍完成抢险救援任务。同时，各类救援队伍在编制、待遇、抚恤、教育培训、专业人才建设等方面也要建立完备的保障体系。上述每一个方面、每一个环节都急需制定和完善相关的法律法规，在法律上予以保障，为现实中保障的真正落实打下法律基础、提供法律依据。

2. 经费法律保障的完善

要保障公共危机应急救援的正常进行和应急救援力量的正常运转，就必须加大资金投入，要努力形成多渠道、多元化的经费保障机制，完善应急救援经费保障法规体系，加强经费保障的监管。公共危机应急救援管理和队伍建设，特别是物资装备的建设是离不开经费保障的。应急救援经费和资金是现代社会中公共危机应急救援不可或缺的重要组成部分。没有经费和资金的保障，公共危机应急救援就是一纸空话，无从谈起。公共危机应急救援队伍是应对和处置公共危机的有生力量，而处置和救援又是国家和政府进行危机管理的职能要求和内容，所以，公共危机应急救援的组织机构和队伍建设所需经费开支属于一种公共支出。这笔公共支出应按照我国预算法法律法规的有关规定，由政府按照财政支出额的适当比例予以单列专项储备资金。另外，公共危机应急救援队伍建设所需的经费和资金，除了政府划拨和征用、补助以外，还可以发挥市场经济的调节和商业化保障，如政府发行国债、救援队伍提供有偿服务收取一定的费用、公司企业提供一定救援费、鼓励人民群众和各单位根据保险法的规定投保，还可以发挥社会资源的优势，由社会提供捐助、捐献、贷款，个人依法提供赞助、捐赠，设立消防或应急救援基金会，还可以考虑由国际组织如国际银行、红十字等提供国际无偿或低息贷款、国际援助等。同时，还要预防经费和资金被挪用、盗用、贪污、诈骗、抢劫、勒索、丢失、侵占等，严厉打击违法和犯罪行为，依法严格追究民事和行政法律责任甚至刑事法律责任。所有这些经费和资金的来源、储存、邮寄、汇划、支出、使用、借贷等都需提供法律保障。公共危机应急救援队伍建设的经费和资金保障涉及多种多部门的法律。国家和地方各级政府、部门要不断制定和完善财政法、征用法、国家补偿法、物权法、保险法、社会捐赠法、合同法、贷款法、国际援助法等法律法规，特别是制定一部应急救援法或单列制定一部应急救援资金保障法，完善应急救援经费保障法规体系，制定针对性和可操作性强的应急救援经费保障工作规章，对公共危机应急救援的组织管理、队伍建设、救援行动、恢复重建等所需费用作出明确和详细的规定，明确军地各级、各部门、各单位及相关人员在应急救援经费保障工作中的职责、任务、行动方式、协作办法，使各领域、各部门、各环节在应急救援经费保障中能够互相配合，使得应急救援经费保障工作向着规范化、制度化、法治化的方向发展。另外，还要加强经费保障的监管，完善法规制度以及应急救灾经费管理的各项法规规章，使得经费保障监管工作有法可依，建立全过程、全方位监控机制，监督包括经费筹措募集、申请划拨、采购支付全过程，并把所有救灾经费保障工作纳入监督检查的范围。采取经费使用职能部门内部监管和审计、纪检监察部门外部监管相结合的方式，互通监管信息，及时发现和处置应急救援经费管理使用中的违法违规问题。充分发挥群众舆论监督的作用，把公开透明的原则贯穿于应急救援经费管理使用的全过程；并且完善监督信息反馈机制，利用信息发布平台，发挥群众舆论监督作用，加大社会监管力度。①

3. 物资器材装备法律保障的完善

要完成公共危机应急救援任务、成功处置各类危机事件，必须要有现代化的技术装备作保障，这是管理和处置公共危机的物质基础。这就要求精良的物资装备作后勤保障。除了应急救援行动所需的各类救援器械、药品外，还要保障救援人员日常所需的生活用品如水、食品、通信设备、被单帐篷等。在保证救援所需的一切物资

---

① 祁泉淞：《公安经费保障机制的演进及现阶段存在的问题和对策》，载《时代经贸》2008 年第 12 期，第 156—157 页。

和器材的消耗和动态储备外，要防止物资和器材的被盗用、挪用、破坏、毁坏、流散和失效，必要的情况下可以临时调用、向社会征用，对故意盗抢毁坏的，要追究相应的法律责任。所以，物资、器材、装备的保障也不仅仅是生产、运输、分配和使用的问题，也是一个法律问题，需要制定和完善相关法律，为应急救援队伍的应急和救援所需的物资器材装备等提供法律保障。

特别注意的是要完善应急物资的保障制度。目前，我国已经在沈阳、天津、郑州、武汉、长沙、广州、西安、成都、北京、安徽、广西、黑龙江等地建立起省级救灾储备库和救灾物资仓储中心。但由于我国人口众多，各地经济发展不平衡，灾害发生的特点各异，因此，应在完成储备库建设的基础上，科学制定物资储备规划，优化资源配置。同时，借鉴国外经验，制定相关政策或在物资储备库相邻地区签订协议，为充分利用有限的物资，发挥物资储备的最大效能提供政策支持。对于那些数量不足或不易长期保存的救灾物资，要建立紧急采购程序。为确保应急物资准确、及时送达，还应加强信息机制建设，以保证信息交流，畅通物资调用渠道。

4. 法律措施等保障方面完善①

这主要是要不断完善其他各项相应的行政处理形式。

（1）行政强制措施。行政强制措施是政府通过紧急行政应急处理突发公共事件的最常用的措施之一。视紧急行政的需要，可以依法对人身或者对财产采取行政强制措施。行政机关可以针对特定人身或不特定的人身采取强制措施。所采取的强制措施包括强制隔离、强制驱散、强制集中等多种形态。行政机关也可以依据相关规定对特定或不特定的财产实行行政强制。诸如强制拆除、强制销毁、强制迁移、强制关闭、强制开启等多种方式。

（2）行政规制。为了有效控制突发公共事件危害性的扩散，

---

① 李朔：《论公共危机管理法律制度的完善》，载《辽宁行政学院学报》2006 年第 3 期，第 28 页。

并及时恢复正常的生活与生产秩序，行政机关在应急处理过程中，经常依法暂时对公众正常的生活与生产的行动自由和权利行使加以必要限制，这就是行政规制。与行政强制尤其是行政救助措施不同的是，行政规制更多地是指向当事人之外更加广泛的不特定的人群。就行政规制措施所指向的领域而言，主要包括经济性规制与社会性规制两种类型。

（3）行政征用。与行政征收主要是指强制无偿取得公民的财产权有所不同的是，行政征用主要指向公民的财产与劳务。众所周知，合法的私有财产受法律保护，不容政府非法侵犯，这是一条基本的法治原则。但这条原则通常要承认一个例外，即当确定无疑地出于维护公共利益的需要时，政府可以依法对私人财产加以征用，以便实现行政管理目标。我国的相关立法也对应急处理当中的行政征用加以明确规定，即行政机关可以依法对私人财产加以征用，必要时行政机关也可以依法对私人劳务加以征用。

（4）行政指导。政府往往是同时采取行政指导等非强制性措施与行政规制等强制性措施来共同实现行政目标。之所以如此，主要是由于政府充分发挥其所掌握的信息资源优势，通过建议、劝告、告诫特定或不特定主体为或不为某种行为，对于保障社会稳定、引导公众的行为选择、配合政府的应急处理，具有行政规制所不可替代的意义。另外，由于在很多领域，尤其是在行政规制所未曾涉及的行政领域，行政指导是传达政府应急处理意图、实现紧急行政目标的重要方式。

（5）行政协助。在很多情形下，突发公共事件的应急处理要涉及多个行政领域，需要一部门为主、多部门协助；或者虽然发生在一个行政领域当中，但用来应对突发公共事件的人、财、物需要其他部门给予协助。在此种情形下，就产生了行政协助问题。无论是哪一种类型的行政协助，相关行政机关都应当积极配合，否则将会承担相应的法律责任。

七、公共危机应急管理和救援法律体系的完善

健全、完善公共危机管理和救援的法律体系，是适应危机管理和救援法制化、规范化、制度化的要求。实践证明，没有健全、完善的公共危机管理和救援的法制，就没有高效的公共危机政府管理和应急力量救援。为有效应对公共危机事件，西方发达国家首先开展的工作就是建立和完善相应的法规制度，统一政府在应急管理中的职、权、责，确定依法管理的法制原则。目前，我国已经在构建突发事件应急法律体系方面具有一定的基础，为应对突发事件带来的公共危机，依法实施有效的危机管理，提供了一定的法律保障。但是，我国的应急法制还不够完善。我国关于公共突发事件应急机制的立法比较多，虽然也制定和颁布了一些应对公共危机事件的法律和法规，但这些分行业、分部门制定的相关法律本身具有很强的部门特征，难以整体协调，导致了政府在处理不同突发公共事件时所依据的法律依据有所差异，其核心问题在于我国缺乏一部关于紧急状态与行政紧急处置法。因此，应加强和修改我国现有立法，健全和完善我国突发公共事件应急管理和救援的法律体系，使公共危机事件应急法律的内容逐步完善和规范，以顺应宪政和应急法制的基本精神。① 为了使政府公共危机应急管理法制化，使危机管理工作有法可依、有法必依、执法必严、违法必究，我国可以参考和借鉴西方发达国家的做法，在总结国外突发公共事件状态立法经验的基础上，建立和完善公共危机应急管理和救援的法律体系。一方面，通过修改《宪法》，明确规定突发公共事件状态制度；另一方面，制定统一的、全局性的突发公共危机事件状态法律，健全专门性危机管理法律，并建立一套成熟的危机日常管理体系及相关法律支援，建立信息畅通、反应快捷、指挥有力、责任明确的行政应急法律制度。通过公共危机管理法律体系的建设，对全国危机管理工作进行统筹规划，实现危机管理常规化，将危机应急管理纳入法治

---

① 　孙斌著：《公共安全应急管理》，气象出版社 2007 年版，第 177 页。

轨道，① 一旦发生重大应急和突发公共事件，能够最大限度地保护绝大多数公民的生命安全，保障公民的权利不受非法侵犯，保障政府在紧急状态时期也能够贯彻依法行政原则，维护国家利益和公共利益。② 随着公共危机事件的发生频率不断增高，产生的危害性不断增大，针对目前我国公共危机管理法律机制存在的弊端，按照宪法和行政法制的要求，从完善立法、严格执法、强化监督、责任落实、依法救济等环节入手，应尽快完善公共应急法律规范，确保公民权利获得更有效的法律保护，公共权力能够更有效地依法行使。③

我国应急法律的制定应包括制定统一应对突发性紧急状态的法律（如《紧急状态法》），具有针对性、专业性的部门法律法规和专项法律，以及针对各类具体突发公共事件的应急预案。法律的制定起到规范行为、明确权责、保障权益、指导行动等作用。④ 根据国外先进的公共危机应急法律体系的特点，借鉴其完善的立法体系和成熟的执法经验，结合我国公共危机应急管理和救援法律体系的现状及问题，现阶段我国公共危机应急法律体系应主要从以下几个方面加以完善。

第一，修改《宪法》，将公共危机应急管理和救援法律纳入《宪法》的调整范围，为紧急状态法治化提供宪法依据。我国《宪法》中规定了"紧急状态"，据此开始着手制定"紧急状态法"，其后"从有效利用立法资源的角度，优先制定一部行政法意义上

---

① 李华敏：《谈公共危机及其应急管理机制建设》，载《商业时代》2010 年第 20 期，第 87 页。

② 孙斌著：《公共安全应急管理》，气象出版社 2007 年版，第 177 页。

③ 李娟：《我国公共危机应急法制探析》，载《亚太经济时报》2008 年11 月 23 日（A11）版；潘立群、王严：《公共危机管理法制建设的思考》，载《中国卫生法制》2008 年第 2 期，第 29 页。

④ 吴俊：《突发公共事件社会应急机制的构成框架》，载《统计与决策》2006 年第 7 期，第 54 页。

的《突发事件应对法》"① 成为了立法期待。2004 年通过的《宪法》第四修正案对 1982 年宪法作出了修改，规定全国人大常委会决定全国或者个别省、自治区、直辖市进入紧急状态，中华人民共和国主席根据全国人大及其常委的决定宣布进入紧急状态；国务院依照法律规定决定省、自治区、直辖市的范围内部分地区进入紧急状态，就紧急状态的决定和宣布机关作出了规定。这次紧急状态入宪有着十分重大的意义，一方面它以宪法的形式确立了国家机关行使紧急权力的法律依据，另一方面又为"紧急状态法"的制定与颁布提供了宪法依据。②

　　紧急状态是由重大突发事件引起的。在紧急状态时期，政府为了及时有效应对这类事件，需要采取一些非常措施，而这些措施通常要对公民的权利和自由不同程度地加以限制。这就需要宪法作出规定。许多国家的宪法都直接规定了紧急状态制度，并以此为依据建立起了较为完备的应急法律制度。③ 基于现实对法律的迫切需求，应在宪法中对危机状态的确认与政府紧急管理权等作出明确、详细的规定，明确规定"公共危机"、"应急管理"、"应急救援"、"应急状态"、"紧急状态" 等以及相关的法律制度，系统而高度概括式阐明各类应急状态的确认、宣布、期限、应急管理、救援机构、救援力量、恢复重建、法律责任等，确立政府在公共危机应急管理和救援中相应的权力和公民、单位、组织的基本权利。具体来说，可以在已通过修宪程序明确全国人大常委会、国家主席、国务院等国家机关拥有相应的紧急状态决定权与宣布权的基础上，能够进一步在《宪法》第 5 条（或者第 28 条）增加一款，明确规定：

---

① 王重建、魏晟、屈凌燕等：《健全突发事件应急法律体系 构建社会主义和谐社会——解读〈突发事件应对法（草案）〉》，载《医学与社会》2007 年第 8 期，第 38 页。

② 陶建钟：《公共危机的依法管理及其法制完善——危机状态下权力与权利的平衡》，载《行政论坛》2007 年第 1 期，第 57 页。

③ 曹康泰：《为确立紧急状态制度提供宪法依据》，载《中国人大》2004 年第 10 期，第 11 页。

"国家建立突发事件应对机制和紧急状态法律制度，实现危机管理的法治化和高效化。"从而进一步完善我国应急法制的宪法和宪政基础，能够高屋建瓴、稳健持续地为应急法制建设提供更有力的宪法保障。① 或者，如学者所言，我国有必要借鉴国外的经验，设立紧急状态专门章节，明确紧急状态的内涵，把其定位为"一般紧急状态"还是"战争紧急状态"的统一体，并完善紧急状态决定与宣布的程序规定。②

第二，加强公共危机紧急状态和应急救援的立法工作，制定统一的国家基础性法律，填补我国公共危机应急法律体系中作为基本法律的"龙头"法的空白。在现代法治国家，为防止突发公共危机事件的巨大冲击力导致整个国家生活与社会秩序的全面失控，需要运用行政紧急权力来实施应急法律规范，调整危机情况下的国家权力之间、国家权力与公民权利之间、公民权利之间的各种社会关系，以有效控制和消除危机，恢复正常的社会生活秩序和法律秩序，维护和平衡社会公共利益与公民合法权益。③ 只有建立完善的法律、法规体系，为公共危机应急抢险救援提供充分的法律依据和制度规定，才能使应急救援工作有章可循、有法可依，才能从根本上提高我国的公共危机应急抢险救援工作水平。

就我国当前而言，虽然已经制定了《突发事件应对法》，但基于对危机事件的分类，突发事件应对法只调整程度相对较轻的社会危机。《突发事件应对法》规定："本法所称突发事件，是指突然发生，造成或者可能造成严重社会危害，需要采取应急措施予以应

---

① 莫于川：《公共危机管理与应急法制建设》，载《临沂师范学院学报》2005 年第 1 期，第 123—124 页。

② 华学成：《公共危机管理法治化问题探究》，载《学海》2009 年第 6 期，第 105 页。

③ 周晓丽著：《灾害性公共危机治理》，社会科学文献出版社 2008 年版，第 154 页。

对的自然灾害、事故灾难、公共卫生事件和社会安全事件。"突发事件应对法不能代替《紧急状态法》，我们仍然需要颁行对社会危机处置进行总体规范和调整的《紧急状态法》，并在此基础上完善整个危机处置法律体系。①《突发事件应对法》的基本定位是将突发事件区分为一般性突发事件和特别重大突发事件。由于发生特别重大突发事件，适用普通应对措施无法解决危机的，进入紧急状态。《突发事件应对法》并不适用于紧急状态，只是为应急管理进入紧急状态提供了法律链接，但现行宪法只有三个条款涉及紧急状态的决定和宣布，并不涉及紧急状态的应对，关于紧急状态的相关法律制度，需要制定《紧急状态法》予以解决。《突发事件应对法》及单行法针对一般性突发事件，以各种专门的防灾、减灾和处理公共安全等突发事件的法律规定为主体，突出政府各部门在危机管理中的相互协作和组织协调作用。《紧急状态法》则根据严格的法治原则来确立在紧急状态时期的国家紧急权力运作机制。一般性突发事件应对法与紧急状态法之间还需要建立相互协调、相互衔接和相互配套的关系，实行"一般性突发事件应对法优先适用"的原则。也就是说，当发生突发事件后，优先使用《突发事件应对法》及其他单行法，不足以解决危机需要进入紧急状态的，才进入紧急状态，适用《紧急状态法》。②

完善我国社会预警和应急法律管理法律体系在形式方面总的立法思路应当是在《突发事件应对法》出台之后，继续统一立法思路，弱化当前立法过于分散的状态，加强统一立法，制定《紧急状态法》，建立紧急状态制度，制定一部独立而完整的"紧急状态法"是完善我国应急管理法律体系的重要任务。因此，完善公共危机管理的立法和法制，重要的是制定一套完备的"紧急状态

---

① 李洁：《我国公共危机处置法治化略论》，载《法学杂志》2009 年第 3 期，第 65 页。

② 王万华：《略论我国社会预警和应急管理法律体系的现状及其完善》，载《行政法学研究》2009 年第 2 期，第 7 页。

法"、"应急状态法"、"紧急状态管理法"、"公共危机管理法"、"危机管理基本法"、"公共危机应急管理法"、"公共危机应急救援法"或者"公共危机应急管理和救援法"等，为紧急状态法制提供基本的法律框架，其名称可以经过立法程序最终确定。该法在公共危机管理法律体系中如同一个国家法律体系中的宪法，是危机管理和救援方面的"根本大法"，是制定各种危机管理法律的指南和依据。该法主要是规定危机管理的基本法律原则和法律精神，而不对具体的危机事件如何调整作出规定。① 紧急状态法是避免因公共危机导致法治危机，它是紧急状态时期的小宪法。紧急状态法的制定，应是我国公共危机立法从单项治理过渡到综合治理的历史性标志。② 该法是从国家安全的高度制定的一部应对各种自然和人为的突发事件的法律，它应该将处理各种突发事件的程序和责任以法律的形式确立下来，并以法律的形式授权成立一个统一的突发事件处理机构，明确它和各个政府职能部门以及地方政府之间的责权关系，对应对突发事件时政府的权利和人民的公民权的保障作出明确的规定。③ 紧急状态法应当包括紧急状态的确认与宣布、紧急状态下的国家权力配置、公民在紧急状态期的法律权利和义务、应急预案、应急指挥机构等基本内容。贯穿整个紧急状态法内容的，应当是紧急状态法的基本原则和精神，它是紧急状态法的内核，也遵循了"既保障政府有效行使权力、应对危机，又保护公民、法人和其他组织的合法权益，防止行政机关滥用职权"④ 的立法思路。该法是对法律法规中关于预防和处置突发公共事件的零散规定的系统

---

① 田大余：《论公共危机管理法制体系的建构》，载《学术探索》2004年第 9 期，第 58 页。

② 于安：《紧急状态法：不能为危机付出制度的代价》，载《方圆》2004 年第 3 期。

③ 万军：《中国政府应急管理的现实和未来》，载《中共南京市委党校南京市行政学院学报》2003 年第 5 期，第 45 页。

④ 曹康泰：《为确立紧急状态制度提供宪法依据》，载《中国人大》2004 年第 10 期，第 13 页。

和归纳、完善和提升。该法律要明确规定在预防和处置突发公共事件中各级政府的组织领导责任、各行业部门的调度指挥权限和对行业救援队伍的建设责任、各救援队伍的职责任务和战备值班要求；明确规定应急救援的主体力量及其主要职责；规定社会各界及人民群众应尽的报告、协助处置与调查的义务，应享有的对突发公共事件的知情权及防灾救灾、逃生自救知识的受教育权；规定对在预防和处置突发公共事件中成绩显著的要给予表彰和奖励，而对玩忽职守、临阵脱逃、妨碍救援的要给予处分，构成犯罪的要追究刑事责任；对受灾人员的救助、灾区重建、事故原因、损失、责任的调查，抢险救援的总结评比也要有具体要求；规定各级政府必须设立应对突发公共事件的领导管理与组织指挥机构。这对于将我国应急救援工作纳入法治轨道，建立和完善应急救援体系具有重要意义。① 通过该法确立宣布和实施紧急状态的标准，特别是确立严格的决定紧急状态的法律条件，对那些地方各级人民政府确实通过自身的应急力量无法加以解决的紧急状态，可以通过运用该法律的规定，赋予各级人民政府相应的紧急权力来采取紧急措施，又要规范政府对公共危机事件的管理和应急救援力量的各种行为，同时还要维护国家、公共利益和公民的合法权益。该法可以作为公共危机管理的基本纲领，统一规范政府部门在危机管理中的职责和权力；打破公共危机事件应对中各法之间各自为政，相互之间在立法精神和具体内容上都缺乏协调统一的现状；克服同属法律层次的各种危机应对法律、不同层次的危机应对规范彼此矛盾冲突、缺乏统一指导的弊端，破除部门和地方利益的局限性。这样可以及时有效地恢复社会秩序，维护人民的生命和财产安全。② 还要注意从立法目的、基本法律原则、政府紧急权力及职责、公民等社会主体基本权利及

① 张高潮、赵胜：《如何建立和完善我国突发公共事件应急救援体系》，载《贵州省科学技术优秀学术论文集（2004 年度）》2004 年版，第 418 页。

② 周晓丽著：《灾害性公共危机治理》，社会科学文献出版社 2008 年版，第 340 页。

义务、紧急程序、突发事件应急机制、救济机制等方面，全面系统地为突发事件应对提供科学、权威、规范、统一的法律指导，改变现有应急法条文简单、内容原则抽象、可操作性差的状况，便于依法行政、公众守法和社会监督。①

有学者还提出了"紧急状态法"应包括的内容，认为该法可以从以下几个方面作出规范：（1）总则，包括立法根据、立法目的、立法原则、立法调整范围等；（2）公共危机管理应急指挥机构，包括应急指挥机构的设置、紧急处置权等；（3）危机紧急状态预防，包括危机预测制订预案，预案主要内容、检验评估预案、专业队伍的建设与培训；（4）危机紧急状态的启动程序，包括紧急状态信息通告与信息发布、紧急状态级别、启动紧急状态程序的条件、紧急状态的撤销等；（5）危机紧急状态应对程序，包括危机信息系统设置、指挥协调、封锁隔离戒严等强制措施的实施、消防、卫生、治安、通信、市场管制、交通干预等；（6）法律责任，包括危机管理主体不履行法定职责、玩忽职守、滥用职权等行为应承担的法律责任和管理相对人不履行相关义务的法律责任等；②（7）附则。③

"紧急状态法"作为我国危机管理的纲领性法律文件和制度框架，对于提高我国政府危机管理水平和能力，维护社会秩序，保障民众的生产生活安全会产生不可估量的重要意义。它的制定具有以下几个作用：一是从国家安全的高度制定了统一的应对突发公共事件的法律，通过立法方式规范处理各种突发公共事件的程序；二是用法制化方式明确综合协调部门的机构设置、职能地位、权力责

---

① 郝永梅、孙斌、章昌顺、黄勇著：《公共安全应急管理指南》，气象出版社 2010 年版，第 86 页。

② 宋超：《公共危机管理的法律规制》，载《中国行政管理》2006 年第 9 期，第 22 页。

③ 张维平：《关于完善中国突发公共事件应急法律制度体系的构想》，载《中山大学学报（社会科学版）》2006 年第 3 期，第 3 页。

任、运作程序以及资金来源等，增强政府处理突发公共事件的能力；三是通过全国性的立法工作由相关法律法规明确规定突发公共事件的判断标准，为应急预案提供设置的分类标准和启动的相应条件，政府对突发公共事件事先有一个充分的估计，做好应急准备，做到临危不乱；四是权威法律的支持有利于建立一个正确的社会激励系统，在明确了突发公共事件应对过程中政府相关责任人以及其他事件涉及者的权利和责任之后，可做到赏罚分明，从而对社会起到一个良性引导作用；五是为紧急状态下的公民权提供法律保障，规范政府行为，防止政府滥用危机管理权，最低限度地保障紧急状态下公民的基本权力。①

第三，做好公共危机管理和救援相关单项法的补充制定工作，抓紧制定新的专门性法律。这样就可以填补此类领域法律调整的空白，逐步扭转这些领域无法可依的无序、混乱局面，完善公共危机应急管理和救援的法律体系。这些法律将涉及自然灾害、公共卫生、安全事故、经济危机、重大突发性治安事件、恐怖活动等各个方面。针对各种发生、发展规律相近的危机，可以制定统一的法律；在同一种类型的危机中，特征和处置措施差异较大的，可以分别制定多个法律。就当前社会公共管理的实际情况来看，如自然灾害、生产安全、食品安全、暴力事件、群体性冲突事件、大规模劳资纠纷事件、公共场所安全、金融事件、电子信息系统安全、恐怖事件等方面应当加快立法进程。② 要制定的此类新的法律法规诸如《台风防治法》、《沙尘暴防治法》、《地质灾害防治法》、《灾害救助法》、《灾后重建法》（《灾害重建扶助法》）、《救灾捐助法》、《灾害赔偿法》、《公共危机应急救援力量法》、《突发公共事件紧急救助救援法》、《消防部队抢险救灾法》、《恐怖事件应急法》或

---

① 吴俊：《突发公共事件社会应急机制的构成框架》，载《统计与决策》2006 年第 7 期，第 54 页。

② 田大余：《论公共危机管理法制体系的建构》，载《学术探索》2004年第 9 期，第 59 页。

《反恐怖法》、《戒严法》、《行政征用法》、《行政补偿法》、《行政协助法》、《公共卫生应急法》、《城市重大技术故障应急法》、《金融危机防范与应急法》、《社会公共安全法》、① 《重特大突发公共事件保险法》等重要法律，制定《行政程序法》时增设行政紧急程序章节，进一步完善我国应急法律体系。既要赋予突发事件管理部门必要的紧急权力，保证应急效率；又要规范突发事件管理行为，保证非常时期政府公共危机管理权能够依法行政、合法行使，避免肆意侵犯公众权利。

第四，抓紧制定公共危机管理和救援行政法规、部门规章、地方性法规及规章。由于我国目前尚未出台比较全面规定重大事故应急救援工作的法规，因此，尽快制定《重大事故应急救援条例》。《重大事故应急救援条例》应当根据国家机构设置情况，明确事故应急管理过程中各项具体任务，明确应急指挥与功能的分配。国家综合性应急救援工作管理部门、各专业应急救援工作管理部门积极推动国务院颁布有关突发性事故灾难应急的行政法规，应急准备、应急响应和应急恢复阶段应贯彻的具体制度和措施，包括联席会议制度，预案编制、审核和备案制度，资格认定制度，培训和演练制度，救援费用补偿制度，事故指挥系统，多机构协调系统和公众动员系统等。国务院相关部门根据本部门、本领域、本行业的情况和特点应制定相应的部门规章。地方人大根据本地潜在事故灾难的风险性质与种类，结合本地应急资源的实际情况，制定相应的地方法规，对突发性事故应急准备、应急响应、应急恢复等各阶段的制度和措施提出有针对性的规定与要求。地方政府规章是各省（区、市）人民政府、省（区、市）人民政府所在地的市人民政府及国务院批准的较大的市人民政府应根据有关法律、行政法规、地方性法规和本地实际情况，制定本地区关于重大事故应急管理制度和措

---

① 吕景胜：《〈紧急状态法〉立法研究》，载《中国人民大学学报》2003 年第 5 期，第 107—114 页。

施的详细实施办法。①

第五，对现有有关公共危机应急管理和救援的法律法规进行修改和完善，全面系统清理现有公共危机应急管理和救援法律体系中的相关法律法规，使之与公共危机应急管理的基本法相协调。尽管目前我国已有《戒严法》、《突发事件应对法》、《游行示威法》、《治安管理处罚法》、《防震减灾法》、《防洪法》、《消防法》、《矿山安全法》、《道路交通安全法》、《军队参加抢险救灾条例》、《传染病防治法》、《食品卫生法》、《突发性公共卫生事件应急条例》等法律法规，但这些法律法规中的少数法律法规制定或修改于"非典"这样的公共危机之后，大多数是在"非典"发生以前制定的，由于当时缺乏大范围公共危机的实践考验，也缺乏足够的公共危机管理意识，与新制定的公共危机管理的基本法难免存在不协调的条款，因此有必要对各种涉危法律进行一次检查、清理和研究，并适时加以修改，使之与公共危机管理的基本法相协调，与危机管理的实践需要相适应。② 根据法律规范效力等级的差异和一般法律原理，可以通过修改法律、法律解释、废除法律等方式对法律和法规进行清理，消除同一层次、不同层次应急法律法规之间存在的矛盾和冲突，克服应急法律规范之间缺乏协调统一的弊端，破除部门利益和地方利益的局限性，实现公共危机应急管理和救援法律体系内部的协调统一。

第六，根据《宪法》和"紧急状态法"，建立健全公共危机紧急状态法律体系。为有效治理公共危机，必须打破现有公共危机治理制度的路径依赖，创新和完善公共危机治理制度体系。有必要建立具有综合性、全局性、纲领性、指导性和权威性的危机治理法律制度框架，从战略的高度来对公共危机治理的组织机构、治理原

---

① 时训先、蒋仲安、邓云峰、杨力：《重大事故应急救援法律法规体系建设》，载《中国安全科学学报》2004 年第 12 期，第 47 页。

② 田大余：《论公共危机管理法制体系的建构》，载《学术探索》2004 年第 9 期，第 59 页。

则、行为准则、利益相关者的权力、权利、义务、责任等作出统一而明确的规范。这就要求对现有公共危机治理法规制度进行梳理、修订和完善，根据需要制定相应的综合性或专门性的法规制度，以形成一整套公共危机治理制度体系。① 在《宪法》和"紧急状态法"的统率下，针对现代社会发展中不断出现的新情况，根据公共危机发生的地域、种类、行业的不同，应当建立和健全在社会特定领域的应急法律，逐步建立公共危机应急管理和救援的法律体系，形成我国紧急状态法制体系基本框架。根据公共危机管理和救援实践的需要和一般法律原则，以公共危机管理的基本法为依据，按照先急后缓、先易后难、成熟一个制定一个的原则，逐步制定和出台各种补充性、技术性的危机管理和救援类规范性法律和文件，使之与基本法律、其他涉危法律一道共同构成完善的公共危机管理法律体系，形成一个以"紧急状态法"基本法为基础、各领域各行业的专业性、技术性应急法规为补充的紧急状态法律、法规体系。② 危机管理的法律体系应满足两项相互关联的标准：一是法律体系的全方位内涵，包括国家安全、经济、交通运输、福利保障、新闻舆论等宏观领域的危机立法，具体管理环节的微观领域的实施细则。二是法律体系的协调统一，在全方位体系建设的基础上，宪法、部门法、地方的行政法规等法律条文不得相互矛盾冲突，发生问题时能够及时纠错和补救。③

第七，健全和完善公共危机管理和救援的其他相关配套法律制度。反思现状，实际操作中必须建立统一、协调的应对突发事件的法律法规和制度体系，理顺政府、社会、企业、个人在突发事件应

---

① 陈宝胜：《公共危机治理的新制度主义阐释》，载《南昌大学学报（人文社会科学版）》2010年5期，第22页。

② 王仁富：《我国公共危机应急法制现状及完善》，载《淮海工学院学报》2006年第2期，第32页。

③ 唐钧：《从国际视角谈公共危机管理的创新》，载《理论探讨》2003年第10期，第82页。潘立群、王严：《公共危机管理法制建设的思考》，载《中国卫生法制》2008年第2期，第30页。

对过程中的权利义务关系，使应急体系建设的功能得到最大限度的发挥。① 紧急状态法制体系应体现为一个开放的法制体系，将普通法律中的有关紧急状态条款吸纳进来，促使整个危机管理法律体系趋向完善。按照公共危机管理和救援的客观要求，通过完善相应的法律规范，逐步健全与重大公共危机事件应对机制密切相关的法律制度，完善相应的机制。当前亟须完善的公共危机治理制度包括：公共危机治理的纲领性文件、公共危机治理的预警预报制度；公共危机治理的科学决策和快速反应制度；公共危机治理的信息搜集、共享和发布制度；公共危机治理的责任追究和成本分担制度；公共危机治理的社会保障制度等。② 其内容包括建立健全行政程序法制、行政强制法制、紧急刑事法制、纠纷解决法制、公共危机管理和救援政府信息公开与制度沟通制度、行政征用制度、行政征收制度、行政隔离制度、行政指导制度，以及将"公平补偿"作为目标的行政补偿制度（国家补偿法制），包括行政主导型的或积极采用市场机制（例如保险方式）的各种救济制度等，还有应急机构制度，应急预案制度，应急预警与紧急状态宣告制度，公众报告与举报制度，紧急协商与强制措施制度，物价平抑制度，援助、协助、救治和救助制度，法律后果制度。通过各种相关制度的建立，我国的应急法制体系也将得到逐步完善。当然，在完善此开放体系时，要注意吸收当今比较重要的人权国际条约，尤其要重视我国于1997 年签署加入的《经济、社会及文化权利国际公约》和 1998 年10 月签署加入的《公民权利与政治权利国际公约》，把此类国际人权条约视为整个危机管理法律体系重要的构成内容，充分尊重、体

---

① 郝永梅、孙斌、章昌顺、黄勇著：《公共安全应急管理指南》，气象出版社 2010 年版，第 83—84 页。

② 陈宝胜：《公共危机治理的新制度主义阐释》，载《南昌大学学报（人文社会科学版）》2010 年 5 期，第 23 页。

现其基本精神。① 健全公共危机管理法律规制体制有利于规范危机管理程序，防止行政人员以权谋私损害国家利益，防止政府决策违反宪政精神，保障危机管理中最低限度的基本人权。②

第八，完善行政紧急程序法律规范。在紧急状态下，由于全社会的任务首先考虑的是如何采取有效的措施来控制与消除紧急状态，恢复正常的生产、生活秩序和法律秩序，因此，必须赋予政府以行政紧急权力，相对于《宪法》和法律所规定的公民权利，具有更大的法律权威，可以比平常时期更容易限制公民权利。由于公民权利限制措施可能被国家机关滥用，因此，需要通过法律来规范政府应急机构及其工作人员的行为模式，并且规定滥用公民权利限制措施要追究刑事责任。③ 突发事件的应对较之常态下的行政管理对科学性和民主性的要求更高。对科学性的要求更高是因为应对失误造成的后果可能是灾难性的。对民主性的要求更高是突发事件状态下的行政权力较之正常状态下的行政权力，更具高权性，一旦滥用或者行使不当，对灾难的应对、对公民权利的保护所造成的损害更大。而科学应对、民主应对都需要理性的程序和民主的程序来保障。因此，突发事件之下并非不必遵循正当法律程序，而是更应遵循正当法律程序。但由于我国长期对程序持工具主义理解，程序本身没有得到行政机关应有的重视，尤其在面对灾情、险情，需要迅速作出判断时，程序基本就没有生存的空间了。④ 行政紧急程序对于满足公共危机管理和救援的紧急需求、通过控制紧急行政权的行使过程保护行政相对人合法权益具有特殊意义，而我国现有突发事

---

① 陶建钟：《公共危机的依法管理及其法制完善——危机状态下权力与权利的平衡》，载《行政论坛》2007年第1期，第57页。

② 靳玲玲：《公共危机管理：理论、误区与对策》，载《中共四川省委省级机关党校学报》2008年第4期，第44页。

③ 潘立群、王严：《公共危机管理法制建设的思考》，载《中国卫生法制》2008年第2期，第29页。

④ 王万华：《略论我国社会预警和应急管理法律体系的现状及其完善》，载《行政法学研究》2009年第2期，第9页。

件应急法对此少有规定。改进方案是：在将要出台的行政程序法典中设专门章节规定行政紧急程序，就行政应急措施的适用范围、程序及原则、约束机制、补救机制等加以具体规定；或者在此之前，先行以行政法规的形式对此予以明确。[①]

第九，强化危机管理和救援法律规范执行力度机制。要使已有的应急法律规范执行到位，必须做到有法必依、执法必严、违法必究。对工作不力，措施不当，造成损失的，要依法追究有关当事人的责任。同时，要设立由行政首长负责的各级政府应对突发公共事件应急处理的专门机构，由涉及突发公共事件应急处理的有关部门参加，通过立法赋予其特别权力和相应的职责，从而建立起一套完整的从中央到地方的突发公共事件应急处理组织体系，从而加强危机管理法律规范的执行力度。[②] 另外，还必须完善与危机管理相应的机制和制度。比如建立有效的危机管理的沟通机制、整合与协调机制、财政资源保障机制、与国际和地区组织的合作机制以及教育和训练机制等。[③]

第十，建立健全公共危机管理和救援的法律监督机制和体系。政府在危机管理中需要运用行政紧急权力，采取一系列紧急措施（包括大量的行政强制措施），必要时还可中断某些法律的实施，甚至暂停或限制公民的部分宪法权利（但不得限制和剥夺生命权、语言权、宗教信仰权等最基本的人权），具有极大的优先性、紧急性、强制性和权威性，因此具有故意和滥用的特殊条件与可能，必

---

① 莫于川：《公共危机管理与应急法制建设》，载《临沂师范学院学报》2005 年第 1 期，第 124 页。

② 王仁富：《我国公共危机应急法制现状及完善》，载《淮海工学院学报》2006 年第 2 期，第 32 页。

③ 潘合群、王严：《公共危机管理法制建设的思考》，载《中国卫生法制》2008 年第 2 期，第 30 页。

须对其加以有效的监督和约束，这是现代法治的基本要求。① 通过法律法规来指挥和协调各机构，对不同机构的组织职能、运作方式、管理进行监督，并及时作出评价，建立完善的危机管理执法的监督体系，以保证管理的有效性和法制性，依法指挥、协调、运作和管理。② 监督体系包括立法监督、行政监督、司法监督、社会监督和公民监督。强化立法和司法对政府权力的审查与监督，立法机关加强对政府紧急立法政府行政紧急权的监督和授权，司法作为保障公民权利的最后一道防线，司法审查制度要保障对行政机关具体行为的合法性和合理性审查。③ 公共危机管理执法评价工作应由各级人大常委会和人民政府统一领导，监察部门、审计部门以及新闻机构等共同参与，评价结果及时反馈和向社会公布，对于评价低的，应责令限期整改，直至追究相应的法律责任。④ 同时，在政府处理危机过程中，防止公民权利受到侵害的执法监督方面建立合理的法律法规，使之不再成为我国法律体系中的空白。⑤ 公民参与政府危机管理的监督，能够实现公共危机管理信息的透明化。由公众按照一定程序对政府的危机管理活动加以评判和监督，有利于公共危机管理目标的实现。

第十一，完善公共危机治理中公民权利保护的法律救济制度。在公共危机应对中要把保护公民生命和财产安全当作危机治理的首

---

① 王仁富：《我国公共危机应急法制现状及完善》，载《淮海工学院学报》2006 年第 2 期，第 33 页；潘立群、王严：《公共危机管理法制建设的思考》，载《中国卫生法制》2008 年第 2 期，第 29 页。

② 吴梦丹：《公共危机与政府的危机管理》，载《管理与财富》2010 年第 5 期，第 107 页。

③ 陶建钟：《公共危机的依法管理及其法制完善——危机状态下权力与权利的平衡》，载《行政论坛》2007 年第 1 期，第 56 页。

④ 罗建平、薛小勇、李千：《浅谈我国公共危机预警管理制度建设》，载《防灾科技学院学报》2010 年第 2 期，第 111 页。

⑤ 程美云：《浅谈我国现阶段公共危机管理》，载《工会博览》2009 年第 9 期，第 77 页。

要任务。① 政府权力的底线就是尊重和保护人权，政府的各种措施不得随意侵害基本人权。为了实现公共利益，政府在平时不能采取的行政措施，在紧急状态时期就可以依法行使。但是，为了保障公民的权利不因紧急状态的发生而被政府随意剥夺，许多国家都规定，即使是在紧急状态时期，一些最基本的公民权利，也不得被剥夺。一旦由于要优先保护国家利益和集体利益使公民权利受到损害，必须要及时完善权利的救济机制。② 在政府应对危机时，政府基于公共利益与尽快恢复社会秩序的需要，采取一些临时性的征用等强制措施，会对公民的合法权益构成一些特别限制或损害。但这种限制或损害应当有公平合理的补偿，这种正当性是国家赔偿理论的基础，并且我国的《宪法》修正案也确认了公民要求国家补偿和赔偿的正当性。

　　我国应引入阶段立法，完善突发事件的救助和补偿制度，制定《灾害保险法》、《灾害救助和补偿法》等法律。我国单行立法主要遵循"一事一立法"的思路，且集中在灾害的处置方面，对于各类突发事件面临的共同救助、补偿等缺乏规定。《突发事件应对法》虽然区分三个阶段立法，但仍未能对救助和补偿等问题作出具体规定。在"一事一立法"的立法思路下，应当引入一阶段一立法，弥补现行立法的不足，特别是对突发事件中的政府征收、征用和私人补偿问题应制定专门立法进行规定。由于缺乏立法规范，在突发事件应对中：一方面，不该征收和征用的财产被征收和征用，给公民的合法财产造成了损失；另一方面，行政机关为避免可能发生的纠纷和争议，没有征收和征用为应对突发事件所必需的财产和设施，影响了突发事件应急工作的进程和效果。针对救助和补偿这样具有共同性问题专门进行立法，既是完善应急管理法律体系

---

　　① 周晓丽著：《灾害性公共危机治理》，社会科学文献出版社 2008 年版，第 341 页。

　　② 潘立群、王严：《公共危机管理法制建设的思考》，载《中国卫生法制》2008 年第 2 期，第 30 页。

之需，也为保护公民利益和更好地应对突发事件所需。①

司法救济是事后救济，是权利救济的重要通道。公民权利受到侵害之后，如何寻求自身的权利救济应当是公民权利保障的重要内容。针对现行法律中对公民权利救济规定的欠缺，我国必须建立一套完整的公共危机管理的权利救济机制，包括宪法救济机制、诉讼救济机制、行政救济机制、损失补偿机制以及国家赔偿机制等。②虽然紧急状态决定本身由于高度的政治性而作为国家行为不具有可诉性，但是在紧急状态决定作出之后国家紧急权力的行使尤其是行政机关采取的具体紧急强制措施，则属于纯粹的法律行为而具有可诉性。相对人可以寻求法律救济，包括依法申请行政复议或提起行政诉讼，尤其是行政诉讼作为对行政紧急强制措施的司法审查，应该成为对公民权利的最后救济和保障。通过对行政诉讼和行政复议范围的扩展，可以更充分地保障受到非法侵害的公民的权利。从我国实情出发，强调公民权利的司法救济，必须强化现行宪法中已有的宪法解释机制，并且在全国人大之下建立宪法监督委员会，负责经常化的监督宪法实施与解释宪法。③ 或者成立旨在保护公民权利的"宪法法院"。通过建立违宪审查制度和完善宪法监督机制，可以从根本上防止由于行政紧急权力的滥用而导致对公民权利不必要的限制与克减。通过对国家赔偿法的修订，尤其是赔偿标准的提升，可以增强权利救济的实效性与合理性。④ 通过建立完备、科学、有效的法律救济机制，对合法权益受到损害的公民和组织予以赔偿，对征用或征收的财产给予合理的补偿，依法追究侵权、违法

---

① 王万华：《略论我国社会预警和应急管理法律体系的现状及其完善》，载《行政法学研究》2009年第2期，第7页。

② 王仁富：《我国公共危机应急法制现状及完善》，载《淮海工学院学报》2006年第2期，第32页。

③ 陶建钟：《公共危机的依法管理及其法制完善——危机状态下权力与权利的平衡》，载《行政论坛》2007年第1期，第56页。

④ 王仁富：《我国公共危机应急法制现状及完善》，载《淮海工学院学报》2006年第2期，第32页。

处置和救援的有关人员的民事、行政、刑事法律责任和党纪政纪军纪责任。另外，还要积极运用社会主义市场运行规律，大力拓展保险业务范围，积极采用市场经济运行机制的办法加大救济力度。除此之外，还要加快新闻立法和信息披露机制的建设，使公民的知情权有法律上的保障，为新闻监督和公正报道创造法律上的平台。①

第十二，建立和完善公民参与公共危机管理的法律法规。公民参与政府危机管理，以实现公民参与危机管理的合理化、合法化和法制化。就目前，我国公民参与公共危机管理的现状来看，要想大力提升我国公民的参与水平，就必须要有法律法规作保证，这就要求建立和完善公民参与公共危机的法律法规。目前，我国的法律法规中有关于公民参与的零散规定，但这些规定没有涉及公民参与的程序和方式，难以防止参与的无序化，因此还需要更进一步完善。政府应制定有关法律或法规，对于公民参与公共危机治理的权利、参与的程序、参与的方式以及参与的责任，都应该作出明确而具体的规定。通过这些规定，督促政府能更加有意识地尊重公民参与公共危机治理的权利，使公民的参与权落到实处，保证公民参与的有序性。同时，通过这些规定，可以使公民知晓自己在公共危机管理过程中所肩负的具体责任，知道自己应该如何配合和支持政府做好公共危机管理工作，同时确保参与的有效性。②

第十三，立法保障和规范社会组织参与公共危机应急管理和救援。以立法形式界定危机状态下各治理主体的权力与职责，建立和完善危机治理的法律体系和责任机制。非政府组织参与公共危机治理，谋求与政府组织的平等合作，必须借助法律体系和制度设计来明确各自的治理边界，并从体制、机制、法制等方面予以完善，不

---

① 万军：《中国政府应急管理的现实和未来》，载《中共南京市委党校南京市行政学院学报》2003 年第 5 期，第 45 页。

② 王毅、高荣曾：《公民参与公共危机管理的困境与解决策略》，载《法制与社会》2010 年第 6 期（中），第 153 页。

断提高预防和处置公共危机的能力。① 通过"危机管理法"规范公共危机处理的程序和办法，运用法律体系明晰政府和社会组织双方在公共危机治理领域的权力、权利、责任与义务，确立各自的治理边限。国家应以立法的形式确保危机状态下权责各方的正常运行，明确各治理主体在危机中的权力与职责，及时化解不同主体之间的矛盾，为社会组织介入公共危机治理提供法律上的保障。与此同时，也要依法对社会组织进行规范、监督和管理，加紧制定与完善《社会团体管理法》、《结社法》、《行业协会法》、《基金会法》、《民办事业单位管理法》、《商会法》、《民办非企业单位管理法》等一系列法规，进一步整合《戒严法》、《防震减灾法》、《消防法》和《防洪法》等相关法律、法规，将公共危机管理法制化、制度化和常态化;② 注意克服以往立法层次低、侧重登记管理等倾向，逐步建立和完善对非政府组织依法监督和管理的长效机制，从而实现对非政府组织参与公共危机治理加以有效规范和指引的目的,③ 在法律上对非政府组织处理危机事件的行为加以规范和保障。总之，要以法律来界定危机管理各主体的权力和责任的界限，以法律来规范和制约权力的运行，把危机管理纳入法制轨道。④

第十四，应尽快制定规范和促进我国志愿者参与应急管理的法律制度。在公共危机突发事件应急管理和救援中，志愿者是非常重要的救援力量。志愿者从事灾害救助活动，可能要占用正常的工作

---

① 邓云宁：《论非政府组织参与公共危机治理的依据及方式》，载《传承》2010 年第 9 期，第 121 页。

② 张勤、钱洁：《促进社会组织参与公共危机治理的路径探析》，载《中国行政管理》2010 年第 6 期，第 91 页。

③ 徐祖荣：《非政府组织与公共危机治理》，载《中国人口·资源与环境》2009 年第 19 期，第 370 页；徐祖荣：《我国非政府组织参与公共危机治理的现实分析》，载《武汉科技大学学报（社会科学版）》2008 年第 12 期，第 54 页。

④ 陈秀峰：《公共危机治理中的非政府组织参与》，载《华中师范大学学报（人文社会科学版）》2008 年第 1 期，第 79 页。

时间，甚至可能会出现一定的伤亡，因此，通过法律保护应急救援志愿者的利益，是推动应急救援志愿的基础保障之一。志愿者奉献社会，从事危险的灾害救援，而全社会也要从多方面关爱志愿者。志愿者组织的健康发展，必须在健全的法制轨道上进行。为了促进志愿者事业的发展，保障志愿者的利益，加强对志愿者组织的监管，培育壮大我国志愿服务精神，有关部门应尽快加强对志愿者活动的研究，及时制定相应的法律、法规，从制度上保障我国志愿者事业稳定、快速发展。① 所以，我国应尽快制定规范和促进我国志愿者参与应急管理的法律制度。首先，完善有关危机立法，确立志愿者参与应急救援的外在合法性；其次，尽快出台《志愿者组织法》和《志愿者保护法》，使志愿者组织的行为制度化、规范化和法治化；最后，国家荣誉立法应当为志愿者留一席之地。② 法律要建立公民跨区参与应急救援的认证与许可制度，借鉴美国志愿者参与应急管理的认证和许可制度，对参与跨区应急救援的志愿者和非政府组织实行认证和许可制度，促进我国公民与非政府组织有序跨区参与应急救援；③ 明确志愿者是应急救援体系的有生力量，保障志愿者救援的经费和物质物资需要，提高志愿者救援的专长和素质；政府引导，保障志愿服务应急救援体系的有序发展；积极组织建设，提升志愿服务应急救援的水平。

第十五，在制定社会组织和单位参与公共危机管理和救援的同时，制定非营利组织参与应急管理和救援的相关法律规范。尽快出台非营利组织基本法并完善专项法规体系，将政府与非营利组织的权限、职责、关系以法律规范的形式加以明确。同时，改革现行登

---

① 凌学武：《德国应急救援中的志愿者体系的特点与启示》，载《辽宁行政学院学报》2010 年第 5 期，第 10 页。

② 黎慈：《构建志愿者服务应急救援体系面临的问题及对策——抗震救灾中志愿者服务引发的思考》，载《南都学坛（人文社会科学学报）》2008 年第 9 期，第 102—106 页。

③ 宋劲松：《建立志愿者参与突发事件的新机制》，载《法制日报》2011 年 2 月 23 日第 12 版。

记管理方面的法律法规及政策，尽快完成不同类型的非营利组织登记法规和规章制度，制定有关非营利组织参与公共危机管理的相关法律法规，以立法或政府授权的方式确立非营利组织在公共危机管理的合法地位，规范非营利组织在危机管理中的行为方式、运行机制，为非营利组织参与危机管理提供法律上的保障。①

第十六，建立完善的公共危机时期信息公开的法律制度。充分尊重公众的知情权，适时公开相关信息，是现代公共危机管理中非常重要的一环。当突发事件来临时，如果信息不透明，对危机发布的信息没有科学的解读，就难免引发民众的负面情绪，严重时会谣言四起，反而可能放大危机，造成人心慌乱，产生更加严重的后果。公共危机管理中信息公开的目的是，既要让民众对公共危机事态的程度与危害有清醒的认识，又要使他们了解决策层为化解危机所做的各种努力，更要使民众保持情绪稳定，避免民众情绪失控而增加决策者面临的压力，恶化决策的应急处理环境。② 公共危机中信息公开的法制化有利于充分地保障民主政治；有利于充分地保障公民的基本权利；有利于防止行政侵权，抑制腐败；公共危机中的信息公开可以提高公众对政府行为的理解和配合，从而提高政府在应对危机中的行政效率；③ 信息公开有助于稳定民心，避免社会恐慌，有助于政府和公众协同应对危机。完善公共危机时期信息公开的法律制度主要包括：（1）创新政府内部权责机制，实现危机管理部门间的高效协同。（2）建立信息公开制度，确保公众知情权得以实现。当前，应尽快创制《政府信息公开法》，确立政府信息公开制度，把保障公众知情权上升到法治层面，确保公众知情权得

① 李小玲：《我国非营利组织参与公共危机管理的对策研究》，载《决策 & 信息（下旬刊）》2010 年第 4 期，第 63 页。

② 李朔：《论公共危机管理法律制度的完善》，载《辽宁行政学院学报》2006 年第 3 期，第 28 页。

③ 黄定华：《我国公共危机中行政信息公开的法制化研究》，载《湖南城市学院学报》2007 年第 11 期，第 90 页。

以实现。（3）细化突发事件应对法关于信息公开的相关规定。一方面，需要加紧补充、完善、细化现有突发事件应对法中关于信息公开的相关内容。另一方面，针对专门公共危机事件的有关法律规定仍有存在的必要，应加紧制定相关突发事件应对法律法规中信息公开制度的建设，为突发事件应对中政府信息公开的具体操作提供法律依据。① 信息公开包括信息发布的主体、信息公开的内容、公开的方式和途径、信息发布的时机、信息的解释以及新闻媒体的作用。

第十七，完善应急预案的制订。我国虽已建立全方位的突发事件应急预案体系，但不少应急预案的内容存在较大的问题，主要是照抄照搬法律条款，没有凸显预案的特点。有的应急预案甚至与法律规定相冲突，造成行政机关适用上的无所适从。应急预案根据法律制定，但又有其自身内容定位，它应当是将法律的规定分解为具体的操作规程，一旦发生突发事件可以直接按照应急预案进行操作。如果照抄照搬法律条款，就没有必要在立法之外又建立一套应急预案体系了。因此，如何改变目前制订预案时偷懒的做法，真正通过制订应急预案将立法细化、分解为可操作的规程，是今后完善我国应急预案制度需要重点解决的问题。②

第十八，建立健全和明确公共危机管理和救援法律责任及其制度。法律责任一般分为行政法律责任、民事法律责任和刑事法律责任。在公共危机管理和救援的过程中，发生的最多、占主要的还是行政行为，各种管理和救援的法律主体对各类违法犯罪行为承担的责任中，最多的、主要的也还是行政责任。

行政责任，是指行政法律规范所设定的一种法律责任。狭义上的行政责任，仅指行政主体因违反行政法律规范或不履行行政法律

---

① 华学成：《公共危机管理法治化问题探究》，载《学海》2009 年第 6期，第 108 页。

② 王万华：《略论我国社会预警和应急管理法律体系的现状及其完善》，载《行政法学研究》2009 年第 2 期，第 9 页。

义务而依法应承担的行政法律后果。行政违法和行政不当构成及客观存在是确定行政责任的前提条件，也是确认行政主体及其公务人员该不该承担责任以及承担何种责任的直接依据。行政违法的形态有：行政失职、行政越权、行政滥用职权、认定事实错误、适法错误、程序违法、行政侵权。根据责任主体的不同，行政责任可以分为行政主体的责任和行政公务人员的责任。（1）行政主体承担行政责任的方式和内容：通报批评；承认错误，赔礼道歉；恢复名誉，消除影响；履行职务；撤销违法；纠正不当；返还利益；恢复原状；行政赔偿。（2）行政公务人员承担行政责任的方式和内容：通报批评；赔偿损失；行政处分。行政责任的追究，是指有权机关确认行政违法的行为人的违法行为及应承担的法律责任，并强制其承担行政责任的行为。建立行政责任的追究制度是实施行政责任的关键。在我国，依法享有追究行政责任权的主体，主要是权力机关、司法机关和行政机关。

政府在公共危机管理中必须要依法行事，否则就必须承担法律责任。首先，政府在公共危机管理中如果没有履行自己应尽的义务，应当承担相应的法律责任，致使公民的生命和财产遭受损失，公民可以向政府提起诉讼，要求政府进行赔偿。其次，政府在公共危机管理中如果没有依法行事，也要依法承担相应的法律责任，甚至受到法律的制裁。①

在应对危机的过程中，作为领导者和决策者的政府是否切实履行了其职责，对于危机事件的解决起着决定性的作用。所以，应细化明确政府以及官员责任。一方面，明确政府责任，将公共安全纳入政府考核体系，以落实政府应对公共危机责任。另一方面，完善官员问责制，使政府的责任追究规范化、制度化。官员问责制，是指对政府及其官员的一切行为和后果都必须而且能够追究责任的制度。其实质是通过各种形式的责任约束，限制和规范政府权力和官

---

① 范海珍：《公共危机治理中的政府责任》，载《中共铜仁地委党校学报》2010 年第 1 期，第 48 页。

员行为，最终达到权为民所用的目的，是现代政府强化和明确责任，改善政府管理的一种有效的制度。权责统一是官员问责制的理论基础。我国政府官员经过授权拥有公共权力，同时必须接受监督。权力与责任是统一的，有权必有责，用权受监督，这是依法行政的基本要求。只有建立起"官员问责"制度，用与其权力相对应的责任追究或承担机制以及各种监督手段加以督促，才能使官员树立起依法行政的责任意识。"问责制"下，贪赃枉法、失职渎职与平平庸庸的官员必须引咎辞职或被免职，有利于促进政府官员的责任感、危机感和紧迫感，提高他们的责任心。[①] 问责制的实施对于强化政府官员的责任意识起着巨大的作用。官员问责制的实施效果不能仅仅取决于处罚的力度，最重要的是明确问责对象和范围，实践中防止随便找个"替罪羊"的现象。从问责制的角度出发，向责任官员问责是应当的，但谁真正应当被问责，还有谁应被问责应是每一次突发事件成功应对后都应该值得深思的问题。[②] 要不断丰富与完善官员问责制，并对危机发展的各个阶段进行责任追究，防止责任追究不到位。更为重要的是，要建立违法责任、过错责任以及无过错责任多重相统一的归责原则。[③] 需要建构起一个兼容行政违法责任、行政侵权责任、行政违约责任、行政赔偿责任、行政补偿责任的理论体系，以此推动行政责任立法，建立有效的责任监督机制，确保行政活动法治化、规范化。[④] 另外，在加强同体问责制的力度的同时，要加强异体问责制，这样才能对地方政府产生应

---

① 刘卫：《我国公共危机管理机制探索》，载《湖北社会科学》2005 年第 8 期，第 40 页。

② 严武斌：《我国公共危机决策中的问题与对策分析》，载《决策 & 信息（下半月刊）》2008 年第 11 期，第 88 页。

③ 华学成：《公共危机管理法治化问题探究》，载《学海》2009 年第 6 期，第 108 页。

④ 蔡金荣、黄麟：《公共危机治理中的行政法机制》，载《湖北警官学院学报》2008 年第 6 期，第 82 页。

有的监督和惩戒作用。①

实行问责制，最重要的是建立健全领导干部重大责任追究制度。在社会生活中，任何人都必须对自己的行为负责，这是一个社会实现秩序状态的基本要求。对政府来说，其行为本身的性质和特征决定了政府行为更应建立于责任基础之上。一个责任型和服务型政府必须建立制度完备的责任型政府管理体系，强化缺失的政府责任，强化缺失的政府监督机制。政府必须建立在公共危机暴发之时的重大责任追究制度和引咎辞职制度。过去，中国在处理失职官员时往往不够及时、不够透明，常常只追究副手甚至下级官员责任，往往"刑"不上"一把手"。现代社会，必须也有必要改变这种传统的做法。（1）建立相应的行政责任追究制度。即由行政首长或上级部门追究下级失误的行政责任，如果行政首长不履行这一职责，同级人大或其上级有权要求行政首长作出公开解释，或者追究行政首长的失职责任。实行责任追究制，对危机管理主体的隐瞒行为、严重失策行为、拒绝执行决策行为、越权行为、谋私行为、严重侵犯公民人权的行为予以问责，及时纠正错误，以减少危机可能造成的损失，并塑造良好的政府及社会形象。（2）打造引咎辞职的"常态机制"。为了保证引咎辞职制度切实有效地运行，采取官员主动引咎辞职与责令辞职相结合的运行机制。对那些应当辞职却未引咎辞职的领导干部，将采取"直接免职"的办法。因为仅仅有引咎辞职的相关办法，对那些组织认定其已不再适合担任现职应该主动引咎辞职而不辞职的领导干部，可能并无多大的约束力。而对这些少数"不识趣"的领导干部，通过一定的组织程序责令其辞职就更为有效。②

民事法律责任是平等主体对违反民事法律的违法行为应当承担

---

① 李娟：《我国公共危机应急法制建设研究》，载《长江工程职业技术学院学报》2010 年第 9 期，第 45 页。

② 李朔：《论公共危机管理法律制度的完善》，载《辽宁行政学院学报》2006 年第 3 期，第 28 页。

的责任。刑事责任是违反刑事法律的犯罪行为应当承担的法律责任。为了防止应急法律机制的虚化，应急立法应对法律责任作出全面且平衡的规定，尤其要注意应急职责者和扰乱社会与市场秩序者的责任构成要件和责任形式，注意赔偿责任的范围、赔偿责任的转移、赔偿责任的免除和减轻，注意费用的追偿，注意权利限制的补偿机制等。① 对依法构成犯罪的，依照刑事法律追究相关单位、组织和个人的刑事责任。在公共危机应急管理和救援的整个过程中，从应急管理和救援的预警和启动到灾区恢复重建结束的各个阶段组成的漫长、复杂过程，发生最多的犯罪行为有财产类犯罪、贪污贿赂和渎职类犯罪、破坏社会主义市场经济秩序类犯罪、妨害社会管理秩序类犯罪以及侵犯公民人身权利民主权利类犯罪。从主观方面来讲，故意犯罪和过失犯罪均存在，故意类犯罪多于过失犯罪。犯罪主体包括各类法律主体，其中以政府应急机构及其工作人员以及公民个人居多。

---

① 张维平:《完善中国突发公共事件应急法律制度体系》，载《中共四川省委省级机关党校学报（新时代论坛)》2006 年第 2 期，第 38 页。

第三章　依托消防部队构建公共危机应急救援力量结构体系的基础理论

第一节　我国公共危机应急救援力量结构体系建设

一、我国公共危机应急救援力量结构体系建设的现状

（一）城镇公共危机应急救援体系已经初步建立

2007 年《突发事件应对法》第 26 条规定："县级以上人民政府应当整合应急资源，建立或者确定综合性应急救援队伍。"人民政府有关部门可以根据实际需要设立专业应急救援队伍。训练有素、相对统一的应急救援队伍，是应急处置工作的骨干力量。从我国目前情况来看，我国普遍没有综合性的应急救援队伍。2007 年《突发事件应对法》提出了"应急救援队伍"这一名称，但是目前，县级以上人民政府普遍没有真正建立一支可以处置本行政区域内易发、多发突发事件的综合性应急救援队伍。虽然我国出台了《突发事件应对法》，但该法未对各类应急救援队伍特别是现役部队如何调派、各种力量的联动作出具体规定。在各级政府设立的应急办，目前只是一个行政管理机构，缺乏统一调度指挥各类应急救援队伍协同作战的机制和能力，各种专业救援力量和相关部门之间不能真正实现整体联动，在应急救援中，极易耽误"黄金"救援时间。

随着经济的快速发展，各种致灾因素不断增加，使得应急联动效应与大规模、快节奏的社会经济活动不相适应。社会联动单位联动迟缓，存在多队单能的弊端，应急救援缺乏整体合力。这些现象势必造成消防部队参与应急救援工作的被动，尤其是在大型灾害事故救援现场，需要公安、消防、驻军、武警、医疗、通信、供水、供电等多个部门协同处置，但由于归口不一，战备等级制度不一，多支职能单一的应急救援力量互不隶属，各自为政，客观上造成遇险求助不便、接警出动迟缓、联动响应滞后、合成指挥不力等。

由于政府应急办应急经费有限，面对众多的应急救援队伍，有限的应急救援经费只能分摊使用，造成高成本、低效能的不利局面。我国目前应急救援装备配备方面普遍存在地区差异大、数量不足、技术落后等问题，缺乏区域应急救援针对性强和特殊专用的先进救援装备。虽然消防部队已经配备了一定数量较为先进的救援器材装备，但目前，用于专业抢险救援的一些装备主要集中在经济发达地区城市消防队和大、中城市的特勤消防队，而其他相对贫困地区和普通消防队专业救援器材相对缺乏，尤其是一些高精尖的救援装备更是严重缺乏。诚然，经济发达地区火灾发生的概率和复杂程度相对较大，但是火灾以外的其他突发事件不会因为经济是否发达而有选择性的发生，经济欠发达地区同样需要高精尖的救援装备。

另外，应急管理是现代政府的重要任务之一，但政府作用和能力有限，需要充分发挥志愿者组织、企业、群众自治组织和公民个人在应急管理中的作用。目前，我国除了消防部队刚刚成立了消防志愿者队伍外，还没有建立突发事件应急救援志愿者队伍，兼职应急救援队伍也不多见。而国外许多发达国家，志愿应急救援队伍非常庞大。

实际上，我国的社会应急救援一直实行的是单一灾种的分散救援模式。目前，我国社会应急抢险救援工作还是沿袭计划经济下形成的"各自为政、条块交叉、功能重复"的抢险救援体制。这一体制的弊病是，资源配置浪费严重。随着生产力的快速发展，社会灾害事故发生频率的加快以及损害后果的加剧，在参加抢险救援时，各自为政，部门之间缺乏协调配合，往往延误最佳救助时间。"各自为政、条块分割"现实应急救援体制严重制约了现代社会应急救援的发展，已经不适应我国经济和社会发展的要求。要打破这种"单一"、"分散"的模式，进行有效重组，达到防灾抗灾、应急救援的目的，各级政府就必须建立一个绝对权威、高度统一、一体化的防灾救灾指挥体系和信息指挥平台，建立起政府行政"一把手"任总指挥，分管领导和当地驻军首长任副总指挥，消防和相关部门、单位的"一把手"为主要成员的社会应急救援指挥机构，其主要职责是应对跨行业、跨灾种、对社会影响大的重大灾害。具体地讲，就是将现有的几支救援队伍，如公安110、消防119、医疗120、交警122、抗震救灾队、抗洪抢险队、矿难救护队等社会性和专业性的救援力量予以合并，建立应急救援组织，采取综合调度，形成由当地政府牵头，消防队伍为主，会同公安、卫生、供水、供电、供气、交通、各大中型企事业单位救援组织等军警民联合的应急救援机制，制定各部门、各单位参加应急救援工作的职责和任务，并制定计划适时进行训练演练。一旦有特种灾害事故发生，当地政府可根据事先组成的机构及工作任务下达到各部门，组成由政府挂帅，各相关部门、单位参加的应急救援指挥部，协调统一各种救援力量。只有这样才能使人力、物力、财力及其他相关社会资源得到充分利用，最大限度减少灾害事故的危害和损失。

目前，从中央到地方的政策和法律规范，均没有明确应急救援主体力量。现分属不同行业和部门的专业应急救援队伍多是在计划经济时期建立的，多种救援队伍互不隶属，力量分散、功能单一，发挥不好整体效能。现有公安、消防、医疗、电力、供水、供气、道路工程、化工等专业抢险救援队伍之间缺少必要的协同训练和救援实战演练，体系松散，协调不够，救援秩序混乱，难以发挥各支救援队伍的合力。与其他救援力量相比较而言，消防队伍在多个方面都占有绝对的优势，建立以消防队伍为骨干的公共危机应急救援力量体系就成为最优的选择，也是历史发展的必然趋势。

尽管有足够的理由认为我国的消防救援工作已经步入了正常的发展轨道，正在逐渐和国外发达国家接轨，但是，与我国每天面临现实的和潜在的各种灾害和突发事件相比，抑制和消除灾害的力量和行动依然显得薄弱，社会日益增长的消防安全需求与相对滞后的消防应急救援体制之间的矛盾依然十分突出。党中央、国务院已经将城市应急救援体系建设提升到了国家安全战略的高度，指明了发展的方向，消防在其中承担着不可推卸的重要责任。如何充分发挥消防部队自身的优势，在国家和城市突发公共事件应急救援体系中发挥更大的作用，成为摆在所有消防人面前重大而紧迫的课题。

在应急救援管理体系方面，目前，我国各省市所采用的城市安全应急管理体系主要有以下四类（见下表）：①

中国城市安全及应急管理体系分类表

编号	类型	内容
1	层次型	以北京市为代表，由市长为总负责，组建市、区两级应急系统，市级组成专用系统，建立刑侦、交通、消防、公共卫生、防洪、地震、生命线工程等 10 项垂直分系统；区县建二级系统，延伸至基层社区。
2	联动型	以南宁市为代表，市领导负责，将刑警、火警、急救、交警及市长电话统筹集中，组成联动中心，统一处置各类安全减灾及应急工作。
3	办公厅型	鉴于政府重大事件信息均由办公厅控制，并直通相关主要负责人，部分省市采取以政府办公厅为依托，扩大处理各类事务。
4	公安型	根据公安工作的性质和职能，将公安部门作为应急一线，部分省市以公安部门代行省市应急工作，由省市负责人出面协调和管理。

---

①　林兵：《消防救援的"改革之路"》，载《中国减灾》2005 年第 11期，第 40 页。

　　表中反映的一个明显的现象是，我国目前的消防救援安全应急体系在整个城市安全应急体系中仍处于被动的地位，对于以明确的目标和手段独立、迅速地处置突发事件的现实需求来说，消防应急工作模式仍然没有与新的城市安全工作需要合拍，没有与整个城市的安全自救体系相配套。总体看，我国应急救援体系存在多头管理、重复建设、资源浪费的问题，在很多情况下只是被动地应对当下出现的安全危机。为了有效地保证城市安全，俄罗斯设立了紧急事务部，美国以国土资源部为中心，日本依靠防灾减灾部，形成了陆地、空中、水上全方面、主体强大的统一调用救援体系。相比之下，我国的救援力量几乎都是分散建设、分散管理，救灾资源缺乏有效整合，缺乏统一的应急指挥平台和综合协调的行动能力。①

　　到目前为止，全国城市建有应急联动系统大致归纳为四种模式：一是以广西、南宁为代表的集权模式。该系统由政府牵头，统一接警，统一处警，管理和指挥权完全归政府"中心"所有；二是以北京为代表的代理模式，该系统由政府牵头，统一接警，各自指挥；三是以广州、上海为代表的授权模式，该系统由公安牵头，多级接警，多级处警，公安代表政府调动各部门，协调和监督应急事务的处理；四是以扬州为代表的网络模式，这种模式是由多个不同类型、不同层次的指挥中心和执行机构通过网络组合在一起，按照约定的程序，分工协作，联合指挥，联合行动。② 近年来，我国城市应急联动系统建设发展迅速，形成了集权模式、授权模式、代理模式、协同模式等不同类型的应急指挥体系。集权模式由专门的应急联动中心代表政府全权行使应急联动指挥权，统一接警、统一处警。该模式几乎重构了应急体制，投资和建设难度大，需要充分考虑指挥中心人力资源的规模和联动系统的容量。授权模式的特点

---

　　① 李进：《论消防在城市应急救援体系中的地位和作用》，载《安全》2007 年第 6 期，第 15 页。

　　② 张连寿：《浅谈公安消防部队在城市应急救援工作中的主体地位》，载《内蒙古科技与经济》2007 年第 8 期，第 129 页。

是有效地利用已有基础，能够快速构建城市应急联动系统，近年来在大型城市中发展迅速。该模式要求政府授权必须具体而明确。代理模式由政府成立统一的接警中心。各部门分头处警，各自指挥。代理模式宜在各应急部门自身体系完整、应急反应机制成熟的条件下采用。协同模式由多个不同类型、多层次指挥系统构成，其本质是在现有的行政办公自动化联动基础上，增加网络化电子协作与指挥平台，两者相辅相成。

由于我国地域辽阔，不同地区自然环境、工业化和城市化水平等方面存在较大的差异，要在全国范围内建立统一模式的应急指挥体系是不现实的。各地政府在确定应急指挥体系的建设模式时，需要综合考虑现有应急指挥体系的整合程度、城市规模、各个应急部门反应机制的完善程度、应急联动基础、投资规模等多种因素，以便因地制宜地建立及时、有序、高效的城市公共安全应急救援体系。①

（二）城镇公共危机应急救援力量能够满足基本需要

应急救援力量是处置突发公共事件、实施公共危机应急救援的主体，主要由公共应急救援力量、专业应急救援力量、企业应急救援力量和社会应急救援力量组成。目前，应急救援队伍在城市应急救援体系中占据着重要地位。我国的应急救援力量分布于各行各业，按照各种力量在整体上的功能和宏观上所能够起到的作用，可以分为以下三类。

1. 骨干力量

我国应急救援力量主要包括公安消防、特警以及武警、解放军、预备役、民兵等。公安消防、特警为专业化的公共危机应急救援力量；武警、解放军、预备役、民兵为非专业化的公共危机应急救援力量。2010 年《中国的国防》指出："武警部队是国家处置公

---

① 郭铁男：《政府公共危机管理与消防综合应急救援力量建设》，载《消防科学与技术》2007 年第 1 期，第 3 页。

共突发事件的骨干和突击力量。2009 年以来，参与处置劫持人质事件等严重暴力犯罪事件 24 起，参加捕歼行动 201 起，圆满完成国庆 60 周年、上海世博会和广州亚运会期间安保任务。"公安消防队伍是一支分布广泛、昼夜执勤、反应迅速、装备专业、训练有素、作风顽强的综合性常备救援力量。全国共有 31 个总队、约 600 个支队，共计十几万人，配有各类灭火救援执勤车辆万余辆。特警属于公安、武警中的攻坚力量，主要承担防暴、处突、反恐等突击强攻任务，目前所配备的装备及已开展的训练很少涉及救灾救难的内容。解放军、预备役部队、武警部队、民兵是养兵千日、用兵一时的机动力量，只有当发生社会影响极大、地域范围很广、抢险救援时间长，有大量人员伤亡且超出常备力量处置能力时，才被调集实行大兵团人海战术式的救援、抢险，其专业装备和专门训练尚未达到应急救援专业化的程度。① 中国人民解放军目前已初步构建了以抗洪抢险、地震灾害紧急救援、核化生应急救援、交通应急抢险和国际维和等专业部队为骨干，与公安、武警部队紧密配合，与国家和地方专业队伍相互衔接的兵种部队非战争军事行动力量体系。

2. 专业力量

除医疗急救外，我国现有专业应急救援力量多是本行业或本企业的应急救援力量，均分散于各行业、企业单位，普遍规模较小。例如：危险化学品处置救援中心，分散于中石油、中石化等大型企业之中，主要承担本企业（行业）生产事故应急处置任务；海上搜救与救捞为主的水上应急救援队伍，在沿海及长江、黑龙江设有站点；矿山救护队分散于远离城乡的较大矿山企业；森林灭火方面专业队只有武警森警，全部驻守在国有森林地区。这些专业救援力量是完成本行业、企业发生火灾、矿难等灾难事故初期处置的主要力量，也是城镇公共危机应急救援力量的重要组成部分或者能够成

---

① 季智洲：《公安消防部队承担政府综合应急救援职能研究》，上海交通大学国际与公共事务学院 2008 年硕士学位论文。

为城镇公共危机应急救援力量的重要补充。[①] 2009 年国务院办公厅《关于加强基层应急队伍建设的意见》指出："各县级人民政府要以公安消防队伍及其他优势专业应急救援队伍为依托，建立或确定"一专多能"的县级综合性应急救援队伍"，要"加强基层防汛抗旱队伍组建工作"、"深入推进森林草原消防队伍建设"、"加强气象灾害、地质灾害应急队伍建设"、"加强矿山、危险化学品应急救援队伍建设"、"推进公用事业保障应急队伍建设"、"强化卫生应急队伍建设"、"加强重大动物疫情应急队伍建设"。

3. 其他力量

其他力量分布于政府各部门、各行各业，这些力量种类较多、人员庞大、规模不一。这类力量还包括民间志愿力量，如志愿消防队伍。2009 年国务院办公厅《关于加强基层应急队伍建设的意见》指出："深入推进街道、乡镇综合性应急救援队伍建设。街道、乡镇要充分发挥民兵、预备役人员、保安员、基层警务人员、医务人员等有相关救援专业知识和经验人员的作用。""有关专业应急管理部门要发挥各自优势，把具有相关专业知识和技能的志愿者纳入应急救援队伍。发挥共青团和红十字会作用，建立青年志愿者和红十字志愿者应急救援队伍，开展科普宣教和辅助救援工作。""鼓励社团组织和个人参加基层应急队伍，研究完善民间应急救援组织登记管理制度，鼓励民间力量参与应急救援。"2010 年《自然灾害救助条例》规定："村民委员会、居民委员会以及红十字会、慈善会和公募基金会等社会组织，依法协助人民政府开展自然灾害救助工作。"

（三）公共危机应急救援力量的管理、运行和联动机制已经基本具备雏形

2003 年《突发公共卫生事件应急条例》第 3 条第 1 款规定："突发事件发生后，国务院设立全国突发事件应急处理指挥部，由

---

① 魏捍东、刘建国：《构建综合统一的社会应急救援力量体系的思考》，载《第十届中国科协年会论文集（一）》2008 年版，第 1292 页。

国务院有关部门和军队有关部门组成，国务院主管领导人担任总指挥，负责对全国突发事件应急处理的统一领导、统一指挥。"第4条第1款规定："突发事件发生后，省、自治区、直辖市人民政府成立地方突发事件应急处理指挥部，省、自治区、直辖市人民政府主要领导人担任总指挥，负责领导、指挥本行政区域内突发事件应急处理工作。"2006年《国务院关于全面加强应急管理工作的意见》在"加强应急管理体制和机制建设"部分规定："国务院是全国应急管理工作的最高行政领导机关，国务院各有关部门依据有关法律、行政法规和各自职责，负责相关类别突发公共事件的应急管理工作。地方各级人民政府是本行政区域应急管理工作的行政领导机关……加强各地区、各部门以及各级各类应急管理机构的协调联动，积极推进资源整合和信息共享。"在"进一步加强对应急管理工作的领导"部分规定："各地区、各部门要加强沟通协调，理顺关系，明确职责，搞好条块之间的衔接和配合。各级领导干部要不断增强处置突发公共事件的能力，深入一线，加强组织指挥。"2007年《突发事件应对法》第7条第1款规定："县级人民政府对本行政区域内突发事件的应对工作负责；涉及两个以上行政区域的，由有关行政区域共同的上一级人民政府负责，或者由各有关行政区域的上一级人民政府共同负责。"第8条规定："国务院在总理领导下研究、决定和部署特别重大突发事件的应对工作……县级以上地方各级人民政府设立由本级人民政府主要负责人、相关部门负责人、驻当地中国人民解放军和中国人民武装警察部队有关负责人组成的突发事件应急指挥机构，统一领导、协调本级人民政府各有关部门和下级人民政府开展突发事件应对工作。"第9条规定："国务院和县级以上地方各级人民政府是突发事件应对工作的行政领导机关，其办事机构及具体职责由国务院规定。"第48条规定："突发事件发生后，履行统一领导职责或者组织处置突发事件的人民政府应当针对其性质、特点和危害程度，立即组织有关部门，调动应急救援队伍和社会力量，依照本章的规定和有关法律、法规、规章的规定采取应急处置措施。"2008年《消防法》第3条规定：

"国务院领导全国的消防工作。地方各级人民政府负责本行政区域内的消防工作。"2009 年国务院办公厅《关于加强基层应急队伍建设的意见》指出："地方各级人民政府是推进基层应急队伍建设工作的责任主体。县级人民政府要对县级综合性应急救援队伍和专业应急救援队伍建设进行规划，确定各街道、乡镇综合性应急救援队伍和专业应急救援队伍的数量和规模。各有关部门要强化支持政策的研究并加强指导，加强对基层应急队伍建设的督促检查。""各基层应急队伍组成人员平时在各自单位工作，发生突发事件后，立即集结到位，在当地政府或应急现场指挥部的统一领导下，按基层应急管理机构安排开展应急处置工作。县乡级人民政府及其有关部门要切实加强基层综合队伍、专业队伍和志愿者队伍之间的协调配合，建立健全相关应急预案，完善工作制度，实现信息共享和应急联动。"

我国目前的灭火救援体制主要是属地负责的原则，虽然近几年许多地方相继开展了一些跨区域联合灭火救援作战演练，但是，这些演练没有法律依据，只是总队与总队、支队与支队之间开展的一些战术交流。而真正的实施过程中还是非常复杂，调动力量要逐级请示上级主管领导（部门），并不能及时到达灭火救援现场，导致国家、人民的财产和生命得不到有效的保障。

（四）公共危机应急救援力量的保障、预案体系已经基本建成

消防经费一直以来就是困扰各级消防部门的问题，现在又逐步增加了抢险救援、社会救助等工作，使本不充裕的消防经费更显得捉襟见肘。地方各级政府领导对消防工作的重视程度已大大提高，但是，焦点还仅局限在防火、灭火上，忽视了消防部队肩负的日益繁重的社会抢险救援工作。每年地方政府根据一定比例划拨消防经费，较少考虑增加的抢险救援所需要的经费，划拨消防部队的经费并没有随着抢险救援职能的拓展而增长，这让消防部队的工作陷入尴尬的境地，也阻碍了消防部队朝多功能救援队伍方向发展的

脚步。

2006 年《国务院关于全面加强应急管理工作的意见》在"加强应急预案体系建设和管理"部分规定："各地区、各部门要根据《国家总体应急预案》，抓紧编制修订本地区、本行业和领域的各类预案，并加强对预案编制工作的领导和督促检查。"2007 年《突发事件应对法》第 17 条规定："国家建立健全突发事件应急预案体系。国务院制定国家突发事件总体应急预案，组织制定国家突发事件专项应急预案……地方各级人民政府和县级以上地方各级人民政府有关部门根据有关法律、法规、规章、上级人民政府及其有关部门的应急预案以及本地区的实际情况，制定相应的突发事件应急预案。应急预案制定机关应当根据实际需要和情势变化，适时修订应急预案。应急预案的制定、修订程序由国务院规定。"2008 年《消防法》第 43 条规定："县级以上地方人民政府应当组织有关部门针对本行政区域内的火灾特点制定应急预案，建立应急反应和处置机制，为火灾扑救和应急救援工作提供人员、装备等保障。"

二、我国公共危机应急救援力量结构建设存在的主要问题

目前，我国在许多行业和领域都已经建立了一些应急管理和救援的管理机构、运行机制和救援力量，并且发挥了重要作用，但是，在公共危机应急管理能力、应急处置工作和应急救援整体综合协调上问题仍然十分突出，严重制约了我国应对公共危机事件的管理和应急救援的效果。

（一）条块分割、各自为战，力量分散，没有统一的力量体系

2006 年《国务院关于全面加强应急管理工作的意见》在"加强应急管理体制和机制建设"部分规定："国务院是全国应急管理工作的最高行政领导机关，国务院各有关部门依据有关法律、行政法规和各自职责，负责相关类别突发公共事件的应急管理工作。地

方各级人民政府是本行政区域应急管理工作的行政领导机关。"2007年《突发事件应对法》第4条规定："国家建立统一领导、综合协调、分类管理、分级负责、属地管理为主的应急管理体制。"第7条规定："县级人民政府对本行政区域内突发事件的应对工作负责；涉及两个以上行政区域的，由有关行政区域共同的上一级人民政府负责，或者由各有关行政区域的上一级人民政府共同负责……上级人民政府应当及时采取措施，统一领导应急处置工作……"第8条规定："国务院在总理领导下研究、决定和部署特别重大突发事件的应对工作；根据实际需要，设立国家突发事件应急指挥机构，负责突发事件应对工作；必要时，国务院可以派出工作组指导有关工作。县级以上地方各级人民政府设立由本级人民政府主要负责人、相关部门负责人、驻当地中国人民解放军和中国人民武装警察部队有关负责人组成的突发事件应急指挥机构，统一领导、协调本级人民政府各有关部门和下级人民政府开展突发事件应对工作；根据实际需要，设立相关类别突发事件应急指挥机构，组织、协调、指挥突发事件应对工作……"第9条规定："国务院和县级以上地方各级人民政府是突发事件应对工作的行政领导机关，其办事机构及具体职责由国务院规定。"第14条规定："中国人民解放军、中国人民武装警察部队和民兵组织依照本法和其他有关法律、行政法规、军事法规的规定以及国务院、中央军事委员会的命令，参加突发事件的应急救援和处置工作。"2008年《消防法》第37条规定："公安消防队、专职消防队按照国家规定承担重大灾害事故和其他以抢救人员生命为主的应急救援工作。"第4条第1款规定："国务院公安部门对全国的消防工作实施监督管理。"第46条规定："公安消防队、专职消防队参加火灾以外的其他重大灾害事故的应急救援工作，由县级以上人民政府统一领导。"从上述规定可以看出，法律法规明确规定的我国应对公共危机应急救援的领导和管理部门就是国务院及各级人民政府，军队参加公共危机救援时依法执行国务院和中央军事委员会的命令。这种规定没有明确公共危机应急救援的组织和领导机构。

基于职能划分的政府各部门，片面追求部门的短期利益，政府的战略决策行为变成了下属机构和部门领导人争夺资源和权力的过程，致使部门职能重叠、低水平重复建设，责任推诿，政府整体功能弱化，地方属地化管理使公共危机应急救援整合困难，行动和衔接脱节。条块应急职责划分不清晰，在公共危机应急救援中出现了条块行动衔接配合不够、管理脱节、协调困难等问题。

1. 部门众多、缺乏救援主体和力量的管理部门

我国目前现有的应急救援组织机构众多，在国家层面缺乏统一的综合领导机构和常设性危机管理协调机构，不能把危机的前期控制过程纳入政府长远战略目标、规划与日常管理中，因而现有组织体系无法适应预警与快速反应的需要。由于政府的职能尚未明晰，很多综合性的危机管理决策行动往往成为上下级政府以及部门之间相互推诿扯皮的过程。一旦需要动用各方资源的重大危机爆发，或是多种危机事件并发，可能会使政府在处理危机事件中不能很好地加以协调，从而严重影响政府处理紧急事务的效率。例如，我国目前的公共突发事件应急管理体系结构，在组织救援力量、救灾资源调度等方面，层级多、部门多，仅靠国务院或地方政府的应急办协调指挥跨部门、跨系统、跨行业的应急救援工作，往往作用相当有限，经验较为缺乏，工作力度和专业化程度明显不足，恐难承担起政府应急管理的重任。① 与国际社会相比，我国没有一个独立和常设的危机管理协调中心，灾害发生后，一般都是临时成立工作组应付危机，这种工作组不能保证危机管理工作的及时性和连续性，缺乏对危机处理的经验教训进行有效总结、分析、保留和借鉴。在今天这样一个高危机的社会里，只有成立常设规范的危机管理中心，才能将政府的危机管理纳入科学、规范、有序的轨道。②

---

① 魏捍东、刘建国：《构建我国社会应急救援力量体系的思考》，载《武警学院学报》2008 年第 2 期，第 17 页。

② 刘占海、刘伟：《政府应急救援力量的构成、建设及相关机制的探讨》，载《第十届中国科协年会论文集（一）》2008 年版，第 1013 页。

2. 条块分割、力量分散、各行其是、各自为战，社会救援缺乏整体合力

各级政府根据各垂直管理部门的提议，建立了各种专业救援队伍，如海事救援队、矿山救援队、交通清障队等。但长期以来，我国应急救援体系一直处于独立、分散管理状态，应急救援队伍因受落伍的城市灾害管理体制的制约，造成了不可避免的重复建设和自行其是的状态。我国公共危机应急救援力量没有统一的组织、管理机构，整个应急救援力量体系缺乏统一管理、统一规划、统一监督、统一保障和统一指导，各种应急救援力量分散于多个部门和不同的行业，职能交叉，力量分散。虽然各部门、各行业根据自身的特点建立了相对独立的应急体系，但由于各地管理体制不健全、运行机制落后，各自为政，导致应急救援力量的能力及其管理参差不齐，资源配置浪费严重，应急救援力量的人员、器械装备、经费、训练培训保障缺乏，应急救援装备质差量少，救援技能单一，应急救援技术支持效率低下，应急救援响应迟缓，应急救援能力差，效果不明显。① 由于归口不一，战备等级制度不一，多支职能单一的应急救援力量互不隶属，各自为战，客观上造成遇险求助不便、接警出动迟缓、联动响应滞后、合成指挥不力等。更有少数部门单位受本位主义驱使，在应急救援行动过程中追求权利和利益最大化、责任和风险最小化，推诿扯皮现象时有发生。② 现有公安、消防、医疗、电力、供水、供气、道路工程等专业抢险救援队伍之间缺少必要的协同训练和救援实战演练，体系松散，横向协调不够，救援秩序混乱，难以发挥各支救援队伍的合力。③ 多种救援力量支援互

---

① 刘彪：《我国公共危机管理面临的挑战与对策——对 2008 年雪灾的反思》，载《合肥学院学报》2009 年第 2 期，第 82—85 页。

② 闫丽：《我国消防部队承担政府综合应急救援职能的分析》，载 http：//mhjy. wjxy. edu. cn/show. aspx？id = 1092&cid = 42，2011 - 06 - 29。

③ 季智洲：《公安消防部队承担政府综合应急救援职能研究》，上海交通大学国际与公共事务学院 2008 年硕士学位论文。

补的优势很难完美实现。

3. 常态应急救援主体力量不明确，没有统一的应急力量体系

政府各专业应急救援力量建设的指导思想、根本目的、人员配置、器材配备等都是立足"某一类"事故灾害处置的需要。而灾害事故的发生往往都具有危害的多种性和复杂性，这就需要救援力量有着良好的功能组合。从我国应急救援工作的实际需要看，常态下的事故、灾难频率高、数量多、专业性强，需要明确一支归政府直接指挥、常备的综合性应急救援力量。而现在由于从中央到地方，均没有明确应急救援主体力量，法律也没有明确规定，现分属不同行业和部门的专业应急救援队伍多是在计划经济时期建立的，互不隶属，力量分散、功能单一，致使日常应急救援中出现多头指挥、现场混乱、救援处置不力等问题，发挥不好整体效能。就目前而言，政府还没有形成一支统一调度指挥下的、能妥善处置各种事故灾害的常规常备、综合性应急救援力量，这种状况往往导致应急救援过程中"零打碎敲"，兵力分散使用，需要什么力量时才调动相应力量，从而造成许多不必要的损失，甚至贻误战机，错失最佳救援时间。

（二）管理体制不顺、运行机制不畅、力量协调困难

2006 年《国务院关于全面加强应急管理工作的意见》规定："各地区、各部门要加强沟通协调，理顺关系，明确职责，搞好条块之间的衔接和配合。建立和完善应对突发公共事件部际联席会议制度，加强部门之间的协调配合，定期研究解决有关问题"、"加强各地区、各部门以及各级各类应急管理机构的协调联动，积极推进资源整合和信息共享"、"建设各级人民政府组织协调、有关部门分工负责的各类突发公共事件预警系统"、"地方各级人民政府和有关部门要加强对基层应急管理工作的指导和检查，及时协调解决人力、物力、财力等方面的问题"。2007 年《突发事件应对法》第 4 条规定："国家建立统一领导、综合协调、分类管理、分级负责、属地管理为主的应急管理体制。"第 8 条规定："……县级以

上地方各级人民政府设立由本级人民政府主要负责人、相关部门负责人、驻当地中国人民解放军和中国人民武装警察部队有关负责人组成的突发事件应急指挥机构，统一领导、协调本级人民政府各有关部门和下级人民政府开展突发事件应对工作；根据实际需要，设立相关类别突发事件应急指挥机构，组织、协调、指挥突发事件应对工作……"第59条规定："受突发事件影响地区的人民政府应当及时组织和协调公安、交通、铁路、民航、邮电、建设等有关部门恢复社会治安秩序，尽快修复被损坏的交通、通信、供水、排水、供电、供气、供热等公共设施。"根据上述规定，可以看出我国有关法律和文件对公共危机应急管理和救援的组织管理、运行和协调作了明文规定。但在公共危机应急管理和救援的过程中，因为各种复杂原因，我国公共危机应急管理和救援的管理、运行和力量协调方面仍存在很多问题。

1. 管理体制不顺、运行机制不畅

现实情况是，我国公共危机应急救援缺少高效、便捷的应急管理和救援指挥平台。目前，各行业、各部门基本上呈纵向隶属管理，相对独立，管理分割，相互之间缺少应急联动和救援指挥基础平台，现有各救灾部门应急救援指挥通信网络融合性差，难以保证有效协调运作，现有通信装备的集成效能不能满足重大灾害事件作战要求，利用率较低，互通性能差，难以发挥统一调度、指挥和协调的功能。从指挥层面看，到目前为止，我国还没有一个直接履行组织、协调、指挥、领导为一体的统一的管理公共危机的政府职能部门。各种公共危机管理的职能分散于公安、消防、交警、水电煤气、环保、急救等部门。表面上看好像这些部门都各司其职，但是一旦发生公共危机难以迅速形成一个强有力的统一指挥，使得资源和信息的整合在短时间内无法实现，从而贻误了救援和恢复的良机。另外，我国目前的公共危机管理主要依赖各级地方政府的现有行政机构，公共危机发生时，各级行政机构就根据危机的类别建立起相关的临时机构，在中央政府的领导下全面负责灾害的救援工作。而公共危机一旦解决，这些临时机构也宣告解散，没有建立起公共危机管理的长效机制，实现公共危机管理的常规化。①

2. 力量协调不足

当发生公共危机事件时，政府仓促上阵，被动反应，临时组成的指挥部能力有限，各部门各救援力量缺乏沟通，各部门各行业在指挥和协调应急救援力量上仅仅局限于各自的领域，没有完全建立相互协调与统一指挥的工作机制。在临时指挥部，各部门各救援力量之间在应急救援管理和指挥中分工协作关系不够明确，存在部门分割、职责交叉、管理脱节、低水平重复建设等现象，统一协调不足，不利于资源整合和快速反应能力的提高。

（三）没有建立有效地联动网络，联动机制不完善

2006 年《国务院关于全面加强应急管理工作的意见》规定："加强各地区、各部门以及各级各类应急管理机构的协调联动，积极推进资源整合和信息共享。"2007 年《突发事件应对法》仅笼统规定政府及其各部门、上下级之间以及军队参加应急救援，没有各部门各救援队伍之间如何联动。

在快速反应机制上，我国尚未建立不同突发公共事件之间的协调机制，分部门、分灾种的管理体系使得应对复合型和国际型突发事件的效率极为低下。政府有关部门由于"责权利"等诸多因素，"金字塔"式的行政体系使得中央与地方、政府部门之间缺乏必要的协调和信息沟通，在应对复合型突发公共事件时，就出现了既不能形成应对事件的统一力量，也不能及时有效配置分散在各个部门的救灾资源的弊端。与其他国家相比，我国目前实行的是一种"分而治之"的行业垂直领导体系，如医疗、矿山、石油、民航等部门都根据其相应的法律法规，分别对各自行业内的应急救援活动进行了规定。这种单一灾害管理模式往往难以实现有效应急联动，

---

① 刘彪：《我国公共危机管理面临的挑战与对策——对 2008 年雪灾的反思》，载《合肥学院学报》2009 年第 2 期，第 82—85 页。

削弱了应对各类突发事件的能力。[①] 目前，虽然有些地市建立"三台合一"联动系统，公安 110、消防 119 和交通 122 实行公安统一接处警，它们在各自的职责范围内都发挥了很大的社会作用，得到了群众的一致好评，但在实际的救援过程中却不能有效地协同配合，暴露出体制上的弊端和组织上的不力。像供水、供电、煤气、市政等有些部门根本不设报警或求助电话，也很少组织必要的协同演练，各个力量之间各自为政，联系很少，指挥部和各救援队伍没有垂直联系方式，也缺乏协调能力及信息沟通渠道，一旦发生大的抢险救援事故，难以形成救援合力。

尽管目前国内已建立了公安、消防、救护、交通、供水、供电、供气、电信等多种抢险救援力量，但这些救援队伍都相对独立、各自为政，没有高效统一的应急救援集结机制，缺少必要的协同演练。在各类抢险救援过程中，往往都由消防充当实际主力，需要其他部门协助时，可能并不"买账"，无法形成合力，救援意图难以贯彻。目前，我国联动救援体系还未得到法律的确认。现行的各种法律，行政法规，部门规章及党中央、国务院和部门文件对应急救援队伍如何联动，联动后指挥体系的建立、救援队伍的职责都未上升到法律的高度。因此造成灾害事故的紧急救援联动中，不按规定履行职责，事故发生后反应迟缓、工作随意性大、本位主义严重等情况，使救援行动的整体联动缺乏法律的保障显得涣散无力，导致战斗力削弱。[②]

（四）资源保障乏力

2007 年《突发事件应对法》第 4 条规定："国家建立统一领导、综合协调、分类管理、分级负责、属地管理为主的应急管理体

---

① 魏捍东、刘建国：《构建我国社会应急救援力量体系的思考》，载《武警学院学报》2008 年第 2 期，第 17 页。

② 季智洲：《公安消防部队承担政府综合应急救援职能研究》，上海交通大学国际与公共事务学院 2008 年硕士学位论文。

制。"在第 31 条、第 32 条、第 34 条和第 36 条等条款笼统规定了人力、经费和物质保障。

资源保障包括人力资源、经费资源和物资资源等方面的保障。未雨绸缪，只有建立起全方位的应急保障机制，全面整合社会资源，建立完备的人员物资储备库，才能在公共危机发生后，迅速集中全社会的力量来应对灾难，保证应急救灾工作的顺利开展，这对于灾后重建和恢复也有极其重要的意义。我国还没有建立一个针对各类公共危机事件的资金、卫生、设备、保险等综合的公共危机应急保障体系，很难应对公共危机事件特别是重大灾害事件的冲击。

1. 专家组、智囊库建设滞后

一是数量少，而且其中还有很多是行政机关的下属机构，很难发表和坚持自己的独立见解；二是水平不高，没有建设专门的应急管理案例库，专业研究人员少，理论和实践兼备的专业人员就更少；三是决策者对于"智囊团"的使用往往是随意的，对于其提供的报告也并不一定高度重视。"智囊团"的组成和运用没有制度上的保障。[1]

2. 灾害应急处置的资源储备不足

我国目前的应急救灾抢险主要依赖部队和武警，随后会有志愿者和国外救援队的加入，救援物资主要依赖中央财政集中调度、各地市支援和慈善机构的社会募捐。在对灾区的调研中发现，当地并没有常设的应急组织体系，在灾害发生后，居民大多采取自主救援，非常散乱，危险系数也很高。同时，救援中应急专业人员（如技术人员、医疗人员、社会工作者等）的参与严重不足，应急物资储备也不能满足救灾需要。

3. 社会救助体系不健全

对于重大的公共危机事件来说，仅仅依靠政府财政部门救助是远远不够的，必须要动员全社会的力量，形成一个全面的社会救助

---

① 万军：《中国政府应急管理的现实和未来》，载《中共南京市委党校南京市行政学院学报》2003 年第 5 期，第 46 页。

体系。但目前我国的应急保障主要依赖政府财政部门的临时调度和社会捐助，没有建立起专项储备资金。当突发事件发生时，经常不能迅速启动社会救助机制，不利于公共危机事件后的社会恢复。[1]

由于应急救援力量的分散，应急力量和资源还缺乏有效整合和统一协调机制，当发生重特大公共危机事件尤其是发生涉及多种公共危机事件或跨地区、跨行业和跨国的重特大公共危机事件时，某一部门的应急救援力量和资源往往十分有限，而临时组织的应急救援力量往往存在职责不明、机制不顺、针对性不强等问题，难以协同救援、发挥整体应急救援能力和效果。

（五）　法制建设滞后

在法律法规方面，虽然我国已经颁布了应急救援力量建设方面的多部法律法规规章，制定了大量相关政府和部门文件，但现行的法规还不够完善，不能涵盖整个应急救援领域，缺乏高层次的法律，没有形成体系，综合性的实施应急救援工作得不到有效的法律支持。尽管现有法律规范对公共危机应急救援及其力量的建设、组织管理、运行、保障等作了相关的规定，但立法层次不高，规范性不强，规定原则抽象，执行性和操作性不强，对共性问题缺乏统一规定，缺乏相互衔接，相互矛盾现象多，导致救援力量的组织和指挥混乱，包括消防队伍在内的各种救援力量职责不明，救援措施不到位，协调配合不力，严重影响了及时、有效地救援。应急救援力量法制建设的滞后所导致的弊病急需去除，一部规范公共危机应急救援力量的、统一的、高层次的法律急需出台，通过立法方式规范公共危机应急救援力量的建设、组织管理、运行、保障及有关法律责任。

---

[1]　罗建平、薛小勇、李千：《浅谈我国公共危机预警管理制度建设》，载《防灾科技学院学报》2010 年第 2 期，第 111 页。

（六）信息缺乏共享，沟通不畅

2006 年《国务院关于全面加强应急管理工作的意见》规定："加强各地区、各部门以及各级各类应急管理机构的协调联动，积极推进资源整合和信息共享。""应急平台建设要结合实际，依托政府系统办公业务资源网络，规范技术标准，充分整合利用现有专业系统资源，实现互联互通和信息共享，避免重复建设。"2007 年《突发事件应对法》仅仅在"监测与预警"部分规定了有关的突发事件信息系统的建立和信息的汇集、储存、分析、传输，在"应急处置与救援"部分，第 53 条仅用一个条文规定"履行统一领导职责或者组织处置突发事件的人民政府，应当按照有关规定统一、准确、及时发布有关突发事件事态发展和应急处置工作的信息"，并未在应急救援过程中详细规定信息的共享问题。目前，我国各种应急救援力量的信息系统之间相互分割，缺乏互通互联和信息资源共享，缺乏综合性的信息平台和分析平台。目前，我国的信息机构采取分级管理制度，如统计局、信息中心和信访部门等信息机构属于各级政府。在这种管理体制下，信息部门容易受制于各级政府，从而出现信息失真现象，不利于政府决策。而信息逐级传递，容易延误处置危机的最佳时期。①

（七）预案可操作性、针对性不强，实践效果差

2006 年《国务院关于全面加强应急管理工作的意见》规定："加强应急预案体系建设和管理。各地区、各部门要根据《国家总体应急预案》，抓紧编制修订本地区、本行业和领域的各类预案，并加强对预案编制工作的领导和督促检查。各基层单位要根据实际情况制订和完善本单位预案，明确各类突发公共事件的防范措施和处置程序。尽快构建覆盖各地区、各行业、各单位的预案体系，并

---

① 罗建平、薛小勇、李千：《浅谈我国公共危机预警管理制度建设》，载《防灾科技学院学报》2010 年第 2 期，第 111 页。

做好各级、各类相关预案的衔接工作。要加强对预案的动态管理，不断增强预案的针对性和实效性。狠抓预案落实工作，经常性地开展预案演练，特别是涉及多个地区和部门的预案，要通过开展联合演练等方式，促进各单位的协调配合和职责落实。"2007 年《突发事件应对法》仅用几个条文规定了应急预案体系的建立和预案的制定、实施。2008 年《消防法》也仅仅在第 43 条规定："县级以上地方人民政府应当组织有关部门针对本行政区域内的火灾特点制定应急预案，建立应急反应和处置机制，为火灾扑救和应急救援工作提供人员、装备等保障。"

据调查了解，我国各级各类国家机关、企事业单位和各种组织几乎都建立起了自己的公共危机应急救援预案，这些预案在应对各类突发公共危机、减少生命和财产损失、维护社会稳定方面发挥了重要的作用，但各地、各部门、各行业的应急救援预案种类繁多、参差不齐，预案操作性较差，针对性不强，存在一些缺陷，如预案应急能力不足、预案结构和层次不合理、预案目标不清、预案功能不准、预案运作程序缺乏标准、救援责任不明等。具体表现在：一是事故应急救援预案内容制定不细。主要表现在对救援力量部署、救援方案、注意事项等方面的内容模糊、混乱不清，在救援力量进退路线的安排部署上，有救援路线、无退防路线，交代了各救援力量的任务分工，却忽视了相互间的救援协同；在救援方案上，通常是只选定了救援方式，却没有对救援现场进行估算。二是事故应急救援步骤制定格式化。应急救援中心在制定市级预案时容易出现的问题是在制定救援对策时，往往把各救援力量在现场的救援行动交代得过细，如救援中心的力量什么时候到达现场、现场救人采取什么样的方法、救援时哪些人利用哪种救援工具等问题布置得太具体，看起来就像是在演戏，从而忽略了事故现场瞬息万变的发展规律和计划指挥与临场指挥的关系，反而失去了实际意义。三是事故现场设定过于简单。事故设定是预案制定的关键环节之一，对救援力量部署、施救对策等内容起着决定的作用。如果事故设定过于简单，如只确定一个事故点或是不设置事故发展变化中易引起的次生灾害（如危化品的燃烧、压力容器的爆炸、建筑物的倒塌、人员连续伤亡、被困情况变化等），整个预案就显得过于简单，没有起到做好打大仗、打硬仗、打恶仗的准备作用，对平时的应急救援训练工作的指导意义也就不强。四是应急救援中心与单位和各地制定的预案脱节。对于一些较大规模、较大影响的事故，应急救援中心和辖区单位和地区都会制定同一地点的应急救援预案，但是如果应急救援中心与单位和各地在制作过程中没有做好统一、衔接工作，往往就会造成力量部署如停车位置、事故现场设置、救援和退防路线的设置甚至任务分工不协调。一旦出现应急救援中心调动多种力量作战时，就很可能造成作战任务重叠或者应急救援中心制定的预案失去作用。

（八）重复投资、资源浪费

由于各种功能单一的救援部门都从本部门的利益出发，花费政府大量的专项经费，购置许多精良器材，有的长期放置不用，有的即使配上用场也是"昙花一现"，加上地方救援队的管理非军事化，执勤战备及灾难意识淡薄，器材不会使用，效能得不到发挥的现象普遍，救援效果平平。有的器材功能还相互重合，造成政府宝贵资金的浪费。① 同时，没有统一的组织、管理机构造成的后果之一是指挥系统基础建设重复，经费浪费巨大。分部门的抢险救援管理体制，需要建立各自的指挥体系和相关的软硬件设备支持，形成了指挥系统基础建设重复的局面。指挥系统基础建设的重复，使有限的救援经费只能分摊使用，造成高成本、低效能的不利局面。目前，各部门、各系统都在开发和研制自己的信息系统。相互间缺乏沟通，且指挥平台大多功能相近，投入巨大，浪费严重。在安全生产方面，国家安监总局建立了国家安全生产应急救援中心，各省已建立或正在建立省级和地区级安全生产应急救援中心；在公共安全

---

① 闫丽：《我国消防部队承担政府综合应急救援职能的分析》，载 http://mhjy.wjxy.edu.cn/show.aspx? id = 1092&cid = 42，2011 – 06 – 29。

方面，多数省份已投入巨资建立了省级和地区级"110"、"119"、"122"三台合一指挥中心；在防震减灾方面，各省都基本建立了省级应急指挥中心，部分地级防震减灾指挥中心也正在加紧建设之中。各级政府正在酝酿筹建应急办公室指挥平台，有些政府不是整合现有资源，仍然上整套系统，其主要功能与现有的"110"、"119"、"122"、安监、地震、人防等众多指挥中心功能雷同，又掀起了新一轮重复建设潮流。①

（九）认识存在偏差，社会动员不足

1. 认识存在误区

由于我国受计划经济条件下形成的管理框架影响，各部门较为独立，互相协作不够，国家"大救援"的整体理念不足。② 同时，由于传统历史文化、宣传、教育、政府和社会参与力量的关系不密切等多方面的原因，政府及人民群众的危机意识比较淡薄，对公共危机应急救援认识模糊，政府和公众都会存在侥幸心理。在这种背景下，政府公共危机管理和人民大众的公共危机管理意识与治理意识淡薄，对公共危机应急管理认识不到位，对公共危机应急救援的认识不足。由于准备不足，存在麻痹和侥幸心理，没有真正把公共危机治理和公共危机应急救援力量建设摆上重要议事日程，从而导致公共危机治理机制不健全、救援力量不足、救援不力、责任不明确、救援物资储备不充分、财政准备不足、法制不健全、依法应对公共危机的能力不强等。由于对公共危机突发事件意识淡薄，公共危机突发事件出现时就会措施无力。当公共危机发生时，人们由于毫无准备，往往手足无措，立即陷入恐慌之中；同时，人们自救互救意识不足，参与救援的意识差，参与程度不高，救援能力薄弱、

---

① 季智洲：《公安消防部队承担政府综合应急救援职能研究》，上海交通大学国际与公共事务学院 2008 年硕士学位论文。

② 魏捍东、刘建国：《构建综合统一的社会应急救援力量体系的思考》，载《第十届中国科协年会论文集（一）》2008 年版，第 1292 页。

有限或者根本没有救援能力，因此，应对公共危机事件的能力极弱。政府和公众都会存在侥幸心理，导致在侥幸的过程中，很多机会丧失，突发事件得以蔓延。公众的侥幸心理一旦被摧毁，由于缺少相应的思想准备，便会变得极度恐慌，这种恐慌引发的破坏性后果往往比突发事件本身更为严重。

2. 社会动员不足

在应急管理中，政府动员能力很强，而社会动员能力相对不足。由于长期高度集中的计划经济体制的影响，我国一直采用分部门、分灾种的单一灾情的救援体制和应急管理模式，所以政府应急管理中主要还是依赖政府动员能力的发挥。喜欢采取大兵团作战的"人海战术"，善于投入军队等集团性的力量。这种形式有其优点，特别是应对单项危机事件的快速反应能力比较强，但相应的对复合危机事件的快速反应机制就显得效率比较低。而且，在具体的应急管理中，往往形成过于依赖上级指示，而自身的积极性和创造性严重不足，这对于要求必须在第一时间内作出正确反应的应急管理来说，显然是十分不利的。而长期形成的"大政府、小社会"的格局也使得在应急管理中的社会动员能力相对不足，也就是说，公民自发地组织和行动起来防范危机、应对危机以及对灾后的恢复和重建的主动性与积极性不足。除了红十字会和慈善总会这样的老牌组织外，我国的公民社会组织很少和国际上众多的专业组织与国际志愿者组织接轨，而能够吸纳各种捐助的民间基金会更是寥寥无几，在应急管理中，不能很好地从事先、事中和事后三个阶段配合政府开展工作，这些都严重地制约了社会公民组织力量的发挥，也就加重了政府的负担。① 从参与层面上看，社会力量参与不够。我国当前的公共危机管理方式仍处在传统的"强政府、弱社会"模式之下，只有自上而下的国家力量和政府总动员，缺乏横向的包括基金会、慈善机构、各种志愿者组织等非政府组织的参与。由于对民间

① 万军：《中国政府应急管理的现实和未来》，载《中共南京市委党校南京市行政学院学报》2003 年第 5 期，第 45 页。

慈善尚未形成制度性组织安排，社会自助能力相当脆弱，公众自愿援手不知伸向何处。民间组织化资源的匮乏，自然使分散的单个慈悲之心难以变成现实的救助力量。①

　　由于长期受这种决策习惯的影响，以及政府官员仍然存在"官本位"思想，导致政府在公共危机管理中忽视了公民参与决策的重要性，从而导致公共管理效率低，直接影响到公民利益。就目前我国的状况来看，主要存在如下问题：首先，政府没有正确对待公民参与公共危机管理意识，没有认清公民参与的重要性。其次，政府在公共危机管理中没有给公民提供足够、高效的参与方式，使得许多公民不知道应该采取什么方式可以与政府直接交流和对话。最后，政府忽视了公民参与对公共危机管理决策的影响，其实公民在与政府交流过程中所带来的信息都是最基层民众的心声，这对于政府作出正确、有效的决策具有重要的价值。这些问题都说明了政府对于公民参与公共危机管理的重视性不够。由于政府不够重视公民参与危机管理的重要性，导致公民参与制度化程度低，公民参与公共危机管理缺乏有效的协调机制和信息公开机制，公民参与公共危机管理缺少顺畅的沟通渠道。②

第二节　依托消防部队构建公共危机应急救援力量结构体系的必要性和可行性

一、依托消防部队构建公共危机应急救援力量结构体系的必要性

　　从国内形势来看，我国灾害种类多、分布地域广、发生频率

---

　　①　刘彪：《我国公共危机管理面临的挑战与对策——对 2008 年雪灾的反思》，载《合肥学院学报》2009 年第 2 期，第 82—85 页。

　　②　王毅、高荣曾：《公民参与公共危机管理的困境与解决策略》，载《法制与社会》2010 年第 6 期（中），第 152 页。

高，已成为继日本和美国之后，世界第三个灾害损失最为严重的国家。近年来，我国工业化和城市化进程加快，各种灾害事故日趋增多，并呈现出多发性、连锁性、复杂性和不可预见性的特点。随着国民经济和城市化建设的快速发展，工业化、现代化水平的不断提高，新材料、新能源的广泛使用，非传统致灾因素大量增加。再加上违规作业及环境破坏等因素的出现，各种具有现代特点的城市灾害、爆炸、危险及有毒气体泄漏、建筑物倒塌、水上及陆地交通事故、公共卫生事件及居家安全事件等灾害事故大幅上升，且呈现出规模大、范围广、跨区域等特点，造成了巨大的人员伤亡和财产损失，产生了极大的社会影响。我国近10年平均每年发生各类灾害事故达70多万起，非正常死亡人数超过20万人，伤残超过200万人，经济损失超过6000亿元。灾害经济学揭示出，发达国家上百年工业化过程中分阶段出现的各类灾害事故问题，近年来我国已集中凸显，并造成了社会心理恐慌、投资环境恶化、政府信任危机和国际形象受损等"二次效应"。特别是2008年南方冰雪灾害和汶川特大地震后，应急救援被推到了舆论的风口浪尖上，成为社会普遍关心的焦点问题。从国际形势来看，冷战结束后，国际社会向着经济全球化、政治多极化、文化多样化发展，各种形式的国际突发事件和危机事件频发，特别是以国际恐怖主义为主的非传统威胁严重影响着社会的安全。面对突如其来的自然灾害和社会灾难，建立社会紧急救援体系，完善社会紧急救援机制，既是社会发展的客观要求，也是政府全面履行职能，加强社会管理和公共服务职能的应尽之责。在诸如地震、洪涝灾害、雨雪冰冻等重特大事故的抢险救援工作中，消防队伍充分发挥了专业性强、业务精湛的优势，起到了突击队和生力军的作用，最大限度地为抢救人民群众的生命和财产作出了巨大的贡献。① 新的历史时期，以现有的公安消防队伍为骨干，其他救援部门予以配合，构建

---

① 闫丽：《我国消防部队承担政府综合应急救援职能的分析》，载 http://mhjy. wjxy. edu. cn/show. aspx? id = 1092&cid = 42，2011 - 06 - 29。

灵活、高效、统一的政府应急联动机制，建立有中国特色的公共危机管理应急救援力量体系，是适应经济社会发展需求的需要，是积极应对各种重大突发公共事件灾难、保障社会安全和谐的迫切要求。

（一）消防部队承担公共危机应急救援职能是政府加强社会公共管理和为社会提供公共服务的需要

加强应急救援队伍建设，提高公共安全保障水平是政府履行社会管理和公共服务职能的重要内容，也是构建和谐社会的必然选择。我国正处在社会转型期，也是各类事故、灾害的多发期和社会矛盾集中期。在这重要历史时期，健全社会应急救援体系，是党和政府的一项重要战略决策，是落实科学发展观，坚持立党为公、执政为民方略的一项重大举措。在政府应急救援体系中，必须有一个综合的、为广大社会公众提供经常性应急救援服务的专门机构，才能适应人民群众日常安全保护的需要。如果只突出行业性应急救援组织，而忽视了综合性应急救援机构，那么占社会灾害事故绝大多数的一般灾害事故将得不到及时救助，人民群众经常性安全需求就得不到保障。而且，如果建设系统、交通系统、工业系统、贸易系统、旅游系统、文化系统以及非煤矿山、民爆物品等潜在较大危险性又高度分散的行业和广大农村，都要建立行业应急救援组织，显然是不现实的。不但会出现职能重叠交叉，机构臃肿等弊端，还势必造成指挥运作混乱，最终无法开展正常的应急救援活动。值得注意的是，由于现在消防队伍承担社会一般应急救援任务的性质和地位尚未正式确定，以至发生险情后，群众报错警或多处报警，造成出警秩序混乱，贻误战机，甚至救援组织之间相互推诿或扯皮的现象已时有发生，并在一些地方造成了不良的社会影响。①

---

①　季智洲：《公安消防部队承担政府综合应急救援职能研究》，上海交通大学国际与公共事务学院 2008 年硕士学位论文。

（二）消防队伍承担社会应急救援是完成处置日益增加的各种急、难、险、重任务和救援各类灾害事故的需要

随着我国社会经济的快速发展，各种火灾及其他灾害事故的不确定因素增多，火灾及灾害救援工作越来越繁重。长期以来，消防队伍在完成火灾扑救任务的同时，更大量参与了其他灾害事故的应急救援工作，诸如毒气泄漏、水灾、交通事故、工程施工事故、人员救护等社会救援。广大消防官兵立足实战，从难从严苦练精兵，生命搜救、强攻内战、破拆排险和临机处置能力明显提高，不仅圆满完成了大量的日常社会救助任务，而且经受住了抗击雨雪冰冻灾害、抗震救灾、奥运安保、维稳处突、国庆安保等急难险重任务的严峻考验，赢得了各级党委、政府的高度肯定和人民群众的广泛赞誉。① 目前，覆盖全国的主要地区的消防特勤队伍在处置突发事件的急、难、险、重任务方面，发挥了攻坚克难的"拳头"和"尖刀"作用。今后消防队伍担负的应急救援责任更加重大，应急救援任务更加繁重，应急救援种类更加多样化，社会和公共安全需要消防队伍。

（三）消防队伍已经成为应急救援的专业骨干队伍，在各类应急救援中发挥了专业力量的骨干作用

近年来，消防部队在公安部党委和地方各级党委、政府及公安机关的领导下，因地制宜，立足实战，开拓创新，依法履行职责，不断拓展社会服务职能，积极参加社会抢险救援工作，已成为突发公共事件应急救援的骨干和突击力量。据统计，1999 年以前，消防部队参加抢险救援的出动次数占全部执勤出动次数的比例在10% 以下，2002 年上升到28%，2004 年已近40%，2005 年上升到45.2%，已成为抢险救援的主力军。特别是在 2008 年 1 月我国南

---

① 《消防部队已成为应急救援主力军——全国消防部队应急救援工作会议在湘召开》，载《人民公安报（消防周刊）》2009 年 11 月 20 日，第 1 版。

方雨雪冰冻灾害发生以来，灾区消防部队共参加抢险救灾 1.85 万次，出动车辆 2.41 万辆次，出动警力 13.7 万人次，抢救转移遇险求助群众 3.55 万人，便民送水 4748 次、约 4.5 万吨，清理冰雪路面 10141 次，惠及群众约 347 万人，保护财产价值约 21.2 亿元。2008 年 5 月 12 日四川汶川发生特大地震灾害后，全国消防部队按照党中央、国务院的部署，全警动员、全力以赴投入抗震救灾。1.3 万名消防特勤官兵奔赴受灾现场，不顾个人安危、连续奋战，科学施救，通过生命探测仪等专业搜救工具，争分夺秒搜寻被困人员，竭尽全力抢救生命，在抗震救灾中发挥了不可替代的作用。消防特勤官兵在 5 个救援区同时展开专业救援行动，共从坍塌的废墟中挖出被埋压的群众 8100 人，其中生还 1701 人，转移解救被困群众 51730 人，救助伤员 13109 人，创造了一个又一个生命奇迹。① 据统计，与 2000 年相比，2000 年至 2007 年，公安消防部队参加其他灾害事故的抢险救援工作任务量，已经达到了火灾扑救任务量的 2 倍之多，并呈逐年上升趋势。近年来，消防队伍参与的各类抢险救援行动频率之高、任务量之重已达到了历史最高峰。公安消防队伍在一系列重大灾害事故的抢险救援中，无论 2008 年四川"5·12"汶川大地震灾害还是 2010 年甘肃舟曲"8·8"特大山洪泥石流灾害等，都发挥了十分重要的作用。随着消防队伍职能的进一步拓展，消防队伍的专业骨干作用日益提高，成为各类应急救援不可代替的力量。

（四）依托消防部队构建公共危机应急救援力量体系具有深远的社会意义和法律意义

在我国公共危机应急救援力量建设中，引入联合作战的战略战术思想，构建以消防队伍为骨干的公共危机应急救援力量体系，有利于加快和完善具有中国特色的应急救援管理制度建设，对整合救

---

① 闫丽：《我国消防部队承担政府综合应急救援职能的分析》，载 http：//mhjy.wjxy.edu.cn/show.aspx？id＝1092&cid＝42，2011－06－29。

援资源、提高救援能力、维护国家公共安全、保障社会和谐稳定、促进人民安居乐业具有重要意义。

由公安消防队伍承担政府综合应急救援职能，确立公安消防队伍在政府应急救援体系中的骨干地位，有助于建立精干、高效的服务型政府；有助于整合社会资源，降低行政成本；有助于方便群众救助，提供救援效能；有助于公安消防队伍自身的发展壮大，进一步促进消防队伍的自身发展。构建以消防队伍为骨干的应急救援力量体系，将公安消防队伍规定为应急救援力量的骨干，将其职能明晰化、法制化，赋予公安消防队伍相应的职权、组织、技术和经费保障，能够进一步促进公安消防队伍自身的发展，推动我国应急救援力量的建设和发展，强化我国应急救援的能力，提高预防和应对各种公共突发事件和灾害的水平。

我国正在向法制社会发展，依法治军、依法治警已成为政府部门和军队的行为规范。法律是约束人们日常行为规范的有效手段，是人们必须遵守的具有强制性的行为准则。只有健全的法律法规才能使人们在应急状态即非常时期应急而动，动而有序、行而有据，只有这样才能形成强大的凝聚力和战斗力，战胜各类灾害。确定社会应急救援骨干力量能够有效利用社会应急资源，缩短反应时间，提高救援的效能。依法规范消防队伍的应急救援行动，明确规定消防队伍在应急救援力量中的法律骨干地位，赋予其法定权力，承担法定义务，才能保证应急救援的救援秩序和救援效果，预防和战胜各种灾害和事故，顺利完成救援任务。

（五）依托消防部队组建社会应急救援机构是国际社会的通行做法

消防队伍担负应急救援工作是国际通例。在世界范围内，各国虽然国情和国家体制不同，应急救援力量的组建形式和管理体制不同，但是以消防队伍为主要力量来承担各类灾害事故应急救援任务，是世界上大多数国家应急救援力量建设与发展的通常做法。欧美发达国家的消防队伍经过多年的发展，很早就实现了多功能化，既扑救火灾，又承担多种社会抢险救援任务。欧美等发达国家的消防队伍普遍承担了灭火、救护、防化、垮塌、爆炸、交通事故以及空难救援等抢险救援任务。在美国、日本、英国、德国等发达国家，消防队员、职业消防员、消防志愿者，在城市应急救援中发挥了主体作用。① 欧洲各国都把消防队伍作为承担火灾扑救、抢险救援、医疗急救和民防"四位一体"职能的应急救援力量，美国的消防队伍承担了所有危及公共安全的灾害事故、突发事件和人员遇险的应急救援职能。② 美国消防部门承担了所有突发公共事件的应急救援职能，而且是处置突发事件的"第一出动"力量。在"9·11"事件救援中，美国消防部门发挥了至关重要和不可替代的作用，美国消防队勇立头功。2004 年，美国消防队紧急出动中，火灾扑救以外的紧急出动占 93%，火灾扑救仅占 7%。美国消防队还承担着从初级生命到高级生命的救护，及救援现场的急救任务。③ 美国 1979 年成立"全美消防管理局"，统一负责火灾、地震、洪水、风灾、爆炸、化学事故、核事故等各种灾害救援工作。日本把消防队伍作为综合应急救援队伍，是社会抢险救援的一支主要力量。日本还通过制定国家法律、法规，明确规定"救火、救急、救助"是消防队的三大任务，在《消防组织法》和《消防法》中明确规定各地消防队伍都要实施救援工作，并对人员配备、装备标准有具体要求。在日本，巨灾发生时，消防队即可调度全国先进设备、人力、物力资源进入灾区进行救灾、灭火、救助等行动。④ 日

---

① 季智洲：《公安消防部队承担政府综合应急救援职能研究》，上海交通大学国际与公共事务学院 2008 年硕士学位论文。

② 杨玉胜：《学习消防法 加强消防部队应急救援能力建设——学习〈消防法〉体会》，载中国人民武装警察部队学院编：《学习贯彻消防法论文集》，中国人民武装警察部队学院 2009 年印刷，第 30 页。

③ 季智洲：《公安消防部队承担政府综合应急救援职能研究》，上海交通大学国际与公共事务学院 2008 年硕士学位论文。

④ 上海科技情报所信息咨询与研究中心：《日本灾害防救体系》，载 http://mfb.sh.cn。

本消防队在 2011 年 3 月 11 日福岛核事故应急救援中发挥了其他应急救援力量无可比拟的独特作用。俄罗斯应急救援部队为独立警种，由紧急状态部直辖。该部队有 40 万人，拥有联邦层面的消防队、民防部队、搜救队、水下设施事故救援队和船只事故救援队等多支专业力量。为提高专业人员的素质，俄罗斯建立了领导培训体系、专业救援人员培训和考核体系。俄罗斯紧急状态部下设了俄罗斯国家消防学院、圣彼得堡国立消防大学、伊万诺夫国立消防大学等 8 所教育机构。专业应急救援队伍都是综合性的，英国、德国等许多国家的消防部门不再是单一功能的灭火组织，[①] 德国的消防队也逐渐发展成为应急救援的综合性队伍，其志愿消防队有 130 万人左右，已成为应急救援的主要力量，承担着 70% 以上的应急救援任务。在政府的消防队站里，配备了先进的通讯装备和救援器材。在德国柏林，消防队承担着消防、救灾、救护"三位一体"的任务，进行各类灾害事故的抢险救援是消防队的重要职责。[②] 新加坡、意大利、澳大利亚、韩国等国的消防队伍也早已改制成救援全能队伍，承担着各类灾害和紧急事件的应急救援任务。意大利的专业应急救援队伍是消防警察和宪兵部队。澳大利亚的消防队伍除了负责消防工作外，还承担道路交通事故、化学灾害事故以及风灾、水灾、地震和森林火灾等各种灾害事故的紧急处置和人员救护。法国、新西兰、芬兰、韩国、新加坡、我国香港、澳门及台湾等国家和地区也都把消防队伍作为综合应急救援队伍，消防队伍也都担负应急救援和救急的任务。目前，美、法、德、日、韩、俄等国既能在国内发生紧急事件时进行有效处置，又能迅速赶赴救援国外发生的大的灾难性事件，在我国四川地震灾害的抢险救援中，我国就得到日本、韩国等国外救援队伍的有效帮助。这些国家的消防队伍已

---

① 季智洲：《公安消防部队承担政府综合应急救援职能研究》，上海交通大学国际与公共事务学院 2008 年硕士学位论文。

② 季智洲：《公安消防部队承担政府综合应急救援职能研究》，上海交通大学国际与公共事务学院 2008 年硕士学位论文。

非常职业化，在很多方面，抢险救灾成了主业，灭火工作占消防工作的比重反而比较少。因此，政府的重视与资金支持，现代化应急救援器材的配备和应用，无处不在的消防志愿者等，构建了国外消防在城市应急救援队伍中的主体地位。虽然国情和政治体制不同，应急救援力量的组建方式和管理体制也不一样，但把消防队伍作为综合应急救援力量，承担以抢救人员生命为主的多种灾害事故的应急救援任务，是世界上大多数国家公共应急救援力量建设的共有模式。① 由此看来，消防队伍担负应急救援工作是国际上的普遍做法。国外消防队伍的机制改革和发展，为我国的社会救援机制的完善提供了很好的借鉴。依托消防队伍组建社会应急救援机构是与国际应急救援发展接轨的需要。着眼世界消防发展的新趋势，与国际接轨，与世界消防联系在一起，必须加强我国消防队伍社会应急救援工作。我国消防部队要与国际接轨，理顺抢险救援机制，修改相关法律法规，消除现实体制中职能重叠的弊端，明确消防部队抢险救援的主导地位，结束目前条块分割、种类繁多的混乱局面，这对杜绝警力浪费、提高救援效率具有重要的意义。因此，加强我国消防队伍社会应急救援工作是与国际接轨的契机，也是社会发展的趋势。对于消防队伍来说，这既是客观形势发展的需要，也是新时期深化消防工作改革、加强消防队伍现代化建设的一个重要的新课题。

通过上文论述，经过对我国各种救援力量的优劣对比，体现消防部队在各种救援力量中具有明显的特点和益处，处于优势地位，符合法治社会发展和依法治警、依法治军的要求，理应成为我国城镇应急救援力量体系中的骨干。

---

① 公安部消防局编干部基础教育教程：《国外消防概况》，群众出版社2006 年版，第 173—191 页。

二、依托消防部队构建公共危机应急救援力量结构体系的可行性

近几年来，在党中央、国务院及地方各级党委、政府的高度重视下，在国家有关部门的大力支持下，我国消防队伍应急救援工作得到了前所未有的发展。消防队伍已经成为重大灾害事故应急救援的突击力量、日常应急救援的主力军，在应急救援工作中发挥着不可替代的作用，是我国应急救援力量的重要组成部分。事实也表明，以现有的公安消防队伍为骨干，其他救援部门予以配合，组织建立社会公共危机应急救援体系具有明显的、独特的优势，这些优势是其他应急救援力量所不能相比的，其突出表现在以下几个方面。

（一）消防队伍具有组织体系和布局优势

消防队伍组织管理体系完备，地域分布广泛，反应快捷迅速。消防部队既是公安机关的一个重要警种，又是中国人民武装警察部队序列的一支现役部队，实行"统一规划，分级指挥"的原则。消防部队是党和政府直接领导的一支军事化的与灾害作斗争的常备现役救援队伍，有上至国家下至市、县（区）的完善指挥体系，自身有一套严密科学的组织和管理系统，实行日常军事化管理，坚持严格科学的训练，24小时昼夜执勤，通信调度系统健全，遇警快速反应。接警后在1分钟内即可整装出发，迅速地赶赴灾害事故现场实施救援，具有高度的机动性和快速反应能力。按照国家颁布的消防队站建设规范，城市消防队要能够在接警后5分钟赶到事故地点，这就使得辖区消防队能在最快时间内赶到灾害事故现场实施救援，这是其他单位和部门的救援力量不具备的一个优势。我国现有消防官兵15万余名，消防部队按地域部署在全国各大、中、小城市，各省、自治区、直辖市都建有总队，各市、地、州、盟都建有支队，各县、区、旗几乎都有大队和中队，全国现有近4000个消防队站。直辖市、省会市、自治区首府市、副省级市和部分地级

市组建了消防特勤大队，一般地级市组建了特勤中队。目前，全国已初步建成了覆盖全国的主要地区的消防特勤队伍。消防部队布点多、辐射范围广，全国各总队均实现了"119"自动化指挥网络，具有快速反应能力和昼夜跨地区作战的能力，具有高度集中、快速反应、机动性强、经验丰富、科学有效处置等特点，一旦发生灾害事故，能够以自备、自给和快速机动方式，快速地对灾害事故进行救援和处置，形成了覆盖全国的消防应急救援力量网络。目前，正在建设的省、市、县三级应急救援网络将力争在三年内完成，以进一步完善现有的救援体系，将有效提高应急救援效率。全国公安消防队伍应急救援专业队伍已初具规模，相对其他救援力量具有组织完善、布点密集、昼夜执勤战备、通信网络现代化、熟悉城市社区情况等优势和特点，是其他应急救援队伍无法比拟的。当遇到危急任务时，政府可以直接指挥和快速调动，能够保证就近、就快地赶赴现场，为应急救援工作赢得宝贵时间。

（二）消防队伍具有政治思想工作优势

消防部队严格执行解放军三大条令条例，坚决贯彻执行胡锦涛主席"忠诚于党，竭诚奉献，服务人民"的指示精神，打造消防铁军。消防队伍历来注重从思想上、政治上建设队伍，始终坚持用革命理论教育人、武装人，帮助官兵树立科学的世界观，坚持全心全意为人民服务的宗旨，培养消防与特殊使命相一致的人生观、价值观。坚持用昂扬的革命精神激励官兵，用良好的政治环境熏陶官兵，用严格的组织纪律约束官兵，为完成任务提供强大的精神动力。消防队伍注重培育铁的消防战斗精神核心，结合"弘扬公安消防精神、忠诚履行职责使命"主题，教育和引导广大消防官兵大力弘扬新时期公安消防精神，全面把握"忠诚可靠、赴汤蹈火、服务人民"的基本要求、科学内涵和精神实质，把消防战斗精神根植于每一名官兵的思想，深刻灌输消防铁军的使命，提高消防队伍的凝聚力和战斗力，铸造出一支对党和人民高度负责的消防铁军队伍。消防铁军精神，就是指"尚武爱军、英勇善战、敢打必胜、竭诚奉献"的战斗精神。"忠诚于党，热爱人民，报效国家，献身使命，崇尚荣誉"的当代革命军人核心价值观，是新时期公安消防精神的精髓，具有鲜明的政治性、科学性、时代性和实践性，是消防官兵的思想和行为指南。"忠诚于党、热爱人民、报效国家、献身使命、崇尚荣誉"的当代军人价值观和人生观在广大消防官兵中入脑入心，切实增强了消防队伍的凝聚力和战斗力。消防队伍作风优良，纪律严明，英勇顽强，具有强大的战斗力，十分适合各种灾害条件下的应急救援行动。因此，消防队伍勇于承担应急救援等最紧急、最艰难、最危险的任务，在保护国家利益和人民生命财产安全的斗争中，发挥生力军和突击队的作用。

（三）消防队伍有预案体系建设和技术战术优势

全国消防队伍应急救援指挥、培训、预案、训练体系逐步健全。为适应形势和任务的需要，更好地服务经济社会发展，公安消防队伍不断拓展职能。各级部队不仅制定了各类火灾扑救的预案、参与处置各类突发事件的预案、消防队伍自己作战（包括跨区域作战）的预案，还制定了与有关部门和队伍协同作战的预案。各地消防队伍根据制定的预案，积极组织开展适应性训练和模拟实战的演练，并及时修订完善预案。[①] 在长期参与灭火和社会应急救援工作中，消防队伍得到了全面锻炼。通过认真总结每年数十万起各类火灾扑救战斗和突发事件的处置结果及每一次实战的经验教训，技术、战术水平不断提高。各地公安消防队伍结合实际情况，在做好灭火业务训练的同时，认真研究各类灾害事故的规律、特点及处置对策，进行科学的预案研究，并积极开展了井下抢险、水难救援、高空救人、建筑物倒塌抢险以及化学危险品泄漏、防毒排爆等项目训练和实战演练，取得了较好的效果，消防队伍参与应急救援

---

① 陈家强：《在应急救援力量体系建设中充分发挥公安消防部队的突击队作用》，载《消防科学与技术》2005 年第 9 期，第 615 页。

的能力和水平显著提高。①

（四）消防队伍具有配备现代化的、先进的应急救援装备的优势

应急救援具有复杂性、险恶性等诸多方面的特点，必须具有必要的现代应急救援装备才能取胜。根据灭火作战和应急救援工作的需要，近几年来，随着经济建设的发展和政府部门的重视，连年来投入大量资金，消防部队购买了一定数量的先进的灭火救援装备和器材，全国各地消防队伍的器材装备普遍得到了改善，装备进度有了较大发展，相继配备了多功能专用抢险救援车、举高车、照明车、洗消车、防化车、冲锋艇、高层救生设备、防化服等防毒防化器材、空气呼吸器、灭马蜂窝专用枪、切割机、传感器、探测仪、摧毁器、堵漏设备和无线通信设备等应急救援及个人防护器材等大量特勤装备和现代通信设备，特别是特勤队伍的建设，有效地推进了装备建设的跨越式发展，提高了消防队伍履行应急抢险救援职责的能力。据报道，截至 2009 年，国家和地方共投入 300 多亿元用于消防装备建设，每年投资规模平均在 50 亿元以上，而且年增速超过 20%。目前，消防部队有各类灭火救援车辆 2 万余辆，其中有举高、救援、防化、洗消、排烟、照明、通信、核生化侦检等一大批特种车辆；各类灭火救援器材 200 余万件（套）。② 先进的器材和特种装备的配备无疑为消防队伍承担应急救援任务奠定了物质基础，在很大程度上催生了队伍战斗力，把灾害损失和人员伤亡减少到最低限度，提高了救援工作效率。同时，随着科技强警工程的大力实施，全国绝大部分省市已建成消防广域网，有的地方已经实现与"110"、"119"、"122"、"120"的互联互通。消防队伍部队

---

① 季智洲：《公安消防部队承担政府综合应急救援职能研究》，上海交通大学国际与公共事务学院 2008 年硕士学位论文。

② 《消防部队已成为应急救援主力军——全国消防部队应急救援工作会议在湘召开》，载《人民公安报（消防周刊）》2009 年 11 月 20 日，第 1 版。

灾难处置反应能力不断加快，抢险救援能力不断提高。消防队伍精良的现代化装备和快速畅通的反应能力、高科技作战手段、技战术，使得消防队伍已经具备了参加大型灾害事故抢险救援工作的基本条件，这是其他应急救援队伍所无法比拟的。随着经济发展，各种新型先进的抢险救援车辆、器材将不断补充、装备队伍，并逐步达到功能齐全、性能优良、结构合理。因此，依托现有的消防队伍组建社会救援队伍，可以避免政府在人员和装备上的重复投资，也有利于对现代化救援装备的维护和管理，符合当今社会节约运行成本、效率优先的原则。若根据不同的灾害现场配备相应的专家，消防队伍就完全能成为具有多种灾害救援能力的专业化应急救援队伍。

（五）消防部队具有信息化建设和智力支持的优势

公安消防队伍依托公安"金盾工程"，信息化建设已初具规模。目前，公安部消防局至各省、自治区、直辖市消防总队的一级网已全部建成，各消防总队至各市、地、州、盟消防支队的二级网已建成98%，各消防支队至县、市、区、旗消防大（中）队的三级网已完成84%，且实现了与医疗卫生、交通运输、水、电、油、气等管理部门和公安其他警种互联互通、信息共享和协同联动，有力地促进了消防信息化在消防监督、火灾扑救、应急救援、队伍管理和服务社会等方面的应用。同时，各级消防调度指挥中心还实现了与医疗卫生、交通运输和水、电、油、气等管理部门和公安其他警种信息共享和联动协同。① 公安部建有国家级的灭火救援专家委员会，数名中国工程院院士为该委员会顾问，消防、建筑、石油、化工、核电、生化、交通、卫生、通信、森林、环保等领域的专家、学者为该委员会成员。专家委员会有畅通的联系机制，定期开展学术和技术、战术研究，遇重大突发事件能及时提供技术咨询服

---

① 公安部消防局：《公安消防应急救援突击队》，载《劳动保护》2006年第12期，第25页。

务。多数省、自治区、直辖市也建有灭火救援专家机构。消防队伍还研究开发了高层建筑、石油、化工等特种火灾扑救以及化学灾害事故处置等计算机辅助决策系统，及时、有效地提供技术、智力支持，并在一些突发事件的处置中发挥了很好的"智囊"作用。全国还有5所培养消防指挥员的院校、31个省级警官培训中心、1个警官培训基地、4个消防研究所、4个国家消防产品检验中心、1个消防产品合格评定中心。这都为消防队伍人才的培养提供了智力支持、专业技能和指挥才能等多方面的基础。①

（六）消防部队具有较丰富的社会紧急救援经验

消防队伍每年都要参加数十万起危险化学品泄漏、建筑物倒塌、交通事故、地震及其次生灾害、群众遇险紧急救助等抢险救援战斗。在长期参与灭火和社会应急救援工作中，消防队伍能够熟练运用特勤装备，快速展开救援工作，消防队伍得到了全面锻炼，总结、积累了大量、丰富的实战救援经验，具有较强的实战能力，并通过各种研讨班、培训班等形式推广普及，又在训练和作战中接受检验，并使之不断丰富发展。消防队伍总结出了一些成功的救援方法，如扑救各种特殊火灾，处置化学危险物品泄漏，抗洪抢险，处置建筑倒塌事故等，与其他救援队伍相比，经历的救援次数和危险程度都是最多、最艰巨的。据统计，2008年全国公安消防队伍共接警出动51.2万起，其中扑救火灾13.5万起，抢险救援、社会救助等37.7万起，出动消防车辆79.6万辆次，出动官兵509.5万人次，抢救被困人员88398人，疏散遇险人员40.2万人，保护财产价值629.7亿元。在灭火救援战斗中，共有150余名官兵受伤，16名官兵英勇牺牲。特别是在抗击雨雪冰冻灾害和"5·12"汶川大地震抗震救灾中，消防队伍发挥专业优势，攻坚克难、排除险情，全力解救被困群众，发挥了应急救援的骨干作用。在四川"5·12"

---

① 陈家强：《在应急救援力量体系建设中充分发挥公安消防部队的突击队作用》，载《消防科学与技术》2005年第9期，第615页。

汶川大地震抢险救灾期间，消防部队使用了不到 10% 的兵力，却承担了 23% 以上的任务。1.3 万余名公安消防官兵赴汤蹈火、舍生忘死、连续作战、英勇顽强，从坍塌的废墟中挖出被埋压的群众共8100 人，其中生还 1701 人，以不足参战力量 10% 的兵力搜救出占生还者总数 26% 的生命，转移解救被困群众 51730 人，救助伤员13109 人，为抗震救灾作出了突出贡献。2009 年上半年，全国公安消防部队共接警出动 26.9 万起，出动车辆 43.4 万辆次、官兵274.6 万人次，共救出遇险被困人员 3.5 万人，抢救和保护财产价值 275 亿多元。其中，参加火灾扑救 7.6 万起，灾害事故抢险救援7.4 万起，社会救助及其他出动近 12 万起，特别是抢险救援、社会救助及其他出动占出动总数的 71.9%，所占比重同比增加了 3.1个百分点。可以说，应急救援经验是消防队伍的宝贵财富。消防队伍的这种优势也是其他应急救援队伍所无法比拟的。

（七）消防专业力量不断壮大，应急处置水平规模和力度明显提升

仅 2008 年中央就一次性为全国消防部队增编 2.8 万人，截至2009 年 11 月，全国现有警力已达 16 万人，其中特勤力量有 1.8 万人。目前，我国还有地方政府专职消防队员 6 万人、企（事）业专职消防队员 5 万人，全国消防专业力量共计 27 万人，近 5 年是我国消防专业力量发展最快的时期。各地政府纷纷依托消防专业力量，特别是消防队伍建立了地震、化学事故等专业救援队伍和综合应急救援队伍。全国消防部队应急救援指挥、培训、预案、训练体系逐步健全。广大消防官兵立足实战，从难从严苦练精兵，生命搜救、强攻内战、破拆排险和临机处置能力明显提高，技术、战术水平不断提升，不仅圆满完成了大量的日常社会救助任务，而且经受住了抗击雨雪冰冻灾害、抗震救灾、奥运安保、维稳处突、国庆安保等急难险重任务的严峻考验，赢得了各级党委、政府的高度肯定

和人民群众的广泛赞誉。①

（八）高素质消防队伍为夺取社会应急救援胜利提供了重要保障

消防部队作为火灾预防、扑救和应急救援的主力军，既是公安机关的一个重要警种，又是中国人民武装警察部队序列的一支现役部队，在队伍结构上始终保持年轻化，在纪律作风上，具有机动迅速，勇于牺牲，敢打硬仗、恶仗的优势，战斗作风过硬，同时队伍有大量受过特殊训练的专业人才，技术力量比较雄厚，科学施救能力强，为完成日益艰巨、复杂的应急救援任务提供了强有力的素质保障。

（九）消防部队已为广大人民群众所信任和接受

消防队伍是一支与人民群众打交道最多、为人民群众提供服务最便利、也是解民困最得力的队伍，这支队伍始终坚持人民利益高于一切的思想，秉承"听党指挥、人民至上、赴汤蹈火、无私奉献"的新时期公安消防精神，以"民之所需，己之所能，义不容辞"为行动取向，竭诚为党分忧、为民解难、为社会奉献。消防队伍在历次重大灾害的处置中，一直扮演着救援力量的"主角"，人们遇到危险，总是首先想起消防。特别是近年来涌现出的可歌可泣的消防英雄、战斗群体，在广大人民心中树立了良好形象。人民群众视公安消防部队为捍卫生命财产安全的"守护神"。因此，由公安消防部队承担政府综合应急救援职能，是民心所向。各地政府也因此而更加关心和重视消防队伍建设，加大了对消防的投入。所以，由公安消防队伍担当应急救援的重任是民心所向，也是保障服务民生的现实需要。消防队伍的"主角"作用和地位已经得到了

---

① 《消防部队已成为应急救援主力军——全国消防部队应急救援工作会议在湘召开》，载《人民公安报（消防周刊）》2009年11月20日，第1版。

各级政府和人民群众的广泛认同。①

消防队伍长期承担着保护国家财产和人民生命安全的重任。在多年来的抗洪抢险、抗震救灾、应急处突和社会救助等抢险救援工作中，凭借其高效的指挥系统、专业的队伍、过硬的技能、先进的装备、顽强的作风和快速反应的优势发挥着主力军的作用，在各级政府和人民群众中树立了良好的威信，"有急难险事，找消防战士"的观念已深入人心。就全国情况看，消防队伍作为国家应急救援骨干力量的作用日益突出，抢险救援行动从 2000 年占接警出动总数不足 10% 上升至 2007 年的 74%。在灭火和抢险救援斗争中，消防队伍恪尽职守、连续奋战，不畏艰险、英勇顽强，以实际行动诠释了"忠诚可靠，赴汤蹈火，服务人民"的新时期消防精神，赢得了各级党委、政府和广大人民群众的高度赞誉。特别是 2008 年 "5·12" 汶川抗震救灾中，消防队伍发挥了巨大作用，受到了党中央和国务院的充分肯定和高度赞扬，成为了党和政府在和平时期最为信赖的骨干队伍。②

综上所述，在政府应急救援体系中，消防作为一个综合性的、坚持为公众无偿提供经常性应急救援服务的专门机构而存在。与其他应急和救援力量、队伍和组织相比，消防队伍都拥有自身的优势。消防队伍具有其他任何应急救援组织无可比拟的基础和条件，加强公安消防队伍应急救援工作，是职责所系、群众所盼，是问题所需、形势所迫，是惠及人民群众的伟大事业，是在新的历史起点上推动公安消防事业大发展的重要机遇。事实表明，充分发挥消防队伍现有的优势，组建一支以消防队伍为骨干的能够承担多种灾害紧急救援任务的专业化综合救援队伍，同时，辅之以民间的和非政府的行业应急救援组织，形成"消防为主、相互衔接、相互协调、

---

① 吴成伟：《浅议社会应急救援体系的建立》，载《现代职业安全》2009 年第 12 期，第 99 页。

② 闫丽：《我国消防部队承担政府综合应急救援职能的分析》，载 http：//mhjy. wjxy. edu. cn/show. aspx？ id = 1092&cid = 42，2011 - 06 - 29。

互相促进"的社会救援网络,是我国应急救援力量体系建设发展的必然趋势,也是与国际消防接轨的发展需要。①

第三节　依托消防部队构建公共危机应急救援力量结构体系的基础和依据

社会在进步,消防队伍也在不断发展。随着消防队伍职能的扩展和任务的多样化,消防队伍的职能发生了革新,在传统的火灾预防和扑救火灾的基础上增加了抢险救灾和应急救援的新任务。近年来,公安消防队伍依法履行职责,不断拓展社会服务职能,积极参加社会抢险救援工作,已成为突发公共事件应急救援的骨干和突击力量。扑救火灾、抢险救援,最大限度地救助生命,是公安消防队伍的根本职责。国家出台的一系列政策、制定的专门法律和相关法规规章等为构建以消防队伍为骨干的应急救援力量体系提供了政策根据和法律依据。我国社会发展现实和学术研究成果也为构建以消防部队为骨干的应急救援力量体系提供了事实依据、实践基础与理论支撑。

一、依托消防部队构建公共危机应急救援力量体系的基础

(一)依托消防部队构建公共危机应急救援力量体系的事实基础

当前,我国正处于社会转型、经济转轨的关键时期。随着社会经济快速发展,各种灾害事故日趋常态化、复合化、大型化,事故总量居高不下,特大事故频发,给经济建设、社会稳定及国家形象

①　方江源、徐彤:《建立和完善以消防为主干的社会救援体系的思考》,载《消防技术与产品信息》2006年第3期,第43页。

带来了很大影响。同时，各种社会矛盾和群体性事件还处于高发态势，国际国内各种不稳定因素依然大量存在，给国家和人民群众的生命、财产带来极大损害，严重影响社会、经济的和谐、稳定与发展。此种情况下，加强应急救援力量体系建设，完善突发事件应急管理机制，是维护社会稳定和国家安全的必然选择。近几年来发生的公共危机事件表明，我国现有的社会公共危机应急救援力量体系的体制与机制需要进一步改进、整合和完善。

（二）依托消防部队构建公共危机应急救援力量体系的理论基础

应急管理是和突发事件紧密相连的一个概念。所谓应急管理，就是通过一系列有效管理行为来预防和处理突发公共事件，以使公共组织及其成员摆脱危机状态的行为过程。应急管理一般是针对突发的、具有破坏力的事件所采取预防、准备、响应和恢复的活动与计划。① 应急管理是指政府依法对突发公共事件采取预防、处置及善后措施及时加以处理的管理活动。② 应急管理体系是指在政府的领导下，以法律、法规、制度、政策为准绳，全面整合社会各种资源，制定科学规范的应急机制，建立以政府为核心、社会共同参与的组织网络，预防、应对、化解和消除各种突发公共事件，提升城市的应急能力，保障公共利益以及公民生命、财产安全，保证城市正常运转和公共安全的工作系统。从某种意义上讲，应急管理体系本身就是通过组织、资源、行动等应急要素整合而形成的一体化系统。③ 加强应急管理体系建设，要求必须建立应急救援体系。基于应急管理理论，加强对公共危机事件的应急救援管理，建立科学的

① 孙斌著：《公共安全应急管理》，气象出版社 2007 年版，第 18 页。
② 丁文喜著：《突发事件应对与公共危机管理》，光明日报出版社 2009 年版，第 41 页。
③ 郝永梅、孙斌、章昌顺、黄勇著：《公共安全应急管理指南》，气象出版社 2010 年版，第 89 页。

应急平台体系，确立切实有效的管理、运行和保障机制，是处理公共危机事件的重要举措。应急救援是处理公共危机突发事件的重点，是应急管理工作最为关键的环节。突发事件发生后，快速、及时地救援能够及时有效地控制事件的影响程度和范围，减少事件造成的人员伤亡和财产损失。公安消防部队担负着公安消防保卫和社会抢险救援的双重职能，是一支同火灾和其他灾害事故作斗争的专业化、军事化队伍，是政府公共应急救援的骨干力量。大力推进公安消防部队综合应急救援能力建设，对构建统一指挥、反应灵敏、协调有序、运转高效的应急管理机制，切实提高政府应急管理和处置公共突发事件的应急救援水平，具有十分重要的作用和意义。①消防队伍是我国应急救援的骨干力量和突击力量，与其他应急救援力量相比，具有明显的优势。加强应急救援力量体系建设，构建以消防队伍为骨干的应急救援力量体系，是完善公共危机事件应急管理救援机制的主要内容，是维护社会公共安全、国家安全和社会稳定的重大举措。

二、依托消防部队构建公共危机应急救援力量体系的政策和法律依据

（一）依托消防部队构建公共危机应急救援力量体系的政策依据

国家发布制定了一系列的政策文件，为构建以消防队伍为骨干的公共危机应急救援力量体系提供了指导原则，指明了方向。构建以消防队伍为骨干的应急救援力量的国家政策主要有 1995 年国务院办公厅批转的公安部《消防改革与发展纲要》、1996 年公安部《关于做好预防和处置毒气事件、化学品爆炸等特种灾害事故工作的通知》、2006 年 1 月《国家突发公共事件总体应急预案》、2006

---

① 郭铁男：《政府公共危机管理与消防综合应急救援力量建设》，载《消防科学与技术》2007 年第 1 期，第 5 页。

年 5 月《国务院关于进一步加强消防工作的意见》、2006 年 6 月《国务院关于全面加强应急管理工作的意见》、2009 年国务院办公厅《关于加强基层应急队伍建设的意见》等。

1995 年 2 月,国务院办公厅批转了公安部《消防改革与发展纲要》,其明确指出:"为了发挥消防队伍出动迅速、人员技能、器材装备方面的优势,更好地为经济建设和社会服务,消防队伍除承担防火监督和灭火任务外,还要积极参加其他灾害事故的抢险救援,使消防部队成为紧急处置各种灾害事故、抢险救援的突击队伍。"1996 年 11 月,公安部发出《关于做好预防和处置毒气事件、化学品爆炸等特种灾害事故工作的通知》,第一次明确消防部队承担毒气和化学事故处置任务,要求消防部队加强战备执勤,配备特种装备和开展专业训练,承担毒气和化学事故的现场处置任务。2006 年 1 月《国家突发公共事件总体应急预案》明确提出"公安(消防)、医疗卫生、地震救援、海上搜救、矿山救护、森林消防、防洪抢险、核与辐射、环境监控、危险化学品事故救援、铁路事故、民航事故、基础信息网络和重要信息系统事故处置,以及水、电、油、气等工程抢险救援队伍是应急救援的专业队伍和骨干力量",并明确规定"中国人民解放军和中国人民武装警察部队是处置突发公共事件的骨干和突击力量,按照有关规定参加应急处置工作"。在《国家突发公共事件总体应急预案》及 26 个专项预案、86 个部门预案中,有 68 个将公安消防队伍作为重要应急处置力量。2006 年 5 月《国务院关于进一步加强消防工作的意见》中明确提出:"大力发展多种形式的消防队伍。地方各级人民政府要根据经济社会发展需要,大力发展以公安消防队为主体的多种形式消防队伍。未设立公安消防队的城市人民政府应当按照国家规定的消防站建设标准,抓紧建立公安消防队、专职消防队;乡(镇)人民政府可以根据当地经济发展和消防工作的需要,建立专职消防队、义务消防队。""充分发挥公安消防队作为应急救援专业力量的骨干作用。公安消防队在地方各级人民政府统一领导下,除完成火灾扑救任务外,要积极参加以抢救人员生命为主的危险化学品泄漏、道路交通事故、地震及其次生灾害、建筑坍塌、重大安全生产事故、空难、爆炸及恐怖事件和群众遇险事件的救援工作，并参与配合处置水旱灾害、气象灾害、地质灾害、森林、草原火灾等自然灾害，矿山、水上事故，重大环境污染、核与辐射事故和突发公共卫生事件。"2006 年 6 月《国务院关于全面加强应急管理工作的意见》提出："建立充分发挥公安消防、特警以及武警、解放军、预备役民兵的骨干作用，各专业应急救援队伍各负其责、互为补充，企业专兼职救援队伍和社会志愿者共同参与的应急救援体系。"2009 年国务院办公厅《关于加强基层应急队伍建设的意见》提出："各县级人民政府要以公安消防队伍及其他优势专业应急救援队伍为依托，建立或确定'一专多能'的县级综合性应急救援队伍。"2010 年 6 月 9 日国务院发布的《国务院关于进一步加强防震减灾工作的意见》（国发〔2010〕18 号）指出："加强国家和省级地震灾害紧急救援队伍建设……充分发挥解放军、武警部队在抗震救灾中作用。加强以公安消防队伍及其他优势专业应急救援队伍为依托的综合应急救援队伍建设……"国务院办公厅印发的《"十一五"期间国家突发公共事件应急体系建设规划》已将公安消防队伍列入应急救援的重要力量，并已决定依托消防特勤队伍在全国建立 6 个区域性国家陆地搜寻与救护基地。

（二）依托消防部队构建公共危机应急救援力量体系的法律依据

以消防队伍为骨干构建城镇公共危机应急救援力量体系的法律依据有一般法律、行政法规、行政规章、军事法规、军事规章、地方性法规、地方性规章和其他规范性文件。

1. 一般法律依据

一般法律是全国人大常委会制定的法律。消防部队是参与处置国家公共危机突发事件的重要力量，在各种突发事件处置中发挥了重要作用，因此，有关军事法律也在一般法律范围内。消防部队参与公共危机应急救援的一般法律主要有：2007 年《突发事件应对法》、2008 年《消防法》、2002 年《安全生产法》、2009 年《人民武装警察法》等。

2007 年《突发事件应对法》第 8 条第 2 款规定："县级以上地方各级人民政府设立由本级人民政府主要负责人、相关部门负责人、驻当地中国人民解放军和中国人民武装警察部队有关负责人组成的突发事件应急指挥机构，统一领导、协调本级人民政府各有关部门和下级人民政府开展突发事件应对工作。"第 14 条规定："中国人民解放军、中国人民武装警察部队和民兵组织依照本法和其他有关法律、行政法规、军事法规的规定以及国务院、中央军事委员会的命令，参加突发事件的应急救援和处置工作。"第 26 条规定："县级以上人民政府应当整合应急资源，建立或者确定综合性应急救援队伍。县级以上人民政府及其有关部门可以建立由成年志愿者组成的应急救援队伍。单位应当建立由本单位职工组成的专职或者兼职应急救援队伍。"第 28 条规定："中国人民解放军、中国人民武装警察部队和民兵组织应当有计划地组织开展应急救援的专门训练。"2008 年《消防法》第 35 条规定："各级人民政府应当加强消防组织建设，根据经济社会发展的需要，建立多种形式的消防组织，加强消防技术人才培养，增强火灾预防、扑救和应急救援的能力。"第 36 条规定："县级以上地方人民政府应当按照国家规定建立公安消防队、专职消防队，并按照国家标准配备消防装备，承担火灾扑救工作。"第 37 条规定："公安消防队、专职消防队按照国家规定承担重大灾害事故和其他以抢救人员生命为主的应急救援工作。"第 38 条规定："公安消防队、专职消防队应当充分发挥火灾扑救和应急救援专业力量的骨干作用……提高火灾扑救和应急救援的能力。"第 46 条规定："公安消防队、专职消防队参加火灾以外的其他重大灾害事故的应急救援工作，由县级以上人民政府统一领导。"据此，公安消防部队除了承担防火、灭火工作之外，还承担着重大灾害事故和其他以抢救人员生命为主的应急救援工作。这是我国用法律的形式第一次明确规定公安消防部队承担包括扑救火灾在内的灾害事故的应急救援任务，为消防队伍作为主导力量实施社会应急救援提供了强有力的法律保障。2009 年《人民武装警察法》第 2 条规定："人民武装警察部队担负国家赋予的安全保卫任务以及防卫作战、抢险救灾、参加国家经济建设等任务。"第 16 条规定："人民武装警察部队执行防卫作战、抢险救灾、参加国家经济建设等任务，依照有关法律、行政法规和国务院、中央军事委员会的有关规定执行。"

2. 行政法规规章依据

行政法规是国务院或者中央军委或者国务院和中央军委共同制定的规范性文件。行政规章是国务院各部委，或者中央军委各总部、各军兵种、各大军区、武警总部，或者国务院各部委和中央军委各总部、各军兵种、各大军区、武警总部等共同制定的实施细则、办法、通知、条令、解释等。

消防部队参与公共危机应急救援的行政法规规章主要有：《破坏性地震应急条例》、《军队参加抢险救灾条例》、《防汛条例》、《重大动物疫情应急条例》、《军队处置突发事件应急指挥规定》、《武装警察部队处置突发事件规定》、《仓库防火安全管理规则》、《高层居民住宅防火管理规定》、《公共娱乐场所消防安全管理规定》、《军队处置突发事件应急指挥规定》、《县级综合性（消防）应急救援队装备配备标准（试行）》等。

1995 年 2 月 11 日国务院令第 172 号公布、4 月 1 日正式实施《破坏性地震应急条例》规定："中国人民解放军和中国人民武装警察部队是地震应急工作的重要力量。""公安消防机构应当严密监视灾区火灾的发生；出现火灾时，应当组织力量抢救人员和物资，并采取有效防范措施，防止火势扩大、蔓延。"2005 年 7 月 15日发布并实施的《防汛条例》规定："中国人民解放军和武装警察部队是防汛抗洪的重要力量。"2005 年《军队参加抢险救灾条例》第 2 条规定："军队是抢险救灾的突击力量，执行国家赋予的抢险救灾任务是军队的重要使命。"第 17 条规定："中国人民武装警察部队参加抢险救灾，参照本条例执行。"

3. 其他规范性文件依据等

除了全国人大及其常委会制定的法律、国务院及其各部委和中央军委及其四总部等制定的行政法律法规规章以外，指导消防部队参与公共危机救援的法规规章还有很多，如地方人大和政府出台的消防法实施细则或办法、意见，其他国家机关制定的综合应急救援队伍建设纲要、计划、通知等。还有中央军委批准的《军队非战争军事行动能力建设规划》、总参谋部制定的《军队应急专业力量建设方案》等。2010 年《中国的国防》指出，武警部队是国家处置公共突发事件的骨干和突击力量……参加国家建设事业和参加抢险救灾，是宪法和法律赋予中国武装力量的重要任务……中国武装力量是抢险救灾的突击力量。

上述法律法规和政府工作规范性文件都规定或认为公安消防队伍承担抢险救灾和其他应急救援的任务，具有公共危机管理综合应急救援的职能，而且公安消防队伍是突击力量、骨干力量或起着骨干作用。由此可见，消防队伍社会应急救援是法律赋予的责任。消防队伍是我国的专业抢险救灾队伍，执行国家赋予的抢险救灾任务是军队的重要使命。

在上述意见、法规、条例、规定、规划、办法、预案、通知或纲要等里面，消防队伍力量始终是落实政策和法律规范、预案的主要力量之一，尽管有时用词不一，有时称"突击力量"、"骨干力量"、"突击队伍"、"专业队伍"、"专业力量"、"重要力量"等。根据上述有关法律、行政法规、规章和国家政策，必须规范城镇公共危机中的应急救援工作，科学领导和组织应急救援力量，建构以消防队伍为骨干的城镇应急救援队伍和力量体系，加强消防应急管理和抢险救灾工作，更加有效地处置各类灾害事故，保护人民群众的身体健康、生命安全和国家机关、企事业单位和其他组织的合法利益，维护国家安全、公共安全和社会秩序，控制和降低由于灾害事故所造成的损失。

第四章　依托消防部队构建公共危机应急救援力量结构体系建设的内容及其完善

第一节　依托消防部队构建公共危机应急救援力量结构体系建设的主要内容

当前，我国社会应急救援工作存在法律地位不明确，管理体制不健全，保障机制不顺畅等突出问题，应急救援工作以条块分割为主，一直实行的是单一灾种的救援模式，"110"、"119"、"120"和"122"在接警系统和指挥中心建设上基本是各自为政，单独规划；而且供水、供电、通信以及地震、交通、卫生、矿山、防汛等许多部门根据职责分工，都有各自的防灾救灾指挥机构、方案和救援队伍，对各类灾害的应急救援基本上是采用各自为战的办法。这种体制虽然有专业性强、针对性强的优势，但最大的弊端就是缺乏综合性和协调性，对复合型重大突发性灾害事故难以形成统一指挥和有效应对，必须予以体制创新和改革。

应急救援是一项复杂性、长期性、基础性、系统性的系统工程，涉及社会方方面面，需要诸多部门和单位共同参战，必须加强统一组织指挥和各方面的协作配合，形成指挥程序化、执勤规范化、管理制度化、救援科学化的应急救援管理体制，构建"政府领导、消防主战、部门联动、社会参与"的消防应急救援工作新格局。我国的消防应急救援工作在维护公共安全、构建和谐社会中

273

发挥着举足轻重的作用。因此，紧急救援尤其是能够应对各类突发事件的消防救援工作已经成为显示城市基础设施水平和城市管理能力的标志性工程。① 扑救火灾、抢险救援，最大限度地救助生命，是消防队伍的根本职责。近年来，消防队伍依法履行职责，不断拓展社会服务职能，积极参加社会抢险救援工作，已成为突发公共事件应急救援的骨干和突击力量。

一、政府统一领导，依托消防组建，建立三级应急救援中心和应急网络，实现联控互动

（一）政府统一领导，依托消防组建

1. 依托消防组建公共危机应急救援力量体系

消防部队参与应急救援任务由来已久。自 1995 年日本东京地铁"沙林"事件后，我国消防部队就开始逐步发展特勤力量，承担抢险救援任务。1998 年颁布的《消防法》为消防部队作为主导机构实施社会抢险救援提供了强有力的法律保障。2002 年，公安部在成都召开的公安消防部队抢险救援工作会议上专门提出了强化公安消防部队抢险救援职能的要求。2009 年实施的《消防法》明确规定："公安消防队、专职消防队按照国家规定承担重大灾害事故和其他以抢救人员生命为主的应急救援工作。"2009 年国务院办公厅下发的《关于加强基层应急队伍建设的意见》也规定："各级县政府要以公安消防队伍及其他优势专业应急救援队伍为依托，建立或确定'一专多能'的县级综合性应急救援队伍。"

随着社会的发展，公共危机应急事件呈现多发性、灾害性、多样性、复杂性、连锁性、规模性、不可预见性，我国应对公共危机的应急和抢险救援体系的建立势在必行，必须建立具有中国特色的抢险救援体系并与世界同行接轨。目前，我国消防部队已经自觉或

---

① 李进：《论消防在城市应急救援体系中的地位和作用》，载《安全》2007 年第 6 期，第 14 页。

不自觉地参与和承担抢险救援任务，实践证明还是力不从心，无论是人力还是物力都与现实繁重而艰险的抢险救援任务不相适应。建立以消防部队为主体的抢险救援体系，一方面要提高自身战斗力，另一方面要充分利用社会力量，发挥其作用，建立政府牵头，公安消防、交通、煤气、化工、通信以及相关部门参与的抢险救援体系，制定救援预案，实施抢险救援演习，把参与者有机结合起来，形成强大的战斗力。在战时，各方都要积极动员起来，一经调动，必须召之即来，来之能战，战之能胜，这不仅是现实需要，而且将来，消防部队具备了相当强的作战能力和指挥能力，也需要在政府的统一指挥下，实现社会联动，形成强有力的抢险救援体系，有效抗御灾害事故。① 另外，要改革公共消防力量的管理体制，为提高应急救援效率提供机制保障。我国公共消防力量客观上划分为城镇、森林、水上、航空四大板块，分属不同部门，加之队伍体制、管理模式等的不同，战斗力参差不齐，服务区域、对象相对单一，消防资源得不到优化利用。公共资源必须加强整合才能提升公共服务效能。要从体制、机制等方面逐步探索公共消防资源整合的路子。形成统一的公共消防力量体系，明确统一的执勤备战要求，让公共消防力量都能承担起政府应急救援救助的重大职责。②

如前所述，依托消防建立具有中国特色的应急救援力量体系，是适应社会经济发展需要，履行消防队伍法定职责的迫切要求，是现阶段我国处置突发性灾害事故的正确选择。公安消防部队担负着公安消防保卫和社会抢险救援的双重职能，是一支同火灾和其他灾害事故作斗争的专业化队伍和军事化的组织，是国家专业救援力

---

① 傅兴全：《消防部队抢险救援实践与思考》，载《武警学院学报》2002年第5期，第27页。

② 付立兵：《政府应急救援体系建设中公安消防部队职能定位的实践与研讨》，载《中国西部科技》2006年第9期，第76页。付立兵：《应急救援体系建设中消防部队的职能定位》，载 http：//www. cpd. com. cn/gb/news-paper/2007 – 01/22/content_ 721146. html，2011 – 05 – 8。

量，具有组织完善、高度集中、驻扎面广、昼夜执勤、出动迅速、机动性强以及装备和技能等优势，常年处于战备状态，长期同火灾作战，广大官兵能吃苦战斗和奉献，这支队伍召之即来，来之能战，战之能胜，能够快速有效地调动有关力量，及时高效地开展应急救援工作。因此，为了促进经济社会协调发展，健全社会安全保障体系，依托消防队伍建立以消防队伍为骨干的应急救援力量体系，这是国家的需求，人民群众的希望，也是社会发展的趋势。大力推进公安消防队伍综合应急救援能力建设，对构建统一指挥、反应灵敏、协调有序、运转高效的应急管理机制，切实提高政府应急管理和处置公共突发事件的应急救援水平，具有十分重要的作用和意义。①

2009 年，公安部在湖南召开了全国公安消防部队应急救援工作会议，计划利用三年时间，在全国范围内建立以公安消防部队为骨干的省、市、县政府综合应急救援队伍，依托公安消防队伍组建省、市、县三级综合应急救援队伍，形成省、市、县三级综合性应急救援力量网络，大力推进综合性应急救援队伍建设，大力提升综合应急救援能力，大力增强综合应急保障水平。公安部刘金国副部长表示，公安消防部队已经成为社会日常应急救援的主力军，成为重大灾害事故救援的一支骨干力量，在我国应急管理工作中发挥着不可替代的重要作用。要充分认识加强公安消防部队应急救援工作的重要性和紧迫性。应急救援是应急管理工作最为关键的环节。加强公安消防部队应急救援工作，是职责所系、群众所盼，是问题所需、形势所迫，是惠及人民群众的伟大事业，是在新的历史起点上推动公安消防事业大发展的重要机遇。大力推进综合性应急救援队伍建设，要积极推进县级综合性应急救援队伍建设，做实县级消防专业力量。2010 年年底前，除边疆偏远地区人口稀少的县（旗）以外，要消除消防专业力量空白点。要以提高机动增援和攻坚作战

---

① 郭铁男：《政府公共危机管理与消防综合应急救援力量建设》，载《消防科学与技术》2007 年第 1 期，第 5 页。

能力为目标，以消防特勤队伍为重点，做强城市消防专业力量。公安部将依托国家级陆地搜寻与救护基地，推动国家级机动应急救援力量建设。要积极推进多种形式消防队伍建设，做大社会消防应急救援力量，力争通过几年的不懈努力，基本形成以公安消防队伍为主体、各相关警种密切协同、其他应急救援专业队伍和地方多种形式消防队伍有效联动的综合性应急救援力量体系。①

　　建立综合性公共危机应急救援力量体系也要求消防部队本身不断健全和完善，提高应对公共危机应急救援的能力和水平。在人员编制方面，实行"一套人马，两块牌子"。在消防现有总队做精、支队做强、大（中）队做实的基础上，整合应急资源，建立省应急救援总队、市应急救援支队和市（区、县）应急救援大队和应急救援中队。消防总队、消防支队、大队的队长和政委担任应急救援总队、支队、大队、中队的队长和政委。各市州、县区依托公安消防支队、大队组建的应急救援支、大队，统一接受省应急救援总队的领导。应急救援队伍应组建各类应急救援小组，包括战时的各种救援小组和平时的装备、技术支持和服务小组。面对目前日益增多的特殊灾害事故，要打赢攻坚和处置的硬仗，就必须建立和加强消防部队的拳头队伍——特勤队。特勤队伍建设既要考虑客观实际的需要，又要考虑经济实力的可能，必须突出重点，兼顾一般，合理编制。在省会城市、计划单列及经济发达的大中城市应建立消防特勤大队；在一般中等城市，可增建或改建消防特勤中队或大队；在一些经济欠发达，目前不具备建立消防特勤大队或中队的中小城市，应建立力量较强的消防中队或消防特勤班。消防特勤队伍要根据承担任务的需要，配齐配强装备和人员，适当增大技术兵、士官的比例。将政府、企事业专职消防队一并纳入应急救援体系，吸收和整合社会资源；同时，成立安全保卫、应急处置、医疗救护、后勤保障、人员救助、新闻报道、善后处理等运行单元，明确各自在

---

① 《三年内依托消防队伍形成综合应急救援网络》，载《人民公安报（消防周刊）》2009年11月23日，第1版。

应急救援中的职责和任务分工，确保重大灾害事故应急救援工作规范、高效、协调和有序正常运转。目前，公安消防部队按照行政区划，立足"保卫城市、辐射农村"，以城镇为基础，建成了比较完整的消防队（站）网络。消防救援力量已经覆盖到所有县级以上城市和部分重点乡镇，一些重大工程、风景名胜区也建立了消防站，今后我国消防队（站）发展的网点将更密集，覆盖区域将更广泛纵深。①

综合性应急救援力量的建立要求整合以消防队伍为骨干的应急救援力量。整合我国现有的各类应急救援力量，优化行政成本，根据区域自然灾害、易发突发事件的规律特点，以县级为单位扩充消防部队编制，加强应急志愿者队伍建设，以消防队伍为骨干，合并整合各类应急救援力量，建立一支统一指挥、有效应对本地城镇灾情的综合性应急救援队伍。同时，根据全国实际，国家和省内各分若干个救援区域，建立国家级和省级区域应急救援队伍，专门处置特别重大突发事件和跨区域应急救援，既避免了"一刀切"的重复建设模式，又确保了区域应急救援任务的完成。

2. 政府统一领导

2006 年《国务院关于进一步加强消防工作的意见》在"指导思想"部分指出："努力构建'政府统一领导、部门依法监管、单位全面负责、群众积极参与'的消防工作格局，着力整治各种火灾隐患，全面加强城乡消防工作，建立健全灭火应急救援工作机制。"在"工作目标"部分指出："到 2010 年……基本实现消防工作与经济社会同步协调发展，基本形成覆盖城乡的专业灭火应急救援力量体系。"2009 年国务院办公厅《关于加强基层应急队伍建设的意见》指出基层应急队伍建设的目标有："通过三年左右的努力，县级综合性应急救援队伍基本建成，重点领域专业应急救援队伍得到全面加强"，要求"全面建设县级综合性应急救援队伍，深

---

① 付立兵：《公安消防部队综合应急救援队伍建设发展的实践与思考》，载 http：//www.cxf.gov.cn，2011 - 07 - 05。

入推进街道、乡镇综合性应急救援队伍建设"，并规定"地方各级人民政府是推进基层应急队伍建设工作的责任主体"。2009 年，公安部在湖南召开了全国公安消防部队应急救援工作会议，要求依托公安消防队伍组建省、市、县三级综合应急救援队伍，形成省、市、县三级综合性应急救援力量网络，大力推进综合性应急救援队伍建设，大力提升综合应急救援能力，大力增强综合应急保障水平。公安部副部长刘金国在长沙会议上明确要求，当前和今后一个时期，公安消防部队应急救援工作的总体思路是：以胡锦涛总书记"三句话"总要求为统领，深入贯彻落实《消防法》和国务院办公厅 59 号文件《关于加强基层应急队伍建设的意见》，坚持"政府主导、部门联动，重点突破、整体推进"，用 3 年左右的时间，力争把总队做精、支队做强、大（中）队做实，应急救援队伍建设、机制建设、装备建设基本适应任务需要，应急救援水平明显提升。三年建设要实现的目标包括以公安消防队伍为依托的综合性应急救援力量形成网络，到 2012 年全国完成省、市、县三级建设任务。同时，如何围绕队伍建设、保障水平、专业训练、响应及指挥体系四个方面建设综合性县级应急救援队伍，既是一场战略工程，更是一项惠民工程、形象工程和实践工程，各级政府、部门和领导，要把综合性应急救援队伍建设工作纳入当地经济社会发展的总体规划。到目前为止，国家层面的顶层设计已显雏形，东、中部的试点也已确定，应急装备物资储备库的北京和成都储备库已基本建成，长沙和银川直属库建设也将完成。

（1）加强组织领导，建立健全应急救援组织指挥体系，建立在政府统一领导下的组织指挥机构，实施统一指挥

针对灾害事故突发性强，破坏性、社会危害性和处置难度大等特点，应当建立由省、市、县三级政府实施统一领导，以消防为主体，公安、安监、宣传、医疗、交通、环保、气象、供水、供电、供气等相关职能部门参与的应急救援领导管理和组织指挥体系。目前，各自为政、相互独立的救灾体制已经不适应形势发展的要求，既会重复建设、浪费时间和贻误战机，也是人力、物力资源的极大

浪费，必须予以体制改革。把我国现有的公安 110、消防 119、医疗 120、交警 122 等几支社会性的救援力量合并，建立联合应急救援组织，制订救援应急和处置预案，采取集中调度、集中指挥，组成由政府统一领导，消防、公安、卫生、供水、供电、供气、交通及各大中型企业、军警民等联合参与的应急救援机制，制定各部门、各单位参加应急救援工作的职责和任务，并制订计划进行训练和演练，定期进行各类培训和学习。一旦有灾害事故发生，当地政府可根据事先组成的应急队伍联合展开救援工作，只有这样才能使人力、物力、财力及其他社会资源得到充分利用，最大限度减少灾害事故的危害程度。党委和政府的领导是搞好应急救援工作的基本保证。历次重特大灾害事故处置，各级党委、政府及公安机关领导都根据灾情程度和现场需要，及时作出指示，亲临现场组织指挥，并及时调集社会力量和其他警种，协调解决应急救援物资和技术力量，为应急救援工作的顺利进行提供了强有力的组织和后勤保障。

构建以消防为主体的公共危机管理应急救援力量体系，必须建立政府统一领导下的组织指挥机构，成立"应急救援中心"，实施统一指挥。对于重大灾害事故处置中参战的公安、医疗、水、电气及驻军等力量，必须由政府实施统一领导和指挥调度，既分工实施，又密切配合。以此为基础，各省、市、县应成立相关具体组织和领导机构，应急救援期间，"应急救援中心"可设置以下部（组）：

①总指挥部。由政府应急办和有关部门负责人组成，负责领导、组织整体应急救援工作，发布应急救援命令；根据事故发生情况，统一部署有关应急救援预案的实施工作，并对应急救援工作发生的情况采取紧急处理措施；在全辖区范围内紧急调用各类救援物资、设备、人员；根据事故灾害情况，有危及周边单位和人员的险情时，组织人员疏散；做好稳定社会秩序和伤亡人员的善后及安抚工作。根据《消防法》的有关规定，火灾现场总指挥根据扑救火灾的需要，有权决定下列事项：使用各种水源；截断电力、可燃气体和可燃液体的输送，限制用火用电；划定警戒区，实行局部交通

管制；利用临近建筑物和有关设施；为了抢救人员和重要物资，防止火势蔓延，拆除或者破损毗邻火灾现场的建筑物、构筑物或者设施等；调动供水、供电、供气、通信、医疗救护、交通运输、环境保护等有关单位协助灭火救援。

②现场指挥组。设在现场救护基地，由政府应急办、消防队领导和有关部门负责人组成，主要负责组织、指挥现场抢救工作，及时处理突发灾变。要注意统一指挥和独立指挥关系。凡是在政府或公安机关统一调集下参加的抢险救援战斗，公安消防部队要在听从政府和公安机关命令的情况下，内部的作战指挥应由公安消防部队指挥员下达命令，防止令出多门，使参战官兵不知所措。如果只是公安消防部门独立抢险救援，指挥员要注意及时向公安机关和政府领导报告请示，现场指挥由公安消防部队独立实施。

③抢险救灾组。由现场指挥组紧急调集的有关单位人员组成，具体负责实施指挥部制订的抢险救灾处置方案和安全技术措施，负责人员疏散和组织实施现场救援。应急救援行动直接由消防部门指挥。

④技术专家组。由有关部门组织有关救援和技术人员组成，主要研究制订应急救援技术方案和措施，为应急管理进行专业技术指导和提供决策建议，解决事故抢救过程中遇到的技术难题，及时处置应急工作。

⑤医疗救护组。由卫生医疗、防疫等有关部门组成，有关医疗单位参加，负责组织专家及医疗队伍对受伤人员进行紧急医疗救护、卫生防疫。

⑥物资供应组。由民政、交通、公安和其他有关单位人员组成，主要保证抢险救灾中物资和设备的及时调度和供应以及救济、捐助款项的接收和分配。

⑦警戒保卫组。由公安、司法等部门组成，主要负责事故现场的保护、交通管制、戒严和维持秩序、打击各类违法犯罪行为、维持社会治安等工作。

⑧通信联络和新闻组。通信联络组由通信、公安等部门人员组

成，传达和报告、通知、发布、宣传各种救援指令和信息，积极抢修通信设施，保障通信畅通。新闻组由宣传、广电、气象等部门组成，负责对外发布信息，接待新闻媒体记者，使外界及时了解事故动态和应急救援、医疗救护、物资供应、后勤保障、现场警戒和善后处理等方面的情况以及天气预测。同时，根据救援情况，及时召开新闻发布会，做好宣传报道，鼓励动员社会力量参与救援。

⑨后勤保障组。由交通、公安、民政等有关部门组成，主要负责车辆调度、道路维修、抢险人员和物资的运输等后勤服务工作。

⑩善后处理组。由民政、公安等部门、单位参加，负责伤亡人员家属抚恤、安置等善后工作，稳定群众情绪。

⑪新闻组。由宣传、广电、气象等部门组成，负责对外发布信息，接待新闻媒体记者，使外界及时了解事故动态和事故应急救援、医疗救护、物资供应、后勤保障、现场警戒和善后处理等方面的情况以及天气预测。同时，根据救援情况，及时召开新闻发布会，做好宣传报道，鼓励动员民众参与救援，及时平息谣传或误传，安定民心。

上述各部组应各负其责、联动配合，相互协助，共同完成相关的应急救援等各项工作。

相关部门依据有关规定接受消防应急的指挥，服从命令，听从调配，相互配合。有关部门依据有关法律、行政法规和各自职责，负责相关类别突发公共事件的应急救援管理工作。各有关部门根据自己工作管辖的范围，负责编制相关类别的突发公共事件专项和部门应急预案及其实施，贯彻落实政府有关决定事项。政府、应急办、消防等与其他各职能部门建立会商联通、信息共享渠道，形成共享、联合、互通长效机制，强化日常工作制度，并且要建立联勤会议制度，应急办定期召开由各应急救援队伍负责人参加的联勤会议，总结救援工作情况，分析灾害事故形势，制订应急救援方案，研究下一步协作规划。

（2）因地制宜、勇于探索，打造"实战工程"

省、市、县三级综合应急队伍发展应遵循"大队做实、支队做强、总队做精"的原则，一是突出县级主战场地位，做实应急救援大队。按照部队规划，所有有公安现役队的县（市、区）要完成综合应急救援大队组建任务，其余县（市、区）依托当地政府专职消防队成立应急救援大队。二是突出市级主战区地位，做强应急救援支队。所有依托公安消防部队为主体组建综合应急救援的支队，要切实对现有各种应急救援力量进行"大重组、大整合"，立足常规、常备、综合、攻坚的职能定位，推进主体建设，集中人、财、物资源建好政府应急救援队，形成"以政府应急救援队为主体、以专业救援力量为补充、以其他公共救援力量为基础"的"层次性"构架。同时，公安消防部队要结合打造消防铁军工作，深入开展各级指战员的专业培训和实战训练，不断提升应急救援队伍科学施救水平。三是突出省级总指挥地位，做精应急救援总队。总队将重点完善重特大灾害事故跨区域作战预案，进一步抓好省级地震救援队和机动紧急救援队这两支机动处置力量建设。同时，依托现代化指挥平台和全勤指挥部建立健全快速响应机制，形成区域整体救援能力，全面做好灭大火、打硬仗的各项准备。①

（二）建立三级应急网络，实现联控互动

1. 完善应急救援力量体系

在健全完善省、市、县三级综合性应急救援队伍的基础上，坚持统筹规划、突出重点，逐步加强和完善基层应急队伍建设，实现重点领域专业应急救援队伍得到全面加强、乡镇等基层组织和单位应急救援队伍普遍建立、应急志愿服务进一步规范的建设目标，基本形成统一领导、协调有序、专兼并存、优势互补、保障有力的基层应急队伍体系，确保应急救援能力基本满足本区域和重点领域突

---

① 付立兵：《公安消防部队综合应急救援队伍建设发展的实践与思考》，载 http：//www.cxf.gov.cn，2011 - 07 - 05。

发事件应对工作需要，为维护国家安全和社会稳定提供有力保障。①

2. 完善应急救援力量体系，要加强对县级应急救援队伍建设的引导

一是各级党委、政府在高度重视的基础上，要加大对有关部门的支持力度，协调队伍建设部门与财政、发改委、应急办等有关部门进行深入研究磋商，确保综合性应急救援队伍组建工作有序推进。二是省、市两级政府要结合当地的经济实际，出台配套文件，将组建应急救援队伍的各类装备配备及财政支出纳入地方各级政府的考核范畴。三是各地要建立政府领导挂帅、各相关部门参加的综合性应急救援队伍建设组织领导机构，明确由各级政府分管应急工作的领导、应急办主任牵头，建立联席会议和工作会商制度，推动出台队伍建设规划及配套性法规、政策，明确组织体系、人员编配、装备配备、应急值班、处置程序等内容，加强政策引导，提供制度保障。四是加大基层应急队伍经费保障力度，省、市、县三级综合性应急救援队伍和有关专业应急救援队伍建设与工作经费要纳入同级财政预算，并根据实际出台省、市、县三级财政的具体补助比例，建立基层应急救援队伍稳定经费渠道。五是要建立应急救援专家队伍，充分发挥专家学者的专业特长和技术优势。针对各种灾害事故救援可能涉及的行业和部门，平时要建设专家资料库，吸收公安、消防、交通、医疗、林业、石油化工、地震、通信、建筑工程、爆破等特种行业和公用部门的技术人员组成。在社会紧急救援行动中，遇到爆炸、大面积建筑倒塌、化学危险品泄漏、通信中断等情况，及时启用资料库，调动相关部门的技术专家到场，为指挥部决策和救援行动提供技术支持，解决关键性的技术难题，避免盲

---

① 杨凯：《关于加强新时期应急救援工作的几点思考》，载 http://www.cxf.gov.cn，2011－05－20。

目指挥造成人员伤亡。①

二、相关部门协调，建立合作联动机制

　　建立以消防部队为骨干的应急救援力量体系是形势发展的必然要求。灾害事故应急救援工作涉及众多的政府部门和单位，较大的灾害事故甚至需要全社会动员，故必须建立中国特色的应急救援力量体系。通过实践证明，我国消防部队在参与应急救援过程中，往往因为人力、物力、装备等方面的限制而显得力不从心，与繁重而艰险的救援不相适应。因此，一方面是要以消防部队为骨干，提高自身的作战能力，另一方面也要充分利用社会力量，发挥其作用，建立由政府牵头，公安消防、交通、电力、水厂、煤气、化工、通信、医疗卫生等相关部门参与的机动应急救援力量体系，做大社会消防应急救援力量，制定救援预案，实施应急救援演习，要从应急救援的全局出发，主动搞好协同配合，使之形成强大的战斗力。同时，应成立以消防、公安、化工、医疗、交通、环保、民政、邮电、气象、宣传等有关部门以及有关专家为成员的灾害事故应急救援总指挥部。总指挥部应定期分析研究本地灾害事故预防工作形势及问题，制定应急救援预案，明确统一指挥要求。在应急救援过程中，利用统一指挥和联动机制迅速调集社会现有的各种警力和专业力量，执行人员疏散、现场警戒、人员救护、物资供应等任务，使消防部队能专心完成主要处置任务，以达到在出现事故时，各方面都能积极行动起来，真正做到召之即来，来之能战，战之能胜。这不仅是现实需要，而且将来也需要在统一指挥下，实现社会联动，形成强有力的应急救援力量体系，有效抗御灾害事故。

---

　　① 吴兰冲：《以消防部队为依托建立综合性应急救援队伍的思考》，载 http：//www. wjxy. edu. cn：8000/showinfo. asp？ id＝1250&name，2010－07－05。

三、公共危机应急救援力量的指挥、运行模式与工作重点

目前，应着手建立统一领导、分级管理，纵横交错、点面突出，条块结合、以块为主，职责明确、规范有序，结构完整、功能全面、运转高效、整合资源、信息共享、平战结合、军民结合和公众参与、反应迅速、行动规范、协调有序、科学保障、服务实战的社会一体化应急救援运行模式。

第一，应急救援的宗旨。应急救援的宗旨是："有险抢险，无险防险，以人为本，生命至上，安全第一，科学处置"，动用一切应急救援力量，投入最大救援保障，使事故灾害减少到最低限度。

第二，应急救援的原则。应急救援以保护人员生命财产安全和防止、控制事故蔓延为优先方向，坚持实事求是，贯彻"综合领导、统一指挥、分级负责、分类处理、部门协调"的原则。

第三，应急救援的适用时间。应急救援期间从应急救援开始到结束。

第四，应急救援的适用范围。消防队伍在什么情况下出动，不能毫无限定，使消防队伍不堪重负，甚至会造成消防队伍警力分散，影响主要工作完成。消防应急救援的范围是本行政区内发生的与消防有关的所有应急救援事件。应急救援工作的范围具体定位是：灾、险，辅之以社会救助。主要包括六个方面：（1）参与处置各种化学危险品泄漏事故；（2）参加洪灾、风灾、地震等自然灾害的应急救灾；（3）参加空难、重大交通事故的应急救援；（4）参加建筑物倒塌的应急救援工作；（5）参加恐怖袭击和破坏等突发事件的应急救援；（6）在有关单位和群众遇险求助时的救助工作等。

第五，应急救援的指挥模式。由当地党委政府召集公安、消防、人防、医疗、救护、供气、供电、供水、运输、通信、市政、化工等有关部门，建立以政府为核心的应急救援指挥机构"政府应急救援中心"，由政府相关领导任主任、相关部门领导、负责人

为成员，应急救援工作在政府的统一领导下进行。必须坚持政府主导、部门联动、重点突破、整体推进。在应急救援期间，领导、指挥与应急救援有关的政府相关机构和其他相关企事业单位、组织和个人以及外部救援力量。

第六，应急救援行动的运行模式：根据任务需要，有关地方人民政府应当组织人员，调集所需物资支援行动，具体包括以下几个方面：

（1）当确认突发公共事件即将或已经发生时，相关职能部门应立即向"政府应急救援中心"报告警情，启动相关应急预案，并向应急办报告，成立现场总指挥部，指挥应急分队先期开展救援行动，组织群众开展自救、互救。

（2）参与突发公共事件处置的各相关部门应立即调动有关人员和处置队伍赶赴现场，有关组织或应急队伍应服从调动，在现场总指挥部统一指挥下，按照专项预案分工和事件处置规程要求，相互配合、密切协同，共同开展应急处置和救援工作。

（3）现场总指挥部应充分发挥专家组作用，及时对事件性质、发展趋势、应急措施进行研究分析，提出应急处置建议，为现场指挥提供科学、准确的决策咨询。

（4）相关单位和职能部门应及时主动向现场总指挥部和参与事件处置的相关部门提供有关资料，为实施应急处置和开展救援工作提供便利条件。

（5）现场总指挥部应及时做好现场控制、紧急处置、治安维护、人员疏散、保障安置等工作，防止事态进一步扩大，并及时掌握事态进展，随时向"政府应急救援中心"报告情况。

（6）现场总指挥部应随时跟踪、预测事态进展，发现事态扩大，可能超出自身控制能力时，立即报告"政府应急救援中心"，请求调配其他应急资源，并及时向事件可能影响到的地区及相关部门通报有关情况。情况特别紧急时，可通过媒体向社会发出预警。

第七，应急救援的工作重点：（1）抢救受伤、受害人员。（2）控制危害源。应尽快组织工程抢险队和事故单位技术人员及时控制危险源，防止事故继续扩大。（3）疏散人员。指导和组织群众采取各种措施进行自身防护，迅速撤出危险区。（4）做好现场清洗，消除危害后果。迅速采取封闭、隔离、清洗等措施，防止继续对人的危害和对环境的污染。（5）按照国家环境保护标准，对事故造成的环境危害进行监测、处置。

四、拓宽经费来源渠道

以消防队伍为骨干构建城镇公共危机应急救援力量是整个应急救援工作的重要部分，也是公共危机应急管理职能所在和公共危机应急救援行动所需，属于公益性事业，关系到国家、集体、人民的生命财产安全以及社会的稳定。建立和完善以消防为骨干的应急救援力量体系，顺利完成应急救援任务，履行应急救援职责，保障应急救援行动，必须解决建立和运行应急救援力量体系所需经费。因此，应保障公共危机应急救援力量建设的经费来源、投入和维持。应急救援费用列入当地政府财政预算，建立专项储备基金，明确其使用范围和管理办法，并由纪检、审计部门依法监管。

2006 年《国务院关于进一步加强消防工作的意见》指出："各级人民政府要按照现行事权、财权划分原则，进一步加强公安消防队力量特别是应急抢险救援能力建设，专项解决公安消防队应急抢险救援装备和队站、设施建设经费。" 2006 年《国务院关于全面加强应急管理工作的意见》在 "加大对应急管理的资金投入力度" 部分规定："根据《国家总体应急预案》的规定，各级财政部门要按照现行事权、财权划分原则，分级负担公共安全工作以及预防与处置突发公共事件中需由政府负担的经费，并纳入本级财政年度预算，健全应急资金拨付制度。对规划布局内的重大建设项目给予重点支持。支持地方应急管理工作，建立完善财政专项转移支付制度。建立健全国家、地方、企业、社会相结合的应急保障资金投入机制，适应应急队伍、装备、交通、通信、物资储备等方面建设与更新维护资金的要求。建立企业安全生产的长效投入机制，增强高危行业企业安全保障和应急救援能力。研究建立应对突发公共事件社会资源依法征用与补偿办法。" 2007 年《突发事件应对法》第

31 条规定："国务院和县级以上地方各级人民政府应当采取财政措施，保障突发事件应对工作所需经费。"第 34 条规定："国家鼓励公民、法人和其他组织为人民政府应对突发事件工作提供物资、资金、技术支持和捐赠。"第 35 条规定："国家发展保险事业，建立国家财政支持的巨灾风险保险体系，并鼓励单位和公民参加保险。"2008 年《消防法》第 49 条规定："公安消防队、专职消防队扑救火灾、应急救援，不得收取任何费用。单位专职消防队、志愿消防队参加扑救外单位火灾所损耗的燃料、灭火剂和器材、装备等，由火灾发生地的人民政府给予补偿。"第 33 条规定："国家鼓励、引导公众聚集场所和生产、储存、运输、销售易燃易爆危险品的企业投保火灾公众责任保险；鼓励保险公司承保火灾公众责任保险。"

根据有关法律法规和有关政策，构建公共危机应急救援力量体系要有经费保障，拓宽其经费来源的渠道主要有以下几种途径。

（一）政府主导：政府划拨为主，征用为辅

以消防队伍为骨干构建城镇公共危机应急救援力量所需的必要经费，包括其组建、管理、运行、联动、人力保障、器材装备、培训训练、基地建设等，都应由中央政府和地方政府财政负担。国家级应急救援力量的建设及其运行所需费用由中央财政负担，列入中央财政预算，地方各级应急救援力量的建设由地方财政负担或者按照地方为主、国家适当补助的原则解决，其运行维护费用由地方政府负担，列入地方财政预算。

经费以政府财政划拨为主，应明确列出政府财政年度应急救援专项经费预算，保障应急救援所需的一切费用。划拨主要用于应急救援装备、器材的配备和革新完善，应急救援队伍和人员的各类培训学习，应急救援行动的日常训练和实战演习及其设施建设，应急救援队伍的人员编制特别是消防队伍人员编制和消防站点的编制。各应急救援队伍所耗物资和费用首先由各自承担，然后根据具体情况由政府承担或给予一定的补助。消防队伍参加人民政府组织的抢险救灾所耗费用由政府财政负担，费用包括：购置专用物资和器材

费用，指挥通信、装备维修、燃油、交通运输等费用，补充消耗的携行装备器材和作战储备物资费用，以及人员生活、医疗的补助费用。同时，应急救援期间，政府及其有关部门为应对突发事件，可以征用单位和个人的财产。被征用的财产在使用完毕或者突发事件应急处置工作结束后，应当及时返还。财产被征用或者征用后毁损、灭失的，依法给予补偿。

（二）市场化：市场调节、商业化模式运作，发挥最大效益

应急救援经费遵循市场经济运作模式，以公正、公开、平等、高效、民主、诚实信用原则运用应急救援的各种资源，依照有关法律规定，按照法定程序审核，合理分配和使用，不得滥用。经费的使用应按照政府信息公开条例的有关规定进行公示。

对在应急救援工作中作出显著成绩或有突出贡献的单位和个人，按照政府和军队的有关规定给予表扬、奖励；对因参加应急救援死亡或者致残、受伤的人员，其医疗、抚恤待遇按照国家有关因公（工）受伤、致残或牺牲的规定办理。

各种各类公司企业依法设立的各类应急救援队伍，包括专职消防队伍，其建设投资和运行维护经费原则上由各企业自行解决和保障，同时承担中央或地方救援任务的救援队伍的建设投资和运行维护经费可由中央或地方政府给予补助，同时承担跨区域的应急救援队伍的建设投资和运行经费可以由所跨区域所在地的政府财政给予补助。企业应急救援队伍也可以向社会提供有偿服务，收取一定的救援费用，以扩大和补充其经费来源和开支。

依据2007年《突发事件应对法》的规定，国家发展保险事业，建立国家财政支持的巨灾风险保险体系，并鼓励单位和公民参加保险。保险是一种以市场化运作的风险管理方式。对于和公共危机关系密切的人身安全和财产安全，转移风险、减少损失，在公共危机发生后尽快得到经济补偿，是现代社会预防和处理公共危机的必然选择。以消防队伍为骨干的城镇公共危机应急救援力量的人员

伤亡、应急救援物资、装备和器材的消耗、训练、演练和储备的器材消耗和日常损耗、训练培训基地设备等都可成为保险标的，对其进行投保，保险人根据保险合同的约定，承担相应的人身伤亡和财产损失的保险金赔偿责任。另外，由国家和地方政府发行国债，解决公共危机综合应急救援力量建设的费用也是一条可以试行的途径。

（三）社会参与：鼓励社会捐献，个人依法赞助

应急救援不仅是政府的工作，也是全社会的责任。应急救援所需经费不能完全依赖政府，还应依靠全社会的力量。经费来源于社会用于社会，来源于人民用于人民。应急抢险救灾涉及千家万户、各行各业，在加大公共财政投入的同时，应充分调动企业和社会各方面参与公共安全建设的积极性，努力形成多渠道、多元化的经费保障机制。因此，应急救援工作所需经费还要靠社会的捐献，包括国家机关、公司企业事业单位、其他单位组织和个人、部队以及华裔侨眷、外国政府、国际组织、外国友人等的捐助。捐献通过政府民政部门、红十字会或其他有关途径获得。同时，在日常工作中，也接受个人、单位或其他组织随时的赠与和赞助。探索设立消防或应急救援基金会，鼓励自然人、法人或其他组织（包括国际组织），按照《公益事业捐赠法》等有关法律、法规的规定进行捐赠和援助。同时，也应鼓励社会力量通过市场化运作建立应急救援队伍，经费由社会力量自行解决。

第二节　依托消防部队构建公共危机应急救援力量结构体系建设面临的问题及其对策建议

一、培养应急救援意识，明确救援思想

以消防队伍为骨干构建城镇公共危机应急救援力量体系的意识

需要培养，思想认识有待明确和统一。这方面的法律和政策依据有：2006 年《国家突发公共事件总体应急预案》规定："增强忧患意识，坚持预防与应急相结合，常态与非常态相结合，做好应对突发公共事件的各项准备工作……加强宣传和培训教育工作，提高公众自救、互救和应对各类突发公共事件的综合素质……宣传、教育、文化、广电、新闻出版等有关部门要通过图书、报刊、音像制品和电子出版物、广播、电视、网络等，广泛宣传应急法律法规和预防、避险、自救、互救、减灾等常识，增强公众的忧患意识、社会责任意识和自救、互救能力。各有关方面要有计划地对应急管理和救援人员进行培训，提高其专业技能。"2006 年《国务院关于全面加强应急管理工作的意见》在"大力宣传普及公共安全和应急防护知识"部分规定："加强应急管理科普宣教工作，提高社会公众维护公共安全意识和应对突发公共事件能力。深入宣传各类应急预案，全面普及预防、避险、自救、互救、减灾等知识和技能，逐步推广应急识别系统。……充分运用各种现代传播手段，扩大应急管理科普宣教工作覆盖面。新闻媒体应无偿开展突发公共事件预防与处置、自救与互救知识的公益宣传，并支持社会各界发挥应急管理科普宣传作用。"2007 年《突发事件应对法》第 6 条规定："国家建立有效的社会动员机制，增强全民的公共安全和防范风险的意识，提高全社会的避险救助能力。"第 30 条规定："各级各类学校应当把应急知识教育纳入教学内容，对学生进行应急知识教育，培养学生的安全意识和自救与互救能力。"2008 年《消防法》第 6 条第 1 款规定："各级人民政府应当组织开展经常性的消防宣传教育，提高公民的消防安全意识。"

危机意识缺乏，会导致防范能力降低。强化危机意识可以有效提高防范能力，而麻痹大意只能酿成更大的灾难。危机意识是危机管理的起点，是建构公共危机体制和处理公共危机的前提。公共危机应急救援工作应注重强化公共危机意识与应急救援意识，培养政府、政府机关工作人员、单位、其他组织和社会公民的公共危机意识和应急救援意识，加强引导和教育，树立建构以消防队伍为骨干的城镇公共危机应急救援力量体系的观念，统一思想，提高认识。第一，要转变"以治理为主"的观念，树立"以防范为主，防治结合"的思想。第二，要强化政府对公共突发性事件的防范意识和危机管理意识，要把突发公共事件的防范治理政策作为公务员教育培训的内容，提高管理者的防范意识和危机管理意识。第三，要加大对突发公共事件的宣传力度和对政府的监督力度，使政府时刻保持危机管理意识，从容镇定地防范和应对公共危机。① 第四，要警钟长鸣，经常组织和进行危机训练和演习，提高政府工作人员和社会公民的危机意识和救援意识，树立危机观念和抢险救援观念。第五，要大力普及有关公共危机知识，让人民大众掌握正确的应对危机的措施和救援的方法，明确政府、社会单位、组织和个人在危机中的职责。第六，要特别加强对以消防队伍为骨干的城镇公共危机应急救援力量的宣传和教育，提高人们的认识，面对公共危机事件，化社会力量为应急救援力量，提高救援的能力和效果。第七，加强日常生活中的公共危机教育和学校的公共危机应急与救援教育，设立公共危机教育中心、基地或公共危机应急和救援展览馆、博物馆等。

就消防队伍抢险救援而言，当前，各级党委、政府对综合性应急救援队伍建设总体态度积极，各级部门也普遍认为消防部队是最专业、装备最精良、最有战斗力的应急救援队伍，并寄予很大希望。由于受现行救援体制的局限、消防警力不足、经费紧张、装备器材缺乏和灭火救灾任务繁重等因素的影响，地方政府领导与部队官兵中对参加社会抢险救援存在一些模糊认识。少数地方党委、政府并没有真正将应急救援队伍建设作为提升政府危机管理水平、保障社会公共安全的大事、急事、要事来抓，工作浮于表面，等、靠、拖现象严重；或是受到体制、机制和片面政绩观的影响，对应急救援工作重视不够、投入不足，直接给以消防部队为依托建设综

---

① 刘家元：《公共危机处置应重视的几个问题》，载《科技促进发展》2007 年第 3 期，第 87 页。

合性应急救援队伍的过程造成了麻烦，延误了以公安消防部队为依托、建立综合性应急救援队伍这一进程。部分消防官兵认为抢险救援是"耕了别人的地，荒了自己的田"，对消防功能的认识还仅仅停留在"以灭火为主、抢险救灾为辅"的单一主导性功能上。消防官兵由于要完成繁重的抢险救援任务，得不到正常的休息，或多或少地影响了参与火灾扑救的成效，参加抢险救援工作也从开始的热情高涨到后来的意兴阑珊，甚至出现不出动和消极应付的现象，消防部队里还没有形成拓展消防功能的紧迫感。从社会角度来看，消防部队发展到现在，抢险救援的职责已广为人知，其英勇顽强、不怕牺牲的救助精神也备受社会赞颂，但是仍残存大量这样的想法，消防部队只是社会抢险救援的突击队、救火兵，处于配合、辅助的地位。社会上还没有形成消防部队是社会抢险救援主力军的意识和环境。

转变观念，充分认识公安消防部队作为政府应急救援体系主体力量的必要性和重要性。如前所述，公安消防部队从救援实践上，从业务能力和救援优势上，从救援资源的有效利用和整合需要上，都不可避免地成为了政府应急救援体系的主体力量，全面地承担起了社会救援工作的职责和任务。各级政府要切实增强对应急管理特别是应急救援工作严峻性、长期性、复杂性的认识，增强建立完善政府应急救援体系的责任感、危机感和紧迫感。要从"立党为公，执政为民"的高度，本着整合资源、提升能力、服务大众的要求，充分认识公安消防部队作为政府应急救援主体力量的必要性、重要性和可行性，加快实践，推进建设。政府有关职能部门要本着优势互补、协同配合的原则，大力支持建好建强公安消防应急救援力量。公安消防部队要进一步树立"大消防"理念，坚定不移地拓展和深化社会抢险救援工作，加强特勤业务建设，增强非火灾类事故灾害的生命救助、生命线工程、化学品事故、交通事故救援、民事救助等各类公共安全应急救援本领，坚强有力地承担起政府应急救援主体力量的重任。①

公共危机不仅是对政府能力的挑战，更是对社会整体能力的综合考验。加强公众的危机教育，不仅有利于政府的公共危机应急管理，也有利于以消防队伍为骨干的城镇公共危机应急救援力量的建设、运行和救援的开展。加强危机意识教育、危机知识教育、危机心理教育和危机生存教育，通过大量公共危机事件的发生、处置、控制、救援和模拟演练，让政府及其工作人员、有关单位和人民群众对公共危机应急救援力量及其体系有一个全面的认识，达到构建以消防队伍为骨干的城镇公共危机应急救援力量体系的目的，提高公共危机应急管理水平和能力，更好地应对公共危机。

二、明确消防队伍的法律主体地位

（一）消防队伍承担公共危机管理综合应急救援职能的法律依据

近年来，公安消防部队依法履行职责，不断拓展社会服务职能，积极参加社会抢险救援工作，已成为突发公共事件应急救援的骨干和突击力量。扑救火灾、抢险救援，最大限度地救助生命，是公安消防部队的根本职责。

2005 年《军队参加抢险救灾条例》第 2 条规定："军队是抢险救灾的突击力量，执行国家赋予的抢险救灾任务是军队的重要使命。"第 17 条规定："中国人民武装警察部队参加抢险救灾，参照本条例执行。"2006 年《国家突发公共事件总体应急预案》明确提出公安（消防）、医疗卫生、地震救援、海上搜救、矿山救护、森林消防、防洪抢险、核与辐射、环境监控、危险化学品事故救援、铁路事故、民航事故、基础信息网络和重要信息系统事故处置，以及水、电、油、气等工程抢险救援队伍是应急救援的专业队伍和骨

---

① 付立兵：《政府应急救援体系建设中公安消防部队职能定位的实践与研讨》，载《中国西部科技》2006 年第 9 期，第 76 页。

干力量。中国人民解放军和中国人民武装警察部队是处置突发公共事件的骨干和突击力量，按照有关规定参加应急处置工作。2006年《国务院关于全面加强应急管理工作的意见》提出："建立充分发挥公安消防、特警以及武警、解放军、预备役民兵的骨干作用，各专业应急救援队伍各负其责、互为补充，企业专兼职救援队伍和社会志愿者共同参与的应急救援体系。"2006年《国务院关于进一步加强消防工作的意见》提出："充分发挥公安消防队作为应急抢险救援专业力量的骨干作用。"2007年《突发事件应对法》第14条规定："中国人民解放军、中国人民武装警察部队和民兵组织依照本法和其他有关法律、行政法规、军事法规的规定以及国务院、中央军事委员会的命令，参加突发事件的应急救援和处置工作。"2008年《消防法》第37条规定："公安消防队、专职消防队按照国家规定承担重大灾害事故和其他以抢救人员生命为主的应急救援工作。"第38条规定："公安消防队、专职消防队应当充分发挥火灾扑救和应急救援专业力量的骨干作用。"2009年国务院办公厅《关于加强基层应急队伍建设的意见》提出："各县级人民政府要以公安消防队伍及其他优势专业应急救援队伍为依托，建立或确定'一专多能'的县级综合性应急救援队伍。"2009年《人民武装警察法》第2条规定："人民武装警察部队担负国家赋予的安全保卫任务以及防卫作战、抢险救灾、参加国家经济建设等任务。"《突发公共卫生事件应急条例》第53条规定："中国人民解放军、武装警察部队医疗卫生机构参与突发事件应急处理的，依照本条例的规定和军队的相关规定执行。"上述法律法规和政府工作规范性文件都规定或认为公安消防部队承担抢险救灾和其他应急救援的任务，具有公共危机管理综合应急救援的职能，而且公安消防部队是突击力量、骨干力量或起着骨干作用。

（二）消防队伍作为应急救援主体力量的法律地位现状

全面加强公共危机管理，建立和完善应急救援体系，加强应急救援队伍建设是构建社会主义和谐社会的内在要求，是广大人民群众最现实、最关切、最直接的利益所在，是构建服务型政府的必然要求。我国传统意义上的消防队伍是一支抗御火灾的专门力量。近几年来，在党中央、国务院及地方各级党委、政府的高度重视下，在国家有关部门的大力支持下，我国消防部队应急救援工作得到了前所未有的发展。消防部队已经成为重大灾害事故救援的突击力量，日常应急救援的主力军，突发公共安全危机事件处置的专业力量和综合力量，在应急救援工作中发挥着不可替代的作用，是我国应急救援力量的重要组成部分。但是否将公安消防部队作为承担社会一般的、综合的应急救援组织和公共危机管理应急救援力量的主体，上述国家法律和政府有关规范性文件并没有明确规定。2008年《消防法》仅规定"公安消防队、专职消防队按照国家规定承担重大灾害事故和其他以抢救人员生命为主的应急救援工作"，未明确消防队伍在公共危机应急救援中所处的法律地位。而安监、公安、武警等有关组织，在其相应的职能界定中，也有类似的规定。2007年《突发事件应对法》第26条规定，"县级以上人民政府应当整合应急资源，建立或者确定综合性应急救援队伍。"但该法并未指明应确定由哪支队伍承担政府综合性应急救援职能，我国应急救援骨干力量主要包括公安消防、特警以及武警、解放军、预备役、民兵等。国家法律法规和有关政府行政法规、规章等也未规定哪支力量是主体力量。

由于目前我国突发公共事件应急救援力量分散于多个部门，没有真正建立统一的社会公共安全救援机制，加之各种灾害具有广泛性、突发性、连锁性等特点，传统的"分地区、分部门、分灾种"的灾害应对机制暴露出的问题日益突出，已不能适应日渐增多的紧急突发事件处置的需要。同时，诸多部门和类别的救援队伍建设还造成重复投资、大量人员和装备闲置，是对资源的极大浪费。从我国应急救援工作的实际需要看，常态下的事故、灾难频率高、数量多、专业性强，需要明确一支归政府直接指挥、常备的综合性应急救援力量。① 目前，从中央到地方，均没有明确应急救援主体力量。现分属不同行业和部门的专业应急救援队伍多是在计划经济时期建立的，多种救援队伍互不隶属，力量分散、功能单一，发挥不好整体效能。现有公安、消防、医疗、电力、供水、供气、道路工程等专业抢险救援队伍之间缺少必要的协同训练和救援实战演练，体系松散，协调不够，救援秩序混乱，难以发挥各支救援队伍的合力。由于常态应急救援主体力量和其法律地位不够明确，导致公安消防部队参与灭火之外的抢险救援活动的职责界定不够明晰，易导致矛盾和法律纠纷的产生。② 因此，要建立具有中国特色的以消防部队为主体的社会抢险救援体系，必须明确应急救援的主体力量，赋予消防部队在应急救援中的法律主体地位。

（三）消防部队作为应急救援主体力量的法律构建

我国《消防法》和有关行政法律、法规和规章以及军事法律法规和规章等虽然对消防部队参加和参与应急救援作出了原则性规定，但仍缺乏明确性、可操作性的界定。法律、法规和规章等对消防部队在应急救援中的主体地位并不明确。关于消防部队在应急救援中的地位、具体职责、权限和保障等的规定，只散见于国务院的有关文件、公安部的部门规章和地方性法规、规章之中。因此，提升消防部队在应急救援工作上的法律地位势在必行。通过立法形式，使消防部队在抢险救援中的地位、职责和权限得以明确，抢险救援作用才能真正得到发挥。

1. 立法明确消防部队在政府应急救援队伍中的主体地位

（1）针对消防部队法律地位不明确，主体地位无法可依的情况，应当在《消防法》、《突发事件应对法》等其他法律以及相关

---

① 魏捍东、刘建国：《构建综合统一的社会应急救援力量体系的思考》，载《第十届中国科协年会论文集（一）》2008年版，第1293页。

② 季智洲：《公安消防部队承担政府综合应急救援职能研究》，上海交通大学国际与公共事务学院2008年硕士学位论文。

配套的法律、法规中，对消防部队作为政府综合应急救援力量的地位作进一步明确。当务之急是通过进一步修改和完善《消防法》，明确规定消防部队在社会救援体系中的地位和作用。明确地方政府对当地消防部队建设的经费投入比例，为消防部队的建设和发展提供一个相对稳定的经费来源渠道，避免当前对社会抢险救援工作"说起来重要，干起来次要，忙起来不要"的现象。① 未来的"消防法"从应急救援职责、权利、任务、力量建设、装备建设、机制建设和经费保障等方面作出明确规定，使公安消防部队综合应急救援力量建设步入法制化、规范化轨道。具体来讲，就是要依法确立公安消防部队为常态下应急救援主体力量的地位，明确公安消防部队在当地政府的统一领导下，能够指挥调度其他应急救援力量和调集社会应急物资，发挥其专业和综合优势，减少现场协调环节，力求快速决策，有效处置各类灾难事故。②

（2）明确消防部队的处警原则、出动原则和善后处置原则。①明确处警原则。按照《消防法》的规定，消防部队在做好防火和灭火工作的前提下，应当参与抢险救援，这是社会的需要，也是消防部队发展的必然趋势，这要求消防部队立足本职岗位挖掘潜力，而社会抢险救援又分为抢险、救援和救助三大类，按其轻重缓急确定处警顺序，并向社会公布，让消防部队接处警有章可循，便于实施社会监督。②明确出动原则。首先，明确出动秩序。消防部队根据事故的轻重缓急，明确出警的先后秩序，当同一时间里发生多起抢险、救援、救助事件，应当按照先抢险、后救援、再救助的先后顺序出警。其次，明确力量的调集方式。消防部队参加社会抢险救援调集力量，可参照灭火调集方式，分为三级：一级为救助，由辖区主管中队抢险救援班负责施救；二级为救援，由辖区主管中

---

① 闫东玲、高锦田：《建立我国消防社会救援体系的构想》，载《应急救援》2006年第7期，第32页。

② 季智洲：《公安消防部队承担政府综合应急救援职能研究》，上海交通大学国际与公共事务学院2008年硕士学位论文。

队负责，相邻中队支援，支队战勤值班到场指挥；三级为抢险，由特勤队为第一出动，辖区中队和相邻中队配合，由支队总值班实施指挥。通过明确抢险救援和社会救助行为规则，让消防部队出警有章可循，有条不紊。

2. 立法提高消防部队的地位，加强行政体制建设

目前的行政体制中消防部队主要由属地公安部门领导。考虑到社会救援活动中，消防应急救援的特殊性、专业性和消防工作的独立性，新的社会救援管理体制应将消防部队的地位进一步提升，直接对政府负责，并建立相对独立的垂直管理体系。在重特大社会救援活动中，地方政府要采取积极措施，协调各相关部门，保证消防部队职能的发挥。① 顺应行政体制的改革趋势，消防部队将成为社会应急救援不可或缺的重要力量之一，其可成为政府直接领导的社会应急救援力量，在政府中直接下设消防机构，在现行双重领导体制下，宜由政府直接领导和指挥。

3. 立法明确规定消防部队在政府部门领导下对其他救援力量的指挥权

抢险救援是一项艰巨和复杂的工作，必须建立政府统一领导下的组织指挥机构，成立"应急救援中心"，实施统一指挥。对于重大灾害事故处置中参战的公安、医疗、水、电气及驻军等力量，必须由政府实施统一领导和指挥调度，既分工实施，又密切配合，实现联控互动。消防部队不仅参与处置抢险救援，而且应在法定的范围内，行使相应权力，如对现场救援的指挥和有关事项的决定，对其他部门和救援力量的调集，对相关的物资装备的使用和分配等。2008 年《消防法》对消防部队的职权作了一定的规定，如第 45 条规定："公安机关消防机构统一组织和指挥火灾现场扑救，应当优先保障遇险人员的生命安全。火灾现场总指挥根据扑救火灾的需要，有权决定下列事项：（一）使用各种水源；（二）截断电力、

---

① 石祥、邱华：《浅析如何优化完善城市综合应急救援系统》，载《安全》2010 年第 7 期，第 2 页。

可燃气体和可燃液体的输送，限制用火用电；（三）划定警戒区，实行局部交通管制；（四）利用临近建筑物和有关设施；（五）为了抢救人员和重要物资，防止火势蔓延，拆除或者破损毗邻火灾现场的建筑物、构筑物或者设施等；（六）调动供水、供电、供气、通信、医疗救护、交通运输、环境保护等有关单位协助灭火救援。根据扑救火灾的紧急需要，有关地方人民政府应当组织人员、调集所需物资支援灭火。"但这些权力非常抽象、不具体，没有程序性规定，条文非常简单，可操作性差。因此，要在法律中明确规定消防部队在抢险救援中的指挥作用。

4. 立法明确规定消防部队在应急救援中的各种权力、权利和义务

抢险救援是全社会的事，人人都有责任和义务，但消防部队不仅是一种参与力量，更应成为主体，成为同灾害事故作斗争的主力军和指挥力量。要达到这样一个目的就得从法律上赋予消防部队在抢险救援中的地位，界定其权力和义务。2008 年《消防法》虽然对消防部队的抢险救援行动中可能的权力作了规定，但很笼统、不具体，因此，需要细化消防部队在抢险救援行动中的权力和职责，明确消防队伍必须无条件地履行抢险救援的义务，使消防部队抢险救援有法可依、救援有力。①

5. 立法明确规定消防部队在应急救援中与其他应急救援力量的关系

要明确消防部队与包括政府相关部门在内的单位、组织的法律关系，具体包括消防部队与政府应急办的关系，消防部队与公安、交通、卫生、供电、供气、电信、其他救援队等政府部门、企事业单位和军队的法律关系。只有关系明确，权利义务才明确和规范，救援才能顺利进行，救援效果才会明显，国家、社会和人民的秩序以及人身健康和财产才会安全。

---

① 傅兴全：《消防部队抢险救援实践与思考》，载《武警学院学报》2002 年第 5 期，第 27 页。

6. 立法明确规定消防部队善后保障问题

消防部队的经费以政府财政划拨为主，应明确列出政府财政年度应急救援专项经费预算，保障应急救援所需的一切费用。划拨主要用于应急救援装备、救援器材的配备和革新完善、应急救援队伍和人员的各类培训及学习、应急救援行动的日常训练和实战演习及其设施建设。消防部队参加人民政府组织的抢险救灾所耗费用由地方财政负担，费用包括：购置专用物资和器材费用，指挥通信、装备维修、燃油、交通运输等费用，补充消耗的携行装备器材和作战储备物资费用，以及人员生活、医疗的补助费用。政府划拨的经费还用于应急救援队伍的人员编制，特别是消防部队人员编制和消防站点的编制。

随着社会的进步和发展，各类突发事故和灾害不断增多，消防部队承担的应急救援任务日益繁重，但消防部队的人员编制和消防站编制却没有及时增加和到位，现有消防站点承担的辖区面积不断扩大，任务的增加与警力不足的矛盾不断加剧。按照有关规定、文件的要求和精神，根据现实情况，现消防支队、大队人员配备不足，除去机关干部和从事消防执法监督的人员，战斗在一线的直接参加应急救援的人员更少。另外，合同制消防员队伍不稳定，因其工资和其他待遇较低，队伍流失数量较多。要建立完善的应急救援力量体系，需增补消防人员，增编大量现役和合同制消防人员，并给予较好的待遇。所以，应及时增编有关人员的编制，通过法律法规等规范性文件予以明确解决。

在救援器材配备上，消防部队现有应急救援配备不全，结构不合理，应急救援指挥车、抢险救援车、举高车、防化洗消车、排烟车、吊车、风炮机、挖掘机等车辆的总数不符合有关规定要求和应急救援的需要，并且车辆器材服役时间过长，有的已经老化或失效，特殊的应急救援装备器材缺乏，特殊个人防护装备缺乏，因此，应加强与有关部门的协调，逐步落实好装备购置和配备，确保顺利完成装备建设任务，切实履行抢险救援职能。法律法规的规定是救援器材保障的基本依据，加强救援器材法律的规范是抢险救援工作顺利展开的前提。

至于善后保障问题，抢险救援行动完成后需要对事故的调查处理，灾后损失的赔偿，器材消耗的补充，参战人员伤亡的抚恤等，都要有一个明确的规定，避免引发后遗症。否则，对善后工作，法律规定不明确、不完善，就会造成消防部队工作的被动，纠纷不断，诉讼接连。消防善后问题解决不了，影响善后工作的进行和消防部队自身的发展。

7. 立法明确规定消防部队应承担的法律责任

消防部队在抢险救援过程中既然享有一定的权利、权力和负有一定的义务，那么消防部队涉法问题就不可能避免。首先，通过立法明确消防部队必须无条件地履行抢险救援的义务，如果不作为，就要追究法律责任。其次，用法律来规范消防部队在抢险救援中的行为，理直气壮地履行职责，防止越权、侵权行为的发生。再次，立法明确消防部队指挥错误、行使权利与权力不当造成的侵权行为应负的法律责任。又次对消防部队应尽而不尽的义务行为予以法律规定，对造成的后果要负赔偿等法律责任。最后，消防部队承担的法律责任不应只包括行政责任和民事责任，情节严重、后果严重或情节恶劣的，要追究刑事责任。

8. 制定专门法律，完善应急救援法律体系

公共危机应急救援力量建设必须加强立法工作，为公共危机应急救援力量建设提供法律保障。目前，由于没有一部统一的、高层次的规范公共危机应急救援及其力量的龙头法，其他法律、法规也没有对消防部队的抢险救援的启动、程序、组织机构、行动、职责、义务、救援范围、物资保障、训练和装备、培训和人才培养、法律责任作出明确规定，所以，应在现有相关法律法规的基础上，着手制定一部统一的法律，其名称可以为"应急救援法"、"紧急救援法"、"应急管理法"或者"紧急状态法"等，并完善应急救援相关的法律法规，制定相应的配套法规，以法律的形式赋予消防部队处置各类灾害事故的职权，明确规定消防部队的主体地位，进一步明确消防部门在应急救援当中与其他救援机构的职权、责任与

义务的关系，使应急救援工作步入法制化轨道。① 该法在公共危机管理法律体系中如同一个国家法律体系中的宪法，是危机管理和救援方面的"根本大法"，是制定各种危机管理法律的指南和依据。该法主要是规定危机管理的基本法律原则和法律精神，而不对具体的危机事件如何调整作出规定。② 该法应与《突发事件应对法》、《安全生产法》、《消防法》、《突发公共卫生事件应急条例》等法规相统一，并且是对这些法律、法规中关于预防和处置突发公共事件的零散规定的系统和归纳、完善和提升，该法律要明确规定在预防和处置突发公共事件中各级政府的组织领导责任、各行业部门的调度指挥权限和对行业救援队伍的建设责任、各救援队伍的职责任务和战备值班要求；明确规定应急救援的主体力量及其主要职责……这对于将我国应急救援工作纳入法治轨道，建立和完善应急救援体系具有重要意义。③

9. 加快相关配套法规的制定

2009 年《公安消防部队执勤战斗条令》和《公安消防部队抢险救援勤务规程》只确定抢险救援的范围，而不涉及抢险救援中的法律问题，不界定抢险救援过程中产生的法律责任，不利于保护广大消防官兵的切身利益，影响了参加抢险救援工作的积极性。因此，国家有关部门应尽快组织有关法律工作者，制定切实可行、与《条令》和《规程》相配套的规定，合理界定公安消防部队在抢险救援过程中的法律地位，从而促进抢险救援工作的开展，进一步树立公安消防部队在人民群众中的形象。④

---

① 张连寿：《浅谈公安消防部队在城市应急救援工作中的主体地位》，载《内蒙古科技与经济》2007 年第 8 期，第 132 页。

② 田大余：《论公共危机管理法制体系的建构》，载《学术探索》2004 年第 9 期，第 58 页。

③ 张高潮、赵胜：《如何建立和完善我国突发公共事件应急救援体系》，载《贵州省科学技术优秀学术论文集（2004 年度）》2004 年版，第 418 页。

④ 张元祥、梁希航：《消防部队抢险救援中的法律责任探讨》，载《消防技术与产品信息》2008 年第 7 期，第 52 页。

（四）厘清消防队伍与其他应急救援力量之间的关系

在执行应急救援任务过程中，消防部队与交通、电力、水厂、煤气、化工、通信、医疗卫生等相关部门都是参与应急救援的力量，需要整合资源，协同配合，形成强大的战斗力。在公共危机应急管理和救援中，消防部队与政府、政府职能部门和其他应急救援队伍在法律上是一种什么样的法律关系，各自处于什么样的法律地位，享有哪些权力和职责、权利和义务等，都是需要法律明确规定的。因此，立法要明确规定消防部队在应急救援中与其他应急救援组织和力量的关系，即消防部队与包括政府相关部门在内的单位、组织的法律关系，具体包括消防部队与政府应急办的关系，消防部队与公安、交通、卫生、供电、供气、电信、其他救援队等政府部门、企事业单位和军队的关系。只有关系明确，权利义务才明确和规范，救援才能顺利进行，救援效果才会明显，国家、社会和人民的秩序、人身健康和财产才会安全。

1. 明确消防队伍与政府、政府有关部门的关系

有学者指出，除《紧急状态法》、《国家突发公共事件总体应急预案》之外，还应注重加强应急救援体系建设的立法工作，为建立起符合国情、利国利民的应急救援力量体系提供法律保障，重点明确三种关系：一是明确主体关系。建立一支党委、政府直接领导下的专业应急救援队伍，立足常规、常备、综合、攻坚的职能定位，推进主体建设。对现有各种应急救援力量进行"大重组"，除专门领域（如军队）、特种技能要求（如核事故处理）以外的应急救援力量一律予以撤并，以便集中人、财、物资源，建好政府应急救援队。二是明确结构关系。以预案建设为基础，形成"以政府应急救援队为主体、以专业救援力量为补充、以其他公共救援力量为基础"的"层次性"构架，这也符合政府应急管理中的分级管理原则。三是明确指挥关系。建立和健全统一指挥、功能齐全、反应灵敏、运转高效的政府应急救援指挥中心。同时，加强应急机构队伍和应急救援体系、应急平台建设，整合各类应急资源，协调联

动机制，将紧急突发情况的第一信号传递到政府的神经中枢，由指挥中心将应急救援的第一指令传达到政府应急救援队和相关救援力量。对重大应急救援行动进行全程监控，前后方协同指挥，才能真正将应急救援融为整体，极大地提高快速反应能力和联动作战能力。①

2. 构建消防队伍与其他应急救援力量之间的关系

公安消防部队作为社会应急救援的主体，并不等于包揽一切，承担所有突发公共事件的救援任务。因此，应进行资源整合，在各级政府的领导下，处理好消防部队主体力量与其他公共救援力量的关系。

第一，在地方各级政府的统一领导下，以消防部队为核心对其他救援力量进行整合和统一调配，能够指挥和调度其他应急救援力量。按照国务院《实施国家突发事件总体预案》确定的自然灾害、事故灾难、公共卫生事件、社会安全事件4大类、17小类突发公共事件分级标准，公安消防队伍承担和参与了其中4大类、10小类突发公共事件的应急救援任务，在完善配套的法律法规，依法确立公安消防部队应急救援骨干力量的地位，明确职责任务，完善骨干地位的配套机制的条件下，公安消防部队在当地政府的统一领导下，能够指挥调度其他应急救援力量和调集社会应急物资，发挥其专业和综合优势，减少现场协调环节，力求快速决策，有效处置各类灾难事故。②

第二，消防部队与其他应急救援力量是协作合作关系。对一些应急救援任务有特殊性，而自己本行业救援力量不足或不可能单独承担救援任务的行业，如环保、草原、水利、交通、地震等部门，可以从这些部门派技术专家与消防部队配合作战，既能发挥各方面

---

① 付立兵：《政府应急救援体系建设中公安消防部队职能定位的实践与研讨》，载《中国西部科技》2006年第9期，第76页。

② 魏捍东、刘建国：《构建我国社会应急救援力量体系的思考》，载《武警学院学报》2008年第2期，第20页。

之长，又能节省救援资源，提高救援效率。①

第三，消防部队与其他应急救援力量在公共危机应急救援队伍中是并列关系，不是指挥与被指挥的关系，也不是协作合作关系。对于一般的各类公共危机事件和灾害，消防部队不是专业力量，消防部队没有专业设备和技术，需要消防部队进行救援的，则由各专业应急救援队伍实施救援，消防部队不参与。凡不影响全局的灾害事故，如水下打捞、燃气泄漏等事故抢修、一般性交通事故等，各级政府应急救援中心直接调度其他专业应急救援队伍，由其自行实施救援。②

三、理顺管理体制和运行机制

我国现有的公共危机事件应急管理和救援主要依赖于各级政府现有的行政机构和力量，对于一些专门事件则成立非常设性专门机构来应对，至于其他临时性事件则成立一些临时性机构，临时调动某些部门的救援队伍，问题解决之后自动解散。这种机制缺乏专业管理和救援人员、应急救援运作规则和应急救援快速反应机制；跨部门协调能力不足；应急救援力量参差不齐；存在地方主义、形式主义问题。我国突发公共危机事件发生后，各部门各救援力量之间的密切配合来源于行政体系的命令，尚未形成有效的具有约束力的规范和机制，影响了救援工作和救援效率。现实情况表明，政府作为综合应急救援的机制不健全，大部分地区还没有成立真正意义上的综合应急救援队伍主管机构，即使成立了也只是一个值班机构或是挂牌机构，不是一个具有客观实体的常设机构，处于无具体办公场所、无具体工作人员、无指挥机制和日常办公制度的"三无"状态，相关工作基本空白，一旦遇到紧急或重大情况，工作无法有

① 付立兵：《政府应急救援体系建设中公安消防部队职能定位的实践与研讨》，载《中国西部科技》2006年第26期，第76页。

② 李宝萍、张倩：《关于应急救援力量体制的思考》，载《第十届中国科协年会论文集（一）》2008年版，第571页。

效开展。因此，必须加强指挥管理、运行和联动，使应急救援力量形成"政府统一领导指挥、各专门部门职责明确、救援资源共享、以公安消防部队为主体、各种专业力量合理分工、预案体系健全、平战联训联动"的一体化应急救援工作机制。

（一）加强领导，统一管理，建立管理机构和平台

1. 要加强统一领导协调、尽快建立常设性应急管理机构和协调部门

加强中央政府对突发公共危机事件的预防和处置以及应急救援的统一领导、总体协调职能，落实组织机构。当前，应在日常管理、决策和协调等环节上加强应急机构和救援组织机构建设，机构的名称、级别、形式可以灵活，但职责、经费、机构和人员一定要明确规定并保持相对稳定。

（1）建立和强化专门的应急管理和救援的机构。在国家层面上，我国政府应成立具有实际组织指挥和处置各类事故灾难的国家应急管理和救援机构（有学者主张建立国家"应急救援部"或者"应急管理和救援部"或者"防灾救灾部"），并建立国家、省、市、县四级应急管理和救援体系。国家应急管理和救援机构专门负责处置突发公共事件这一领域的工作。国家应急管理和救援机构统一管理和调度指挥国家范围内的所有应急救援队伍，包括公安消防、医疗急救、特警、武警、解放军以及各类企业或行业国家级应急救援专业队伍，并尽可能早日整合和有效使用这些救援力量。[①]各级政府要尽可能地设置专门的应急管理和救援的常设机构，当发生公共危机事件后能组织救援力量迅速由平常状态转入非常状态，承担起应急救援的应对和处置工作。

（2）建立高效的应急指挥决策机构。与应急管理和救援的机构相似，在国家层面上，我国政府应成立具有实际组织指挥和处置

---

① 魏捍东、刘建国：《构建综合统一的社会应急救援力量体系的思考》，载《第十届中国科协年会论文集（一）》2008年版，第1295页。

各类事故灾难的国家应急指挥和决策机构,并建立国家、省、市、县四级应急指挥和决策体系。有学者提出国家应急救援部设"国家应急救援指挥中心",发挥国家级应急救援运转的枢纽作用。"政府应急救援中心"由政府相关领导任主任、相关部门领导、负责人为成员,下设总指挥部和有关救援组和技术专家组。总指挥部的总指挥由分管消防安全、应急管理的政府领导担任,副总指挥由政府分管人员、公安机关分管局长、应急救援队长和政委、应急办主任担任。总指挥部成员为卫生、供气、供电、供水、供热、交通运输、铁路民航、城建、通信、民政、水力、气象、市政、化工、新闻广电、劳动和社会保障、安监、人防、环保、驻军、地震、海洋等相关负责人和应急救援专家组成员。在国家应急救援指挥中心,设会商室以及各部级有关部门代表的办公位置。当特大突发公共事件发生并超出地方处理能力时,国家应急救援部就灾情状况作出决策,各有关部委即派代表到国家应急救援指挥中心(或可通过视频会议系统的形式进行研究部署),由国家应急救援部实施统一指挥,调派各类救援力量,协调相关政府机构和组织,提供救灾资源,并随时向社会通告灾情变化。在各省(自治区、直辖市)、市、(地区)、县政府中也分别设相对应的具有实体性质的应急救援管理机构和指挥中心,形成处置突发公共事件的应急救援体系,履行地方区域内的减灾职能,统一指挥辖区所有救援队伍,充分利用救灾资源,迅速有效地处置各类灾害事故。如超出本级政府应急救援的能力时,可以向上一级政府请求支援。① "政府应急救援中心"设置先进的应急救援接处警调度系统和应急救援数据库查询系统,建立完善的应急救援力量数据资料库和各类突发事件、灾害事件等处置预案数据库,在各专业应急救援队设立应急救援调度指挥室。发生各类事故和突发事件后,由"政府应急救援中心"通过各专业救援队伍应急调度室对各应急救援队伍进行统一调度,实

---

① 魏捍东、刘建国:《构建我国社会应急救援力量体系的思考》,载《武警学院学报》2008 年第 2 期,第 21 页。

现应急救援资源、队伍的统一管理，使应急救援作战行动实现"密切协同、快速高效"的目标。各级政府要建立健全领导、专家和群众相结合的民主决策机制，完善应急救援的决策规制和程序，实行严格的应急救援决策和指挥责任制度。

以消防队伍为骨干构建公共危机应急救援力量要求及时组建省、市、县三级应急救援机构。在省公安消防总队的基础上，组建省应急救援总队，在市、县（市、区）公安消防支队、大队的基础上，分别组建市、县（市、区）应急救援支队、大队，并对全省、市、县应急救援力量进行全面整合，建立"统一指挥、分别驻勤、协同作战"的应急救援力量体系。应急救援队伍以消防为主，抗洪抢险、抗旱抢险、抗震救灾、森林消防、水上搜救、矿难救护、医疗救护等专业队伍为基本力量，以企事业专兼职队伍和应急志愿者队伍为辅助力量。

（3）构建政府统一的指挥调度平台。在国家层面上，我国政府应成立具有实际组织指挥和处置各类事故灾难的国家应急指挥调度平台，并建立国家、省、市、县四级应急指挥调度平台。实践证明，我国重大灾害事故的应急救援行动必须在政府的统一调度指挥下有序展开。因此，必须构建政府统一的指挥调度平台。各级政府可充分利用集成的数字化、网络化技术，通过整合"119"火警台、"110"报警服务台、"120"急救中心、"122"交通事故报警台，形成政府应急指挥中心与政府的总平台联网，同时逐步尝试建立跨行政区域的协同体系，以实现政府"统一接警、资源共享、统一处警、快速反应、联合行动"的要求。因此，各级政府应依托公安消防部门建立一体化的政府指挥平台，对各类危机及其处理过程进行资源整合，形成权威性、强制性的社会应急联动指挥中心，改变现在以部门和行业划分的应急中心并存的离散状况。对重大灾害事故处置中参战的公安、消防、医疗、电气及驻军等力量，必须由政府实施统一领导和指挥调度，既分工实施，又密切配合形成"拳头"和合力。①

2. 建立全国统一的公共危机事件应急救援的预警管理机构

我国现有公共危机事件管理和救援模式具有临时性、分散性、重救轻防、忽视预警等特点。为了提高预警管理和应急救援能力，必须在现有常规基础上打破现有模式，构建统一的公共危机事件预警管理和救援机构，所以，要建立快捷和畅通的应急救援预警机制和部门。各级政府要设立预警领导机构。

（二）建立良好的运行机制

公共危机应急救援良好的救援运行机制是公共危机事件得以成功、圆满处理的重要保证。要建立良好的应急救援运行机制，需要做好以下几个方面。

第一，应急救援队伍作为地方政府的一支应急救援力量，必须接受地方政府的领导，调度权属于地方政府。如果以消防部队为依托，则救援队在接受地方领导的调度命令后，要第一时间跟上级消防部门汇报，以确保重大抢险救援工作时，上级消防部门到场后在业务上实现垂直指挥。

第二，对当地政府来说，为确保有力调度，可配备卫星电话等应急通信器材，还可配置应急救援通信指挥车（移动指挥平台），或配备小型通信指挥车，并在当地建立应急移动通信圈。

第三，政府牵头建立统一高效的应急协调联动机制。长期以来，个别地方的应急救援指挥响应机制比较混乱甚至空白，条块分割、各自为战、响应迟缓的问题比较严重。为此，要明确在政府统一指挥下，以消防救援队伍为骨干，地方通信、卫生、交通、电力、水利、石油等政府职能部门和其他应急救援队伍共同参与的联

---

① 季智洲：《公安消防部队承担政府综合应急救援职能研究》，上海交通大学国际与公共事务学院 2008 年硕士学位论文。

动机制。一旦发生灾害，可以快速调动、有效保障。[①]

第四，全面建立综合应急救援指挥平台。根据应急救援工作的实际需要，依托公安消防通信指挥系统建立综合应急救援响应和指挥平台，充分利用集成数字化、信息化、网络化技术，建立统一的应急救援联动指挥中心，对现有指挥平台进行全面整合和升级改造，扩大容量、增加功能、提高预警能力，优化资源，避免重复投资和资源的有效利用。[②]

第五，要建立完善的应急救援全勤值班制度。"政府应急救援中心"接到突发事件和灾害事故报警后，迅速启动相关类型的应急救援预案，按照预案调集相关应急救援单位的力量参与作战行动；同时报应急救援指挥部总指挥、副总指挥，通知应急救援指挥部相关成员到场，成立应急救援现场指挥组。各救援联动单位建立全勤值班制度，抽调业务技术骨干人员组成值班员，实行 24 小时战备值班，随时听从"政府应急救援中心"的统一调度，按照要求调集相应应急救援力量参加应急作战救援行动。

（三）整合救援资源，健全本地联动机制

目前，有关部门、行业系统分别组建了各自的专业救援队伍，有公安消防部队、防汛抗旱、气象灾害、地质灾害、矿山、危险化学品、卫生应急、重大动物疫情等应急队伍以及驻地武警部队等，但是都存在救援资源分散、职能单一、指挥协调困难、难以发挥整体效能等问题。从 2009 年开始，各地分别依托公安消防部队组建综合应急救援队，主要是想解决上述问题，但在实际工作中，很多地方只是多挂了一块牌子，没有真正实现救援资源大整合。组建综

---

① 吴兰冲：《以消防部队为依托建立综合性应急救援队伍的思考》，载 http：//www. wjxy. edu. cn：8000/showinfo. asp? id = 1250&name，2010 - 07 - 05。

② 付立兵：《公安消防部队综合应急救援队伍建设发展的实践与思考》，载 http：//www. cxf. gov. cn，2011 - 07 - 05。

合应急救援队伍应该以维护人民利益为立足点和出发点，由各级人民政府牵头，各部门行业协调配合，创新工作模式，突破现有的机制体制，真正建立一套由政府统一领导、部门联动紧密、资源配置合理、装备配备精良、勤务保障有力的应急救援队伍体系，实现应急救援调度指挥一体化、实战训练一体化、灾害处置一体化、应急保障一体化。

1. 建立健全公共危机应急救援科学的指挥与社会联动机制

消防队伍作为政府综合应急救援力量，能够实现应对突发公共事件的快速反应，可以在第一时间快速赶赴现场，在以抢救人员生命为主的应急救援中，起到"拳头"和"尖兵"作用。但由于突发公共事件的多样性和复杂性，仅靠消防队伍不可能完全应对各类不同类型、不同规模的突发公共事件。[①] 应急救援是一项系统工程，也是一项社会性工作，事故涉及面广、事发突然、情况复杂、任务艰巨，没有统一的组织指挥，明确的职责分工，很难有效地实施科学的处置。因此，必须健全联动机制，真正建立起以消防为主，其他多种力量为辅，有层次、有结构、紧密联系、互相配合的应急救援联动机制。以消防队伍为骨干的城镇公共危机应急救援是一项复杂的系统工作，涉及社会方方面面，需要诸多部门和单位共同参战，必须加强统一组织指挥和各方面的协作配合。[②] 因此，要统筹各种抢险力量，建立科学的联动机制。

（1）制定应急救援预案。应由政府牵头，各有关部门共同参加，调查研究、分析灾害事故可能发生、发展的原因和处置的措施对策。

（2）建立应急救援联动机制。各地消防队伍应加强与有关部门、有关方面的联系，推动建立省、市政府统一领导，消防队伍和

① 郭铁男：《政府公共危机管理与消防综合应急救援力量建设》，载《消防科学与技术》2007 年第 1 期，第 7 页。

② 季智洲：《公安消防部队承担政府综合应急救援职能研究》，上海交通大学国际与公共事务学院 2008 年硕士学位论文。

公安有关警种、驻军、武警、民兵、医疗急救、交通运输、建设、卫生、环保、通信等部门，以及市政工程、化工、水、电、气等公共事业单位共同组成的灾害事故抢险救援体系。建立以消防为主的，其他相关部门参与的灭火救援联动队伍，明确各有关部门、有关方面救援力量在各种灾害事故抢险救援中的职责、任务，以及统一调动指挥和协调配合的要求，确定抢险救援响应机制和启动形式、组织原则和通信指挥方法，做好处置准备，做到有备而来，形成"政府统一领导、部门参与、统一指挥、协调配合"的联动机制。

（3）组织实战演习。通过实战联合演习，明确任务、方法、程序和注意事项，明确参战的单位和力量，明确组织指挥和各部门的协调关系。通过各部门、单位的协调配合和各救援力量之间有效的联动，最大限度地形成合力，有效减轻危害。

2. 积极推动建立区域性的应急救援联动机制

根据《公安部关于加强县级综合性应急救援队伍建设工作的指导意见》（征求意见稿）的要求，各应急救援队伍要搞好协同配合，实施跨区联动。各地公安机关及消防部队要及时向政府提出建议，建立与城市及其周边县级救援队伍的应急联动机制，明确响应等级，确定任务分工，定期开展跨区联动演练，构建起群防群控的区域应急救援网络体系。一旦发生重大灾情，要迅速启动联动机制，实施跨区应急增援，力争在第一时间将灾情控制在最小范围，将人员伤亡和灾害损失降低到最小限度。

（1）建立各应急救援队伍之间区域性的应急救援联动机制。实施跨区域联合作战和建立快速反应机制是现代灭火救援任务的现实需要，要建立跨区域联合应急救援机制，努力提高综合救灾效率及整体应急救援能力。一是要建立区域性灭火救援联动机制，构建区域性灭火救援综合平台。二是要加强信息技术的开发与运用，实现信息资源片区共享。三是要求以科技为载体，提高模拟训练的成效。四是要进行跨区域灭火救援拉动训练和协同作战演练，提高资源共享能力。消防队伍只有通过跨区域拉动训练、协同演练，才能相互交流经验，建立符合各地实际情况的大型灾害事故处置程序，提高队伍之间、消防力量与社会力量之间协同作战的能力。

（2）建立各消防部队之间区域性的应急救援联动机制。就消防部队来讲，在消防部队内部，各消防部队也要建立跨区域救援联动工作机制。随着新的《消防法》的颁布实施，公安消防部队除了承担防火、灭火工作之外，还承担着重大灾害事故和其他以抢救人员生命为主的应急救援工作。这就决定了公安消防部队的任务已经由过去的单一化向多元化转变。由于灭火救援工作与行政区域划分紧紧地联系在一起、区域灭火救援工作还没有实施的依据、火灾事故调查的权限是严格按照行政区域划分等原因，实施区域灭火救援作战具有很大的局限性。

公安消防部队应按照解放军划分战区作战的理念，实行划分战区参加区域灭火救援，其必要性有：

第一，《消防法》赋予了公安消防部队参加灭火救援的工作任务。

第二，行政规章规定了灭火救援工作没有地域性。2009年新颁布的《公安消防部队执勤战斗条令》第3条规定："公安消防部队必须随时做好战斗准备，接到报警或者命令立即出动，迅速、安全地赶赴现场，实施灭火与应急救援。"从这条规定中可以看出，公安消防部队的出警是没有地域性的，没有规定报警必须是属地才可以出警。但是在实施过程中一旦涉及相邻县（旗）的镇地域时，便要逐级请示，丧失了最佳的灭火救援时间。

第三，公安消防力量发展不平衡，管辖的地域面积差异太大。

第四，由于社会经济的发展，各类火灾及其他灾害事故成上升趋势。近几年，我国社会经济得到了快速发展，各种火灾及其他灾害事故的不确定因素增多，火灾及灾害救援工作越来越繁重。由于我国经济的发展，使得许多乡镇也建立了企业，而这些乡镇却没有消防队伍，一旦发生火灾事故，极易发展蔓延。道路交通车辆抢险救援事故逐步增多，地域性已经不是很明显。2009年全国共发生道路交通事故238351起，直接损失9.1亿元。而在许多交通车辆事故中，大部分都有消防部队参与。而且交通事故都发生在公路上，对于这些交通事故的救援工作只能是由就近的公安消防部队处理。同时，其他不确定的灾害性事故进一步增多。2009 年全国公安消防部队共参加火灾扑救 12.9 万起，灾害事故抢险救援 12.9 万起。从这一组数据可以看出，参与灾害事故抢险救援工作的次数已经和扑救火灾的次数相同，灾害事故已经成为公安消防部队的一项重要工作。特别是近几年房屋倒塌、飞机坠落、溺水救人等许多灾害事故的处理都由消防队负责。而这些事故的发生不能按照地域划分，其突发性、不确定性非常大。因此，在处理这些事故中也要灵活机动，充分发挥公安消防部队处理突发事故的能力。

第五，人民群众法律意识的提高，涉及的法律案件也会增多。在新的《消防法》颁布以后，一旦接到救援的报警不出或者不能及时到达现场，就可能承担法律责任了。随着人民群众整体素质的提高，法律意识也在不断地增强。一旦我们在处理接警过程中不妥当，很可能成为被告被诉至法庭。

第六，通信的高度发达已经没有了区域划分，报警电话不一定就是属地的。由于手机信号发射强度不一样，因此，不能按照行政区域使用各地的手机信号。

第七，用科学发展观的理念指导区域性灭火救援工作。科学发展观的概念就是坚持以人为本，树立全面、协调、可持续的发展观，促进经济社会和人的全面发展。既然提到以人为本，那么恰恰符合了我们公安消防部队"服务人民"的要求。全国消防部队是一个整体，在消防监督管理上应该实施属地管理，在灭火救援工作上应该全国消防"一盘棋"，合理地部署调度警力，最大限度地减少火灾造成的损失和人员伤亡。只有这样才能符合科学发展观的理念，才能真正地发挥公安消防部队"铁军"的作用，发挥科学发展观在消防工作中的作用。因此，为了有效地利用我国目前的消防资源，最大限度地减少火灾损失，发挥最大的战斗效能，保障人民群众的生命安全，有必要实施区域灭火救援作战，具体构想是：

（1）公安部消防局应该作为区域灭火救援的指挥机关，进行调研，下发相关的文件规章，使各省（自治区、直辖市）之间能够依照规章执行，建立省与省之间的区域灭火救援体制。消除地域之间的差别，能够按照《公安消防部队执勤战斗条令》的规定，在第一时间到达事故现场，最大限度地减少火灾损失。

（2）各总队应该按照公安部消防局的要求制定相关的区域灭火救援预案。

（3）建立联勤工作机制。由于火灾的处理还需要属地的公安消防机构处理，因此，要建立必要的联勤机制，不是本辖区管理但直接参与了火灾扑救及抢险救援工作的，要及时通知所辖的公安消防机构，使他们也能到达现场，参与火灾事故及灾害事故调查工作，防止执法过程失控漏管。各省（自治区、直辖市）应根据自己本地的实际情况制定区域作战有关规定，所辖的盟（市、区）也根据自己的实际情况制订区域灭火救援作战预案，使每支公安消防队伍都能发挥最大的效能。

总之，按照解放军划分战区作战来考虑公安消防部队的灭火救援工作适合许多边远地区，而这些地区大部分消防力量还非常的薄弱。只有通过划分区域作战才能够最大限度地发挥我们公安消防部队"铁军"的作用，真正实现全国消防工作"一盘棋"，使全国的公安消防部队能够在国家的法律规章及条令条例的管理下，依法履行法律赋予的权力和责任，合理调配警力、科学指挥，更好地为各地的经济建设服务，保驾护航，实现胡锦涛总书记"忠诚可靠、服务人民、竭诚奉献"的总要求。① 因此，消防部队要积极研究跨地区抢险救援作业的战术方案，加强跨地区消防部队抢险救援作业的协同与配合，发挥优势互补，资源共享作用。一方面，按照"属地管理"原则，消防力量总体上按行政区域建设，但应加强对经济发展水平低而事故灾害风险大的区域的扶持力度，消除应急救援力量的"空白点"和"薄弱点"；另一方面，按处置特大灾害事

---

① 陈治国：《从解放军划战区作战到消防区域灭火救援的思考》，载 http：//www. wjxy. edu. cn：8000/showinfo. asp？id＝1383&name，2010－09－02。

故的需要，打破行政区域划分，利用现代交通、通信网络，加强物资储备，形成跨省、跨市增援的抢险救援"战区"，形成快速反应、攻坚克难的应急救援力量网络。①

四、加强依托消防部队构建公共危机应急救援力量的保障机制

依托消防部队构建公共危机应急救援力量的保障机制可以在人力资源、物资器材装备、经费、训练演练和基地设施建设、力量协调和信息共享等方面加强保障。

（一）加强人力资源保障

我国的应急管理和救援法律法规在公共危机应急救援体系建设的人力资源保障方面对人才教育和培养、技术和设备、医疗救治、善后抚恤等作出了规定。2006 年《国务院关于全面加强应急管理工作的意见》规定"各地区、各有关部门要制订应急管理的培训规划和培训大纲"、"……在大专院校、科研院所加强公共安全与应急管理学科、专业建设，大力培养公共安全科技人才"。2007 年《突发事件应对法》第 36 条规定："国家鼓励、扶持具备相应条件的教学科研机构培养应急管理专门人才，鼓励、扶持教学科研机构和有关企业研究开发用于突发事件预防、监测、预警、应急处置与救援的新技术、新设备和新工具。"这条规定仅仅对"培养应急管理专门人才"作出了笼统的规定，未明确消防队伍和其他应急救援队伍人才培养的方案、编制、目标和途径。2008 年《消防法》第 6 条第 4 款规定："教育、人力资源行政主管部门和学校、有关职业培训机构应当将消防知识纳入教育、教学、培训的内容。"第50 条规定："对因参加扑救火灾或者应急救援受伤、致残或者死亡的人员，按照国家有关规定给予医疗、抚恤。"这两条也仅仅规定

① 付立兵：《政府应急救援体系建设中公安消防部队职能定位的实践与研讨》，载《中国西部科技》2006 年第 26 期，第 76 页。

有关教育单位将消防知识纳入教育、教学、培训的内容，对参加扑救火灾或者应急救援伤亡要给予医疗和抚恤，其规定具有宣誓、提示意义，并没有明确、翔实的内容和法律实施措施。

1. 消防队伍的人力资源保障

就消防队伍而言，消防队伍的人力资源保障远远不足，与实践需要的要求不符，矛盾日渐突出。主要表现在以下几个方面：（1）近年来，随着城市规模的不断扩大，按照消防规划的要求，许多地方增加了消防站，承担的辖区面积不断扩大，但是增编步伐却远远滞后，由于受编制限制，目前消防部队特别是基层消防部队普遍存在警力不足的现象，边远、偏僻的城镇更为突出，导致每个消防站执勤警力严重不足。（2）随着社会的进步和经济建设的不断发展，各类突发事故和灾害不断增多，消防部队开展应急救援面不断扩大，承担的应急抢险救援任务日渐繁重，非灭火战斗任务越来越多。但消防部队的人员编制却没有及时增加和到位，任务的增加与警力不足的矛盾越来越大并不断加剧。（3）目前我国有公安现役制消防人员 12.5 万人，每万人口消防员人数仅为 0.93 人，远远低于发达国家甚至一些发展中国家的平均水平，这与我国经济社会的快速发展是不相称的。[①]（4）按照有关规定、文件的要求和精神，根据现实情况，现消防支队、大队人员配备不足，除去机关干部和从事消防执法监督的人员，战斗在一线的直接参加应急救援的人员更少。（5）消防部队是一支武警序列的公安现役部队，这种体制使消防部队人员流动过快，难以保留专业技术人员。（6）合同制消防员队伍不稳定，因其工资和其他待遇较低，队伍流失数量较多。

针对消防部队人力资源保障方面的欠缺和不足，应积极完善现行消防体制，建立适应社会发展需要的新型消防队伍。随着现代社会对消防工作的要求越来越高，为适应社会发展需要，必须积极完

---

① 郭铁男：《政府公共危机管理与消防综合应急救援力量建设》，载《消防科学与技术》2007 年第 1 期，第 7 页。

善现行消防体制改革，逐步建立以现役制为主体、多种体制相结合的新型消防队伍。消防队伍是城镇公共危机应急救援力量的骨干，是应急救援的专业队伍，要保障公共危机应急救援的顺利进行，必须建立完善的应急救援力量体系，增补消防人员，增编大量现役和合同制消防人员，并给予较好的待遇。因此，要从我国"十一五"和今后一个时期保障经济社会发展、提升公共安全与应急救援水平的客观需求出发，以城镇为重点，增加消防队伍的编制，提高消防队伍综合应急救援能力，以适应经济社会发展的需要。（1）国家对消防编制进行扩编，增加公安消防部队现役人员的编制，特别是应急救援现役人员的编制，增加一线执勤力量。（2）国家应当尽快调整消防部队人事政策，延长干部、士官、士兵的服役年限或增加中、高级士官比例，特别是长期战斗在一线的指挥员、战斗班长，在身体、技能、理论等考核都合格的情况下，可以服役到退体，由政府给予相关的劳动保障和待遇。① （3）实行行政、技术"双轨制"，凡是从事灭火救援作战指挥的岗位都要允许评任专业技术职务，尽可能多地保留和储备专业技术人才；同时，对优秀人员实行返聘，以保留专业技术人才。（4）扩大消防人员来源的渠道和范围，吸收各行各业的人才，大力招聘各种专业的大学生入伍，主要是招进化工、给水、建筑专业人才，形成覆盖多种专业知识多种类型技能的消防队伍，提高整体素质和技能。② （5）加大对消防专业培训机构的建设力度，培养各种层次、能够处置各种灾害事故的专业人才和一线指挥官，建立消防应急救援专向培训制度和专门人才职业机制，提高应急救援能力。（6）在增加消防队伍编制的同时，要积极发展多种形式的消防队伍。在现行体制下，提高地方各级政府的重视程度，建立和增编由政府给予相关的劳动保障

---

① 张华锋：《加快建设以消防部队为主体的社会应急救援体系》，载《第十届中国科协年会论文集（一）》2008年版，第1428页。

② 李进：《论消防在城市应急救援体系中的地位和作用》，载《安全》2007年第6期，第16页。

及待遇的合同制消防员队伍，通过征召合同制消防队员等方式增加公安消防警力，加强一线执勤力量。通过近年来的实践看，这是一个行之有效的办法。"县级消防大、中队警力不足的，要报请地方政府调剂事业编制或招聘合同制消防员来补充；以合同制消防队伍为主体的，至少要保证 3 至 5 名现役消防官兵作为骨干。"[1]　(7)将行政车驾驶员、炊事员、卫生员、窗口服务人员等非执勤岗位采取招聘地方人员，减少非执勤用兵。[2]　(8) 动员社会团体、企事业单位以及志愿者等各种力量参与应急救援工作。美国、德国等发达国家消防志愿者在灭火救援中发挥的作用十分明显。我们可以借鉴国外的做法，加强对志愿者队伍的招募，组织和培训动员，鼓励志愿者参与应急救援工作，从而充实消防部队的整体战斗能力。[3]

2. 其他应急救援队伍的人力资源保障

除了消防队伍以外，公安、卫生、医疗、交通、矿山、危化、军队、海事、水电气等专业救援力量也要加强人力资源的保障。(1) 增加人员的编制，扩充公共危机应急救援人员数量，熟练掌握应急救援的技术和装备应用，提高现场救援的效率，达到城镇综合应急救援的效果。(2) 城镇各级人民政府和有关部门、单位要加强应急各救援队伍的应急救援专业业务培训和应急演练，以提高应急工作能力和效率。(3) 要在各地建立应急救援专家人才库，吸收专家为政府应急工作提供专业咨询，将专家参与决策作为重大应急救援行动的重要原则；定期组织开展培训及形势分析，积极组织其参与复杂疑难突发事件处置决策工作，提高应急抢险救援组织指挥的专业化水平。

---

① 《三年内依托消防队伍形成综合应急救援网络》，载《人民公安报（消防周刊）》2009 年 11 月 23 日，第 1 版。

② 吴成伟：《浅议社会应急救援体系的建立》，载《现代职业安全》2009 年第 12 期，第 100 页。

③ 季智洲：《公安消防部队承担政府综合应急救援职能研究》，上海交通大学国际与公共事务学院 2008 年硕士学位论文。

（二）健全物资器材装备保障

1. 物资器材装备保障的法律依据

我国应急管理和救援法律法规对公共危机应急救援体系建设的物资器材装备保障作出了有关规定。2006 年《国务院关于全面加强应急管理工作的意见》在"加强各类应急资源的管理"部分规定："建立国家、地方和基层单位应急资源储备制度，在对现有各类应急资源普查和有效整合的基础上，统筹规划应急处置所需物料、装备、通信器材、生活用品等物资和紧急避难场所……加强对储备物资的动态管理，……合理规划建设国家重要应急物资储备库……"2006 年《国家突发公共事件总体应急预案》规定："要建立健全应急物资监测网络、预警体系和应急物资生产、储备、调拨及紧急配送体系，完善应急工作程序，确保应急所需物资和生活用品的及时供应，并加强对物资储备的监督管理，及时予以补充和更新。"2007 年《突发事件应对法》第 24 条第 2 款规定："有关单位应当定期检测、维护其报警装置和应急救援设备、设施，使其处于良好状态，确保正常使用。"第 27 条规定："国务院有关部门、县级以上地方各级人民政府及其有关部门、有关单位应当为专业应急救援人员购买人身意外伤害保险，配备必要的防护装备和器材，减少应急救援人员的人身风险。"第 32 条规定："国家建立健全应急物资储备保障制度，完善重要应急物资的监管、生产、储备、调拨和紧急配送体系。设区的市级以上人民政府和突发事件易发、多发地区的县级人民政府应当建立应急救援物资、生活必需品和应急处置装备的储备制度。县级以上地方各级人民政府应当根据本地区的实际情况，与有关企业签订协议，保障应急救援物资、生活必需品和应急处置装备的生产、供给。"2008 年《消防法》第 7 条第 1款规定："国家鼓励、支持消防科学研究和技术创新，推广使用先进的消防和应急救援技术、设备；鼓励、支持社会力量开展消防公益活动。"第 48 条规定："消防车、消防艇以及消防器材、装备和设施，不得用于与消防和应急救援工作无关的事项。"

2. 物资器材装备保障面临的问题

近年来，在各级政府的重视下，随着消防部队应急救援工作比重不断增大，应急救援装备得到了迅速发展，逐步配置了举高车、破拆车、救生器材、防毒防化器具等具备特种功能的装备，消防部队应急救援装备的配备率和使用率不断提高，为消防部队承担应急救援任务提供了一定的物质基础，大大提高了应急救援的能力，对有效避免、减少事故的发生和人员的伤亡提供了有力保障。目前，城镇公共危机应急救援力量的器材装备相比以前也已经大有改观，基本的器材装备基本已具备。但是，目前应急救援所需的装备仍存在许多问题。

（1）装备简单、短缺并且不达标。目前，只有特勤中队配备了相应齐全的应急抢险救援的装备，而普通基层中队大部分只配备了简单的抢险救援装备，如一般消防员所需要的防护装备，处置机动车辆交通事故救援所配备的顶升设备、起吊设备、扩张设备、剪切设备、紧急医疗救护设备，还达不到国家标准所要求的消防站器材装备配备的标准，专门用于应急抢险救援方面的侦检、探测搜索、破拆顶升、排险堵漏、指挥通信等尖端智能化的器材装备严重短缺，而处置化学品泄漏、房屋倒塌等特殊事故的设备是普通中队所缺乏的，造成应对突发灾害事故抢险救援难以有效实施。

（2）现有应急救援配备不全，结构不合理，应急救援指挥车、抢险救援车、举高车、防化洗消车、排烟车、吊车、风炮机、挖掘机等车辆的总数不符合有关规定要求和应急救援的需要，并且多数是抢险救援车。消防部队按《公安消防部队特勤消防站器材装备配备标准》应配备配齐侦检、警戒、救生、破拆、堵漏、输转、洗消、照明、排烟等器材装备。

（3）车辆器材服役时间过长，有些抢险救援车已服役 10 年以上，有的已经老化或失效。

（4）特殊的应急救援装备器材缺乏，大型抢险救援车，处置隧道、地下建筑等灾害事故的大功率排烟车，照明车，参与处置恐怖袭击和核生化事件的核生化侦检车，移动式生物快速侦检仪以及生化侦检洗消装置等缺乏，因此，要配有搜救犬、生命探测仪器等特殊器材。

（5）特殊个人防护装备缺乏，如防核辐射消防服等。

（6）我国的装备与国外相比，存在较大差距。由于国内的技术水平有限，目前配备的国产装备中许多质量不是很好，需要经常维修；购置的进口装备维保困难，通用性不强。这些，势必影响消防部队完成法律赋予的抢险救援任务。与国外相比，国内消防应急救援装备与发达国家的应急救援装备从种类、功能、技术水平、质量可靠性等方面都存在较大的差距，主要表现为以下几个方面：第一，国产装备技术水平不高，种类较少，功能不强；第二，消防部队装备配备率低；第三，装备使用率不高，价格高，成本大，操作不熟练，功能没充分发挥，导致消防器材成为摆设；第四，装备超期服役问题突出，没有树立"向现代装备要战斗力"的观念。[1] 因此，消防队伍救援力量特别是城镇公共危机应急救援力量应急救援所需的器材装备的类型、数量、补充和维护还需大力加强，亟待完备。应加强与有关部门的协调，按照轻重缓急的原则，根据时间安排，逐步落实好装备购置和配备，确保顺利完成装备建设任务，争创一流救援队伍。

3. 物资器材装备保障的完善

要建立有效的物资保障体系，完善公共危机应急救援力量所需的器材和装备保障计划，积极落实物资、装备和器材的采购、预留、储备工作，加强紧缺物资的储备管理，强化战勤保障，打牢物资基础。按照"快速反应、全力以赴、灵活保障、整体协调"的要求，应在以下几个方面予以健全和完善。

（1）在物资储备地按需储备应急物资。以消防队伍为骨干构建的城镇公共危机应急救援力量的器材装备应根据各地的不同情况和公共危机事件的类型、特点和分布等，在指定的物资储备地

---

① 王仕国著：《消防应急救援概论》，山东大学出版社 2010 年版，第20—21 页。

（或单位）或者物资生产、流通、使用地（或单位）储备相应的应急物资，形成分层次、分种类、覆盖本区域各类公共危机事件的应急救援物资保障系统，保证应急救援力量的需要。各层次、各类应急救援队伍在指定的应急救援基地或培训演练基地要储备必要的、足够的特种装备，保证本区域应急救援力量的特殊需要。各级地方政府应根据本地区实际，制订物资储备计划，搞好按需预储，按照数量适当、品种配套、结构合理的要求，搞好应急物资的预先储备。应在易发灾害的重点地区，根据可能担负的应急任务，合理估算物资需求，储备抢险救灾常规物资和专用物资。按照"依托地方、合理储备"的要求，结合国家战略储备和地方社会现有储备体系，储备应急需求量大、地区潜力不足的物资。借助地方商贸、物流体系，储备市场流通量大、产品保质期短的物资，以满足应急行动需要。① 同时，注意建立和储备特种器材和急需设备以备急用和调用。如要加强救灾现场无线通信装备配备。大规模灾害救援行动中，应急救援前方与后方、各救援分队之间的通信联系尤为关键。进一步加大无线通信建设投入，统一规划和购置一批无线通信传输设备，确保救援前后方能够随时掌握动态和进展情况，便于各级指挥员准确把握科学决策。②

（2）建立物资快速补充方法。要根据各地应急救援工作的实际需要有针对性地补充和配备器材装备。完善应急物资运行程序，建立调拨及紧急配送系统，确保各种物资适时跟进、快速补充、高效保障。按照集约化保障要求，将重要急需物资进行集装式储备，以便在遂行任务时能够快速装卸、运输和保障。③

————————

　　①　刘海峰、李保坤：《构建国防动员应急行动保障体系》，载《中国国防报》2011 年 4 月 21 日，第 3 版。

　　②　刘建国：《公安消防特勤部队参加四川汶川大地震应急救援的实践与启示》，载《消防技术与产品信息》2008 年第 9 期，第 54 页。

　　③　刘海峰、李保坤：《构建国防动员应急行动保障体系》，载《中国国防报》2011 年 4 月 21 日，第 3 版。

（3）建立物资数据库，增强采购能力。要加快建立应急救援物资和器材装备的数据库，装备的补充和消耗支出清晰，以备应急救援力量随时需要。

（4）规范物资使用管理。建立应急物资采购、储存、调配、使用、管理等规章制度，规范平时管理、供需对接、应急调用、用后返还等程序方法，做到物资保障有具体单位，供需对接有保障措施，应急调用有组织方法，用后返还有制度规定，确保物资保障有效有序。

（5）加强物资器材装备的研发和配备能力。要加快装备配备，重点加强新技术、新装备的研发，坚持适度超前、优化组合的思路，从精、从高、从优提高消防装备的科技含量和现代化水平。新装备器材要及时装备应急救援队伍。严格执行公安部《县级综合性应急救援队伍装备配备标准》。县级要根据辖区灾害事故特点，加强综合性应急救援车辆装备的配备。

（6）增强物资的采购和引进。要增强国内外采购力度，加快新型、高效、实用装备引进。

（7）加强器材装备的专业操作和维护保养培训，更加注重装备的操作使用和维护管理，以确保装备始终处于临战状态。同时，建成由国内消防装备生产企业、地方汽车维修厂家等技术力量组成的消防装备技术专家组，作为战时保障力量，担负火场装备维护和抢修任务。

（8）形成物资应急联动体系。整合社会资源，推动当地政府建立警地联储、紧急调用、机动运输等应急保障机制，形成社会化应急联勤联动保障体系。①

（三）增加经费保障

我国应急管理和救援有关法律法规和文件对公共危机应急救援

---

① 《三年内依托消防队伍形成综合应急救援网络》，载《人民公安报（消防周刊）》2009年11月23日，第1版。

体系建设所需的经费作出了明文规定。2006 年《国家突发公共事件总体应急预案》提出："要保证所需突发公共事件应急准备和救援工作资金。对受突发公共事件影响较大的行业、企事业单位和个人要及时研究提出相应的补偿或救助政策。鼓励自然人、法人或者其他组织（包括国际组织）按照《中华人民共和国公益事业捐赠法》等有关法律、法规的规定进行捐赠和援助。"2006 年《国务院关于全面加强应急管理工作的意见》在"加大对应急管理的资金投入力度"部分规定："根据《国家总体应急预案》的规定，各级财政部门要按照现行事权、财权划分原则，分级负担公共安全工作以及预防与处置突发公共事件中需由政府负担的经费，并纳入本级财政年度预算，健全应急资金拨付制度。对规划布局内的重大建设项目给予重点支持。支持地方应急管理工作，建立完善财政专项转移支付制度。建立健全国家、地方、企业、社会相结合的应急保障资金投入机制，适应应急队伍、装备、交通、通信、物资储备等方面建设与更新维护资金的要求。"2007 年《突发事件应对法》第 31 条规定："国务院和县级以上地方各级人民政府应当采取财政措施，保障突发事件应对工作所需经费。"第 34 条规定："国家鼓励公民、法人和其他组织为人民政府应对突发事件工作提供物资、资金、技术支持和捐赠。"第 35 条规定："国家发展保险事业，建立国家财政支持的巨灾风险保险体系，并鼓励单位和公民参加保险。"《消防法》第 49 条规定："公安消防队、专职消防队扑救火灾、应急救援，不得收取任何费用。单位专职消防队、志愿消防队参加扑救外单位火灾所损耗的燃料、灭火剂和器材、装备等，由火灾发生地的人民政府给予补偿。"第 33 条规定："国家鼓励、引导公众聚集场所和生产、储存、运输、销售易燃易爆危险品的企业投保火灾公众责任保险；鼓励保险公司承保火灾公众责任保险。"

　　近年来，各级政府加大了对消防的投入力度，但总体来看，我国消防事业滞后于国民经济和社会发展的格局并没有从根本上改变。除少数城市消防经费相对充裕，消防装备比较精良外，各地公安消防部队装备建设受制于经费不足的矛盾依然突出。一些地区的公安消防部队虽然近年来都在加强装备器材的建设，但主要还是侧重于对常规灭火装备的投入，有的贫困地区执勤中队甚至还达不到标准消防站器材配备标准，已配备的一些装备科技含量低，性能相对落后。举高车、曲臂登高车、防化洗消车、抢险救援车、个人防护并不普及，有些地区装备配备严重不足，高精尖的专业抢险救援器材更是偏少。现有的装备力量制约了抢险救援能力的提高，不能满足各类抢险救援工作的需要。[①] 我国消防队伍装备配备与国际发达国家相比差距很大，如在消防专用飞机配备上，我国还远未能全面实现。

经费是行动的基础，没有经费保障就没有建设和救援。建立以消防队伍为骨干的城镇公共危机应急救援力量体系离不开各种经费的保障。因此，要建立稳定的多方经费保障渠道。

第一，各级政府财政应设立一定的应急准备金，列专户用于应急支出。按照有关标准，建立和完善应急救援力量体系需投入的启动建设经费，包括人员编制费用、救援器材配备和训练设施建设等费用。公共危机应急救援力量的人员、物资、装备、训练等建设和应急救援经费应及时纳入政府财政专项预算。一方面，要从法律上规定消防经费在财政预算中的最低比例，从源头上保证消防经费的投入。另一方面，要加大宣传和请示汇报力度，让地方各级政府领导进一步提高对消防工作的认识，使其认识到消防工作不只是防火、灭火，还有抢险救援、社会救助等工作，消防部队是一支为地方服务的多功能应急救援队伍。

第二，建立各种公共危机事件应对的专项储备基金。

第三，要从多方面获得或吸引民间资本，动员社会保障体系，加大救援经费的力度。鼓励社会人民群众、法人或其他组织按照《公益事业捐赠法》等法律法规的规定进行捐赠和援助。

第四，经费的来源、支出和使用按照市场运行模式公开公正地

---

① 季智洲：《公安消防部队承担政府综合应急救援职能研究》，上海交通大学国际与公共事务学院 2008 年硕士学位论文。

进行公示和分配。

（四）强化培训训练演练和增强基地设施建设保障

我国应急管理和救援的有关法律法规和文件对公共危机应急救援体系建设在培训训练、消防教育、联合演练和基础设施建设方面作出了明文规定。2006 年《国务院关于全面加强应急管理工作的意见》规定了"积极开展应急管理培训"和"加强各类应急抢险救援队伍建设，改善技术装备，强化培训演练，提高应急救援能力"。2007 年《突发事件应对法》第 19 条规定："城乡规划应当符合预防、处置突发事件的需要，统筹安排应对突发事件所必需的设备和基础设施建设，合理确定应急避难场所。"第 25 条规定："县级以上人民政府应当建立健全突发事件应急管理培训制度，对人民政府及其有关部门负有处置突发事件职责的工作人员定期进行培训。"第 26 条第 3 款规定："县级以上人民政府应当加强专业应急救援队伍与非专业应急救援队伍的合作，联合培训、联合演练，提高合成应急、协同应急的能力。"第 28 条规定：中国人民解放军、中国人民武装警察部队和民兵组织应当有计划地组织开展应急救援的专门训练。"第 29 条规定："县级人民政府及其有关部门、乡级人民政府、街道办事处应当组织开展应急知识的宣传普及活动和必要的应急演练。"2008 年《消防法》第 6 条第 4 款规定："教育、人力资源行政主管部门和学校、有关职业培训机构应当将消防知识纳入教育、教学、培训的内容。"

公共危机应急抢险救援，特别是特种灾害事故处置，不能按传统的灭火训练科目施训，必须掌握更多的科学知识和专业技能，加强有针对性的专业训练，强化科技练兵，全力推进打造公安消防"铁军"各项工作，要深化训练改革，加强基地化、模拟化、实战化训练，不断提高实战能力，[1] 多方位开展应急救援训练。因此，

----

① 《三年内依托消防队伍形成综合应急救援网络》，载《人民公安报（消防周刊）》2009 年 11 月 23 日，第 1 版。

要在以下几个方面强化培训训练演练和增强基地设施建设保障。

第一，要结合新拓展的职能，尽快制定一套适合我国消防部队现状的、科学的、规范的应急救援培训计划、训练大纲和教材，努力使应急救援训练的各个环节都有据可依，按纲施训。

第二，要完善应急救援专业教育和培训体系，加大专业救援人员培训教育力度，强化业务理论学习。目前，我国专业救援人员在新兵入伍教育和晋职培训教育两个环节还比较薄弱，主要体现在三个方面：一是新兵入伍教育时间短、业务训练少。新兵入伍后，通常参加3个月的新兵训练，然后直接分到中队参加执勤。新兵训练大部分时间只开展队列训练和政治理论教育，真正开展业务训练的内容很少。二是干部晋职培训效果不明显。虽然现在规定干部"凡晋必训"，但是由于晋职培训时间短、内容有限，针对性不强，效果不明显。三是士官晋级一般不开展培训。不管是士官初选、初级士官晋中级，还是中级士官晋高级，很少进行专业技能培训，没有形成一个有效的培训考核体制，导致基层一线官兵专业素质不高。要真正提高专业救援人员的综合素质，必须从入伍训练开始抓，延长新兵训练时间，培训业务训练内容，至少下连执勤前必须掌握基本的灭火救援理论和救助技能，然后定期开展培训，干部晋职晋级、士官晋级都要进行培训，建立严格培训考核制度，提升专业救援人员本领。因此，要充分利用现有的各种培训教育系统、资源，对官兵进行系统的应急救援知识教育，各级指挥员和战斗员要加强特殊灾害事故处置技战术学习，提高官兵的理论及业务素质。

第三，加强战术应用性训练。社会抢险救援训练必须以"实战"为中心，突出应用性、技术性和针对性。特别对于特殊灾害事故处置等重点课目要进行分训和合练，加快模拟实战环境和设施建设，开展和加强模拟仿真训练。要模拟各种灾害事故现场，开展在毒气、浓烟、高温、噪声、垮塌、黑暗的环境中搜救、排险排爆、堵漏输转，破拆疏散以及深井矿下、飞机舱内、地下建筑中的各种复杂险情处置的训练，以提高心理、生理素质和适应各种复杂场境连续作战的体能，提高在各种场境使用抢险救援装备、器材和工具的技能，从而实现在任何环境下人与装备的最佳结合，发挥最强的战斗力，在近乎实战的环境中锻炼提高部队抢险救援的综合能力。

第四，强化科技练兵。社会抢险救援训练，既要注重训练手段的科学性，又要注重训练内容的科学性，向科技要战斗力。要针对各种灾害事故处置，探索以现有装备实施处置和救援的战法，同时积极改革创新，挖潜现有装备潜力，增加高技术含量的内容，不断实现由体能型向智能型训练的转变，适应现代灾害事故处置需要。

第五，加强针对性训练，以提高战勤保障专项能力水平。大力推进特勤支队、大队、中队和特勤班建设，强化针对性应急救援专业训练，形成拳头力量。当前，全国公安消防部队已经将抢险救援工作列为执勤备战的项重要内容，部队增加针对性训练的比重，但为更好地完成国家赋予的应急救援任务，还必须采取更为行之有效的措施，加大提高公安消防官兵战勤保障专项能力的培训力度，以适应形势的需要。一是要高起点开展培训。要积极学习借鉴国外先进的应急救援战勤保障管理工作经验，并聘请专家对公安消防部队应急救援战勤保障管理工作进行专项调研，进而建立科学合理、可操作性强的培训体系。二是要拓宽公安消防部队战勤保障业务训练范围，加大战勤保障专项能力的培养力度。要从公安消防部队担负的整体工作任务全局出发，在部队承受能力允许的情况下，系统设定业务训练科目，科学合理地分配训练时间，尤其是加大些专项能力训练科目的设置比重，以适应当前公安消防部队执行应急救援任务的实际需要。①

第六，加强灾害事故处置和救援预案制定。凡事"预则立，不预则废"。要深入调查研究，主动了解、掌握辖区容易发生特殊灾害事故的源头状况，制定有针对性的处置预案。要充分利用计算机制图、编程等现代科技手段，保障抢险救援预案的规范化，并在

---

① 孙宝财、吴志飞：《公安消防部队应急救援战勤保障管理工作的优势、问题及对策》，载《经济研究导刊》2009 年第 24 期，第 217 页。

此基础上加强模拟演练，不断修改完善，使预案更加科学合理，更贴近实战。①

第七，加强各应急救援队伍的合成联动训练演练。要保障社会抢险救援各种力量的充分协调与配合，就必须加强诸"兵种"之间的配合训练。在政府的统一领导下，定期组织多警种、多单位参加综合应急救援演练，推动应急救援队伍高效运转，全面提升综合应急救援能力。要针对突发事件的地方特点，制定协同作战方案，定期组织突发公共事件联合应急救援演练，提高应急救援队伍整体快速反应能力和协同作战能力。每半年或一年，消防队伍应该在地方政府组织下，根据各类型抢险救援预案，开展与各抢险救援队伍和社会单位的合成模拟演习，使各救援力量充分熟悉职责和程序，提高队伍的快速集结和协同配合能力，形成抢险救援合力。同时，跨地区消防队伍之间也要加强合成训练和演练，提高装备器材和人员的优化组合、战斗编组作用能力，最大限度地满足大型抢险救援活动的需要。对消防部队来说，应急救援队伍成立后，主要承担火灾扑救、危险化学品泄漏、道路交通事故、地震及其次生灾害、建筑物倒塌、重大安全生产事故、空难、爆炸及恐怖事件和群众遇险事件的救援工作，同时参与处置水旱、地质灾害、气象灾害等自然灾害事故，还有矿石、水上和突发公共卫生事件。随着救援任务的拓展，消防部队需要有针对性地开展各类灾害事故的训练，根据灾害的特点进行模拟实战演练，进一步提高以消防部队为主体的应急救援能力和整体战斗力，打造应急救援铁军。

第八，增强和牢固基地设施建设保障。目前，现有的训练场地及设施还远远满足不了形式任务的要求，因此，急需建设一处大型综合训练基地，并开展训练。应急救援训练基地土地的征用需要政府有关部门积极配合，做好立项、选址、动工、建设、监理、设备设施的安装等各方面的工作，力争尽快投入使用。据报道，公安部

---

① 季智洲：《公安消防部队承担政府综合应急救援职能研究》，上海交通大学国际与公共事务学院 2008 年硕士学位论文。

将依托国家级陆地搜寻与救护基地，推动国家级机动应急救援力量建设。①

五、规范和加强救援预案建设

2006 年《国务院关于全面加强应急管理工作的意见》规定："加强应急预案体系建设和管理。各地区、各部门要根据《国家总体应急预案》，抓紧编制修订本地区、本行业和领域的各类预案，并加强对预案编制工作的领导和督促检查。各基层单位要根据实际情况制订和完善本单位预案，明确各类突发公共事件的防范措施和处置程序。尽快构建覆盖各地区、各行业、各单位的预案体系，并做好各级、各类相关预案的衔接工作。要加强对预案的动态管理，不断增强预案的针对性和实效性。狠抓预案落实工作，经常性地开展预案演练，特别是涉及多个地区和部门的预案，要通过开展联合演练等方式，促进各单位的协调配合和职责落实。"2007 年《突发事件应对法》仅用几个条文规定了应急预案体系的建立和预案的制定、实施。2008 年《消防法》也仅仅在第 43 条规定："县级以上地方人民政府应当组织有关部门针对本行政区域内的火灾特点制定应急预案，建立应急反应和处置机制，为火灾扑救和应急救援工作提供人员、装备等保障。"

目前，应急救援预案的制定存在许多问题。一是事故应急救援预案内容制定不细。主要表现在对救援力量部署、救援方案、注意事项等方面的内容模糊、混乱不清，在救援力量进退路线的安排部署上，有救援路线、无退防路线，交代了各救援力量的任务分工，却忽视了相互间的救援协同；在救援方案上，通常是只选定了救援方式，却没有对救援现场进行估算。二是事故应急救援步骤制定格式化。应急救援中心在制定市级预案和救援对策时，往往把各救援力量在现场的救援行动交代得过细，如救援中心的力量什么时候到

---

① 《三年内依托消防队伍形成综合应急救援网络》，载《人民公安报（消防周刊）》2009 年 11 月 23 日，第 1 版。

达现场、现场救人采取什么样的方法、救援时哪些人利用哪个救援工具等像这样的问题布置得太具体，看起来就像是在演戏，从而忽略了事故现场瞬息万变的发展规律和计划指挥与临场指挥的关系，反而失去了实际意义。三是事故现场设定过于简单。事故设定是预案制定的关键环节之一，对救援力量部署、施救对策等内容起着决定的作用。如果事故设定过于简单，如只确定一个事故点或是不设置事故发展变化中易引起的次生灾害（如危化品的燃烧、压力容器的爆炸、建筑物的倒塌、人员连续伤亡、被困情况变化等），整个预案就显得过于简单，没有起到做好打大仗、打硬仗、打恶仗的准备作用，对平时的应急救援训练工作的指导意义也就不强。四是应急救援中心与单位和各地制定的预案脱节。对于一些较大规模、较大影响的事故，应急救援中心和辖区单位和地区都会制定同一地点的应急救援预案，但是如果应急救援中心与单位和各地在制作过程中没有做好统一、衔接工作，往往就会造成力量部署如停车位置、事故现场设置、救援和退防路线的设置甚至任务分工不协调。一旦出现应急救援中心调动多种力量作战时，就很可能造成作战任务重叠或者应急救援中心制定的预案失去作用。

完善和制定以消防队伍为骨干的城镇公共危机社会应急救援联动预案体系，就要根据各类灾害事故的特点，通过对各种突发性灾害事故的分析研判，确立政府的统一领导，将有救援能力的公安消防部队和公安有关警种、安监、医疗救护、交通运输、建设、民政、军队、武警、民兵等部门以及市政工程、油、水、电、气等公共事业单位纳入统一救援体系，并确定各部门的工作职责和任务。通过科学论证，确定预案的启动条件、方式，要做到处置、善后有对策，处置技术上有着落。制定和实施科学的应急预案要求：一是要准确细致地制定预案，保证质量。事故应急救援预案要严格按照预案的基本内容（对紧急情况或事故灾害及其后果的预测、辨识、评价；应急各方的职责分配；应急救援行动的指挥与协调；应急救援中可用的人员、设备、设施、物资、经费保障和其他资源，包括社会和外部援助资源等；在紧急情况或事故灾害发生时保护生命财产和环境安全的措施；现场恢复）制定，同时结合实际情况科学合理、有针对性、预见性地设置事故大小。二是要简要明确地制定预案，便于使用。要结合各地和单位实际情况，应急救援中心、县（市）和协同单位在救援力量部署方面多做文章，把各参战救援力量的任务分工与协同作战交代清楚是最重要的，而单位级预案应在上级预案的基础上，把侧重点放在各自具体的救援行动上，做到有的放矢，这样才对实战和平时的应急救援训练工作更有指导意义。三是要建立应急预案管理体系。应急救援预案的最大价值在于在实战中发挥最大作用，很多应用中出现的问题实际上是对预案的管理问题。以应急救援中心为例，应急救援中心在对全市（包括县和单位）的预案进行管理时，一定要建立相应的管理体系，做到信息情况有人收集，勤务保障有人协调，基层预案有人指导，预案效果有人评估。

首先，要制定完善应急预案。一是制定完善综合应急救援预案。综合应急救援队伍要立足本区域内的危险源和可调用的救援资源，制定、完善各类灾害事故和突发事件的应急预案及跨区域协同作战预案，明确灾情等级、力量编成、组织指挥、处置程序、行动要求、通信联络和应急保障等内容。所有预案均应报请当地政府批准后纳入应急救援指挥平台管理应用，为综合应急救援队伍开展灾害事故应急救援工作提供主要参考依据。二是要拟制完善各类预案。完善的预案是确保快速部署、展开、行动的基础。在预案拟制过程中，要注重方案的地域性，充分考虑不同地区地理条件、自然因素和社会现状的特点；要注重方案的精确性，针对不同任务、不同程度的灾害，精确用兵、精确保障；要注重方案的衔接性，上下同步、部门和力量协调，确保方案横向配套、纵向衔接。其次，要构建高效、顺畅的指挥机构。在公共危机应急救援行动，参战力量多元、指挥手段多样、协调指挥复杂。消防部队应着眼平时服务、急时应急、战时应战需要，依靠地方各级政府，研究完善应对各类灾害的应急机制，构建高效指挥机构，对参加公共危机应急救援行动统一布置任务，统一分配力量，统一指挥协调，统一实施保障，确保行动快速、及时和有效。最后，要抓好平时的针对性训练。由地方政府牵头，按党政军联合指挥、军警民三位一体、省市县多级联动的要求，以消防部队为骨干，展开演练，实际检验应急预案、应急机制。①

六、扩大应急救援的宣传

2006 年《国务院关于全面加强应急管理工作的意见》在"大力宣传普及公共安全和应急防护知识"部分规定："加强应急管理科普宣教工作，提高社会公众维护公共安全意识和应对突发公共事件能力。深入宣传各类应急预案，全面普及预防、避险、自救、互救、减灾等知识和技能，逐步推广应急识别系统。……充分运用各种现代传播手段，扩大应急管理科普宣教工作覆盖面。新闻媒体应无偿开展突发公共事件预防与处置、自救与互救知识的公益宣传，并支持社会各界发挥应急管理科普宣传作用。"2007 年《突发事件应对法》第 29 条规定："县级人民政府及其有关部门、乡级人民政府、街道办事处应当组织开展应急知识的宣传普及活动和必要的应急演练。新闻媒体应当无偿开展突发事件预防与应急、自救与互救知识的公益宣传。"第 44 条规定："发布三级、四级警报，宣布进入预警期后，县级以上地方各级人民政府应当根据即将发生的突发事件的特点和可能造成的危害，采取下列措施：……（五）及时按照有关规定向社会发布可能受到突发事件危害的警告，宣传避免、减轻危害的常识，公布咨询电话。"第 55 条规定："突发事件发生地的居民委员会、村民委员会和其他组织应当按照当地人民政府的决定、命令，进行宣传动员，组织群众开展自救和互救，协助维护社会秩序。"上述条文仅仅规定了应急知识和避免、减轻危害的常识以及突发事件救助动员方面的宣传，没有规定公共危机应急救援从开始到结束整个过程的宣传机构、人员、目的、原则、范

① 孙雷：《日本地震对提高遂行多样化军事任务能力的启示》，载《中国国防报》2011 年 4 月 14 日，第 3 版。

围、途径等。2008 年《消防法》第 6 条规定："各级人民政府应当组织开展经常性的消防宣传教育，提高公民的消防安全意识。机关、团体、企业、事业等单位，应当加强对本单位人员的消防宣传教育。公安机关及其消防机构应当加强消防法律、法规的宣传，并督促、指导、协助有关单位做好消防宣传教育工作。教育、人力资源行政主管部门和学校、有关职业培训机构应当将消防知识纳入教育、教学、培训的内容。新闻、广播、电视等有关单位，应当有针对性地面向社会进行消防宣传教育。工会、共产主义青年团、妇女联合会等团体应当结合各自工作对象的特点，组织开展消防宣传教育。村民委员会、居民委员会应当协助人民政府以及公安机关等部门，加强消防宣传教育。"第 31 条规定："在农业收获季节、森林和草原防火期间、重大节假日期间以及火灾多发季节，地方各级人民政府应当组织开展有针对性的消防宣传教育，采取防火措施，进行消防安全检查。"上述消防宣传教育的条文规定是针对火灾的消防而言的，并未涉及公共危机应急救援行动和救援力量。

在现代信息社会，电视广播报刊网络等大众媒体在塑造群众价值观念、强化群众意识、反映和引导社会舆论等诸方面发挥着巨大的作用，对以消防队伍为骨干构建城镇公共危机应急救援力量的社会传播和宣传效果直接影响到公共危机应急救援的能力、效果和绩效，影响到一个社会的政治、社会的稳定和经济的发展。公共危机应急救援力量的组织、运行和联动的信息所带来的社会传染效应要求公共危机应急救援主体必须采取相应的社会沟通、社会动员的积极措施，唤起社会大众对公共危机应急救援主体应对公共危机事件所作的救援努力和救援行动的认可、支持与赞誉。公共危机事件的发生和造成的人员伤亡、财产损失以及应急救援力量的救援行动影响着人民群众的信心和社会心理平衡，也成为了媒体关注的焦点。大力发挥社会新闻媒体的传播和聚合功能，加强媒体的宣传，媒体对救援信心进行汇总和分析综合，向社会公布救援的情况，阐明政府应对公共危机事件的指导思想、有关政策和采取的必要措施，获得社会大众对应急救援力量主体的救援行动的理解和支持，正确引导人民群众的各种行为，维持正常的社会秩序，维护社会的稳定。

深入宣传城镇各类公共危机应急救援力量，特别是消防队伍，全面普及公共危机应急救援的自救、互救知识，大力宣传应急救援队伍的组成、种类、装备、器械、技能、训练和保障等，坚定人们群众的信念，获得人民大众的支持。当前，广大人民群众对安全需求很高，但各方面对政府应急救援工作如何运作还有一个认知过程。我们不能仅仅满足于做这项工作的人知晓、了解，还要让所有与这项工作有关的部门、最终受益的广大群众知晓、了解，从而形成全民关心支持，全社会群策群力共同建设利民工程的良好局面。工作刚起步时的对外宣传，特别是对各级领导的宣传显得尤为重要，应在各种场合、各种机会上通过各种手段宣传、报告、解释、说明、沟通应急救援队伍建设这项大事。对于有任务的相关部门，可以建立内部通气通报制度，如编写工作通信、工作简报，将工作动态、完成进度及时向有关领导、部门通报；同时，要加强社会面的宣传，通过电视、广播、报纸等新闻媒体，大力宣传消防部队开展综合应急救援队伍建设的动态，及时跟踪报道综合应急救援队伍建设的重点、难点、热点问题，反映消防部队在应急救援工作中的光荣事迹和英勇个人，切实引起全社会的关注，争取人民群众的认可和支持。[1]

必须紧紧围绕主基调，加强宣传报道，切实营造良好的工作氛围。实践证明，加强宣传报道，是营造良好工作氛围，有效推进工作的有力武器。以消防部队为骨干的城镇综合应急救援队伍建设，必须主动做好宣传工作，争取营造有利的内外氛围。首先，要加强对政府和有关部门的宣传，紧紧围绕综合应急救援队伍建设，重点宣传有关法律法规，引起政府和有关部门的重视，进一步增强政府和有关部门的认识，带动落实相关责任，切实加大经费投入，争取

---

[1]　吴兰冲：《以消防部队为依托建立综合性应急救援队伍的思考》，载 http：//www.wjxy.edu.cn：8000/showinfo.asp？id=1250&name，2010－07－05。

为消防部队有效开展综合应急救援队伍建设提供良好的政策环境。其次，要加强对部队内部的宣传，充分利用简报、墙报、横幅、标语、网络等手段，向广大官兵广泛宣传试点工作开展情况和取得的经验成效，及时报道在综合应急救援队伍建设中涌现出的好人好事，凝聚官兵合力，加强学习交流，营造良好氛围，激发工作热情。①

---

① 付立兵：《公安消防部队综合应急救援队伍建设发展的实践与思考》，载 http://www.cxf.gov.cn，2011－07－05。

附录：相关法律法规和政策文件目录

1. 2002 年《安全生产法》
2. 2003 年《突发公共卫生事件应急条例》
3. 2003 年《武装警察部队处置突发事件规定》
4. 2005 年《军队参加抢险救灾条例》
5. 2006 年《国家突发公共事件总体应急预案》
6. 2006 年《国务院关于进一步加强消防工作的意见》
7. 2006 年《国务院关于全面加强应急管理工作的意见》
8. 2006 年《国家自然灾害救助应急预案》
9. 2006 年《军队处置突发事件总体应急预案》
10. 2007 年《突发事件应对法》
11. 2008 年《消防法》
12. 2009 年国务院办公厅《关于加强基层应急队伍建设的意见》
13. 2009 年《人民武装警察法》
14. 2009 年公安部《关于加强县级综合性应急救援队伍建设工作的指导意见》
15. 2010 年《自然灾害救助条例》
16. 2010 年《国防动员法》
17. 2010 年公安部《关于加强公安消防应急救援工作的意见》
18. 2010 年《军队处置突发事件应急指挥规定》

主要参考文献

一、论著类

1. 杨隽、董希琳主编：《公共危机应急救援力量体系研究——顶层设计、实践探索与政策建议》，中国人民公安大学出版社 2013 年版。

2. 韩大元、莫于川主编：《应急法制论》，法律出版社 2005 年版。

3. 马怀德主编：《应急反应的法学思考——"非典"法律问题研究》，中国政法大学出版社 1999 年版。

4. 马怀德主编：《应急管理法治化研究》，法律出版社 2010 年版。

5. 马怀德主编：《法治背景下的社会预警机制和应急管理体系研究》，法律出版社 2010 年版。

6. 应松年主编：《突发公共事件应急处理法律制度研究》，国家行政学院出版社 2004 年版。

7. 戚建刚著：《中国行政应急法律制度研究》，北京大学出版社 2010 年版。

8. 林鸿潮著：《公共应急管理机制的法治化》，华中科技大学出版社 2009 年版。

9. 孟涛著：《中国非常法律研究》，清华大学出版社 2012 年版。

10. 赵颖著：《公共应急法治研究》，法律出版社 2011 年版。

11. 丁文喜著：《突发事件应对与公共危机管理》，光明日报出版社 2009 年版。

12. 郭太生著：《公共安全危机管理》，中国人民公安大学出版社 2009 年版。

13. 余潇枫著：《非传统安全与公共危机治理》，浙江大学出版社 2007 年版。

14. 周晓丽著：《灾害性公共危机治理》，社会科学文献出版社 2008 年版。

15. 王仕国著：《消防应急救援概论》，山东大学出版社 2010 年版。

16. 全国人大常委会法工委刑法室、公安部消防局编：《中华人民共和国消防法释义》，人民出版社 2009 年版。

17. 黄顺康著：《公共危机管理与危机法制研究》，中国检察出版社 2006 年版。

18. 郭春明著：《紧急状态法律制度研究》，中国检察出版社 2004 年版。

19. 郝永梅、孙斌、章昌顺、黄勇著：《公共安全应急管理指南》，气象出版社 2010 年版。

20. 孙斌著：《公共安全应急管理》，气象出版社 2007 年版。

21. 郭济著：《政府应急管理实务》，中共中央党校出版社 2004 年版。

二、论文类

1. 杨隽、董希琳、郭其云、赵桂民：《论公安消防部队应急救援力量的法律主体地位》，载《消防科学与技术》2011 年第 1 期。

2. 魏捍东、刘建国：《构建我国社会应急救援力量体系的思考》，载《武警学院学报》2008 年第 2 期。

3. 陈家强：《在应急救援力量体系建设中充分发挥公安消防部队的突击队作用》，载《消防科学与技术》2005 年第 10 期。

4. 郭铁男：《政府公共危机管理与消防综合应急救援力量建设》，载《消防科学与技术》2007 年第 1 期。

5. 田大余：《论公共危机管理法律体系的建构》，载《学术探索》2004 年第 9 期。

6. 闫东玲、高锦田：《建立我国消防社会救援体系的构想》，载《应急救援》2006 年第 7 期。

7. 万军：《中国政府应急管理的现实和未来》，载《中共南京市委党校南京市行政学院学报》2003 年第 5 期。

8. 宋超：《公共危机管理的法律规制》，载《中国行政管理》2006 年第 9 期。

9. 于安：《制定紧急状态法的基本问题（上）》，载《法学杂志》2004 年第 7 期。

10. 华学成：《公共危机管理法治化问题探究》，载《学海》2009 年第 6 期。

11. 郭其云、赵桂民、夏一雪：《依托消防构建公共危机应急救援力量体系研究》，载《消防科学与技术》2011 年第 9 期。

12. 张维平：《美国、加拿大、意大利应急管理现状和对中国的启示》，载《中国公共安全（综合版）》2006 年第 11 期。

13. 迟娜娜、邓云峰：《俄罗斯国家应急救援管理政策及相关法律法规（一）》，载《中国职业安全卫生管理体系认证》2004 年第 5 期。

14. 莫于川：《公共危机管理与应急法制建设》，载《临沂师范学院学报》2005 年第 1 期。

15. 王万华：《略论我国社会预警和应急管理法律体系的现状及其完善》，载《行政法学研究》2009 年第 2 期。

16. 曹康泰：《为确立紧急状态制度提供宪法依据》，载《中国人大》2004 年第 10 期。

17. 张维平：《完善中国突发公共事件应急法律制度体系》，载《中共四川省委省级机关党校学报（新时代论坛）》2006 年第 2 期。

18. 王仁富：《我国公共危机应急法制现状及完善》，载《淮海工学院学报》2006 年第 2 期。

19. 潘立群、王严：《公共危机管理法制建设的思考》，载《中国卫生法制》2008 年第 2 期。

20. 李朔：《论公共危机管理法律制度的完善》，载《辽宁行政学院学报》2006 年第 3 期。

21. 陶建钟：《公共危机的依法管理及其法制完善——危机状态下权力与权利的平衡》，载《行政论坛》2007 年第 1 期。

22. 付立兵：《政府应急救援体系建设中公安消防部队职能定位的实践与研讨》，载《中国西部科技》2006 年第 26 期。

23. 李万伟、管泽锋、郑佳：《公共财政背景下应急管理保障机制的建构》，载《商业现代化》2009 年第 3 期（下旬）。

24. 李娟：《我国公共危机应急法制探析》，载《亚太经济时报》2008 年 11 月 23 日（A11）版。

25. 李洁：《我国公共危机处置法治化略论》，载《法学杂志》2009 年第 3 期。

26. 时训先、蒋仲安、邓云峰、杨力：《重大事故应急救援法律法规体系建设》，载《中国安全科学学报》2004 年第 12 期。

27. 唐钧：《从国际视角谈公共危机管理的创新》，载《理论探讨》2003 年第 10 期。

28. 黄定华：《我国公共危机中行政信息公开的法制化研究》，载《湖南城市学院学报》2007 年第 11 期。

29. 刘彪：《我国公共危机管理面临的挑战与对策——对 2008 年雪灾的反思》，载《合肥学院学报》2009 年第 2 期。

30. 傅兴全：《消防部队抢险救援实践与思考》，载《武警学院学报》2002 年第 5 期。

31. 刘建国：《公安消防特勤部队参加四川汶川大地震应急救援的实践与启示》，载《消防技术与产品信息》2008 年第 9 期。

32.《三年内依托消防队伍形成综合应急救援网络》，载《人民公安报（消防周刊)》2009 年 11 月 23 日，第 1 版。

33. 季智洲：《公安消防部队承担政府综合应急救援职能研究》，上海交通大学国际与公共事务学院 2008 年硕士学位论文。

后　记

　　2010 年参加了武警学院院长、少将杨隽教授主持的国家社科基金项目"公共危机应急救援力量体系研究"　（项目编号：10BGL088），负责法律部分的研究工作。2011 年 12 月，该项目顺利结项。2013 年该项目的部分研究成果又以《公共危机应急救援力量体系研究——顶层设计、实践探索与政策建议》为名，由中国人民公安大学出版社出版。本人在研究中，学习了公共危机应急管理的基本知识，加深了对公共危机应急管理和救援法治化的认识。基于上述学习基础和研究经历，本人产生了对公共危机应急管理和救援法治研究的兴趣。在自我学习和体会中，结合中国人民武装警察部队学院边防、消防、警卫、维和警种的教育培训和消防教学科研的需要，本人进一步了解了消防部队参与公共危机应急救援行动在力量结构设计、管理体制、运行机制、保障建设和预案制定中面临的种种问题，特别是消防部队参与公共危机应急救援行动在法律上的需求。因此，本人初步研究了消防部队参与公共危机应急管理和救援的法律问题，而后有了此书的面世。

　　在写作过程中，本人参考和引用了公共危机应急管理和救援及其法治化的相关专家、学者和教研人员的研究成果，也参考和引用了研究消防部队和消防队伍的专家、学者和教研人员以及领导、指挥消防部队的军警人员的研究成果，还借鉴了消防部队综合应急救援队伍一线官兵提供的丰富的实践经验、调研总结、研究报告等，在此一并表示衷心的感谢！

　　在本书的写作过程中，中国人民武装警察部队学院科研部科研所所长、大校郭其云教授，少校夏一雪博士提出了宝贵的意见，给予了研究指导，在此表示感谢！

在写作过程中，中国人民大校法学院博士生导师、中国人民大学刑事法律科学研究中心副主任、中国人民大学律师学院副院长、中国监狱工作协会副会长、中国人民大学犯罪与监狱学研究所所长、中国人民大学法学院校友会办公室主任韩玉胜教授给予了父爱般的支持和鼓励，为本书作"序"，并提出了宝贵意见，在此表示感谢！

在写作过程中，室友兰迪博士以及其他博士、学友、校友、亲朋好友给予了充分的理解，并提供了方便，解放军、武警部队、公安干警、公检法司、高校和科研院所的同学、战友、朋友也给予鼓励，在此也表示感谢！

本书的写作获得了爱人王春燕的支持和上幼儿园的女儿赵依琳的宽容，作为丈夫和父亲的我，心中充满无限真情和一生的感恩！也感谢我的父母和岳父母的鼓励！

本书的出版得到了中国检察出版社第一编辑室马力珍副主任、王佳语编辑的帮助，在此表示感谢！

赵桂民

2013 年 10 月 31 日

于中国人民大学品 3 － 902